中国工程院院士陆孝彭

强 5 进行地面模拟试验

强 5 飞机 04 架正在着陆滑行

1966 年 2 月 6 日，朱德元帅视察强 5 原型机

陆孝彭向空军副司令员常乾坤汇报研制工作

陆孝彭走访强5部队，征求意见

陆孝彭介绍强5情况

陆孝彭与强 5C 型机

陆孝彭查看强 5 弹舱

陆孝彭查看强 5 飞机座舱

1980 年访问美国期间，参观麦克唐纳·道格斯的飞机公司工厂

1980 年访问美国期间，与代表团成员在中餐馆前合影

1987 年，强 5C 和歼教 7 在第 37 界巴黎航展上进行实机展示，引起各界人士的极大关注

陆孝彭与同事孙道章在教 8 飞机前讨论问题

1996 年珠海航展上，陆孝彭在“勇士”飞行表演队的苏 –27 战斗机前留影

珠海航展上，陆孝彭与夫人在强 5C 前合影

全外挂的强 5C 型飞机

强 5 飞机是空军部队一种重要的作战力量

强 5 出口多个国家，为中国军机赢得了声誉

1970 年 12 月 24 日试制成功的歼 12 飞机

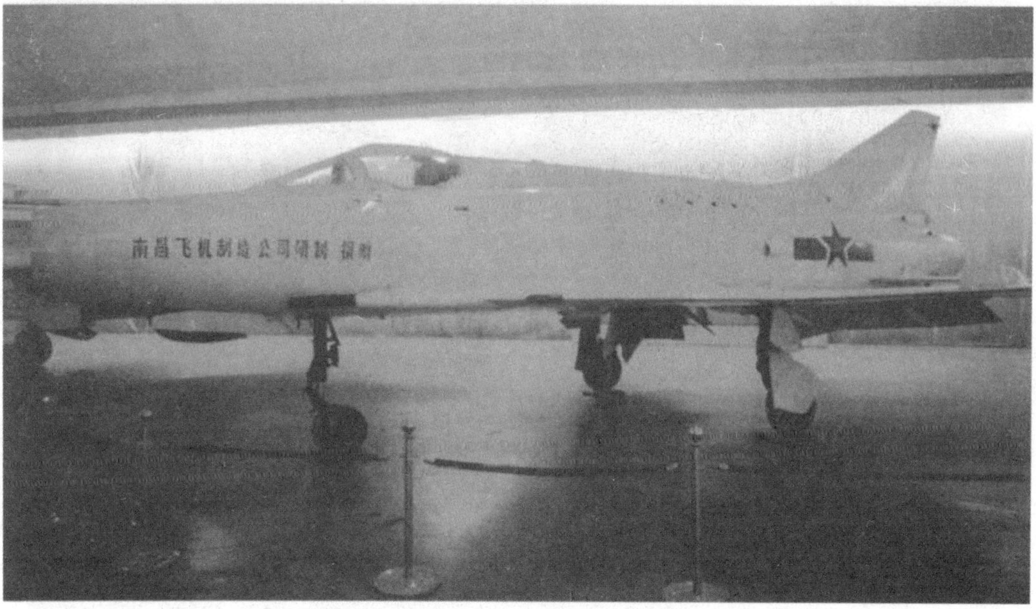

收藏于航空博物馆的歼 12 飞机

陆孝彭和夫人徐思瑜在强5飞机前合影

20世纪80年代陆孝彭一家人合影

幼年时期的陆孝彭

青年时期的陆孝彭

陆孝彭的四个孩子合影

徐思瑜与两个儿子

陆孝彭与徐思瑜

《天缘》拍摄时，陆孝彭与主演交流

交谈中的陆孝彭

晚年学习中的陆孝彭

用一生创造飞翔

洪都厂区的陆孝彭塑像

用一生创造飞翔

——著名飞机设计师陆孝彭的传奇人生

许　珊　著

航空工业出版社

北　京

内 容 提 要

陆孝彭是著名的飞机设计师，有着波澜壮阔的传奇人生。本书以大量的历史资料、回忆和采访记录为基础，展现了中国工程院院士陆孝彭立志为建设强大的祖国航空工业，壮国胆，扬国威而奋斗的一生。

本书内容丰富，史料翔实。适合于航空从业人员和广大关心中国航空工业历史和发展的社会公众阅读。

图书在版编目（CIP）数据

用一生创造飞翔：著名飞机设计师陆孝彭的传奇人生／许珊著. --北京：航空工业出版社，2011.4（2019.1 重印）

（中国航空工业院士丛书）

ISBN 978-7-80243-714-2

Ⅰ.①用… Ⅱ.①许… Ⅲ.①陆孝彭（1920～2000）—生平事迹 Ⅳ.①K826.16

中国版本图书馆 CIP 数据核字(2011)第 040247 号

用一生创造飞翔

——著名飞机设计师陆孝彭的传奇人生

Yong YiSheng ChuangZao FeiXiang

——Zhuming Feiji Shejishi Luxiaopeng de Chuanqi Rensheng

航空工业出版社出版发行

（北京市朝阳区北苑 2 号院 100012）

发行部电话：010-84936597 010-84936343

三河市金轩印务有限公司印刷　　全国各地新华书店经售

2011 年 4 月第 1 版　　2019 年 1 月第 3 次印刷

开本：710×1000 1/16 印张：21.5 插页：16 字数：342 千字

印数：7001—7500　　定价：88.00 元

丛 书 序

中国科学院院士和中国工程院院士，是国家设立的科学技术和工程科学技术方面的最高学术称号，为终身荣誉。中航工业的院士群体是航空技术领域的学术权威和资深专家，他们为中国航空工业的振兴和发展建立了卓越功勋，做出了巨大贡献，是中国航空工业的宝贵财富。

探寻院士们的成长足迹，给人以启迪和震撼。他们有的少年立志，投身航空，报效祖国；有的家境贫寒，顽强拼搏，奋斗一生；有的屡遭挫折，百折不挠，矢志不渝……他们身上闪耀着坚持真理、不懈追求的科学精神，凝聚着自强不息、孜孜不倦的奋斗精神，展现了淡泊名利、爱党报国的民族精神，他们以实际行动践行了“航空报国，强军富民”和“敬业诚信，创新超越”的集团宗旨和理念，十分值得我们学习。

在中航工业加快改革步伐、全面实施“两融、三新、五化、万亿”发展战略的关键时刻，我们推出《中国航空院士丛书》，就是要从院士们身上汲取智慧与力量，弘扬精神，放飞思想，激情进取，创新图强，为把中航工业早日建设成为具有国际影响力的世界级大企业集团、把我国建设成为航空工业强国而努力奋斗！

林左鸣

中国航空工业集团公司党组书记、总经理

2010 年 1 月

序　一

世界航空工业的发展，无不追逐着人类对探索宇宙梦想的实现，并伴随着社会科技、经济、军事的新需求而发展。从美国莱特兄弟的首次飞行到现代550座位客机与第四代战斗机服役、第五代战斗机及现代无人机的研制；从中国嫦娥奔月的传说、冯如的“飞行第一人”到新中国成功仿制的雅克18、首架自行设计的歼教1、再到强5、飞豹以及歼10的问世，直至今天，正在研制中的大飞机……作为一个航空人，既为航空新时代的到来感到欢欣鼓舞，更增添我对那些为航空工业的发展做出了突出贡献的奠基人与开创者们的无比敬仰之情！

时间荏苒，缅怀前辈。在新中国航空工业即将迎来60周年之际，在新时期航空工业取得举世瞩目成就和大展宏图的今天，我们更加深切地怀念那些曾经为新中国航空工业的创建、发展、壮大而献身的老一辈航空先驱。陆孝彭就是其中的一个。不久前，一位洪都老领导来电代表公司邀我为陆孝彭传记写序，我几乎未加思索就答应了，或许这是缘于对陆总的敬仰吧！

我们知道，陆孝彭在新中国航空史上是一位做出了突出贡献的资深工程院院士，在行业内早就享有很高的声誉。这不仅因为他是新中国第一架喷气教练机歼教1、第一架超声速强击机强5、世界最轻的超声速战斗机歼12的主管设计师，还在于他在飞机总体设计、强击机理论、变后掠翼布局及液压驱动、气动流数值计算等方面扎实的理论功底与较深的造诣；更令人敬佩的是，他矢志不移的爱国热情，执着追求的航空梦想和高尚的人格魅力。

转眼间，一代航空宗师陆孝彭已经离开我们十年了。这十年，每当看到强5，就会想起被人称为“天之骄子”的强5飞越天安门的雄姿，就会想起陆孝彭；这十年，每当回忆起艰难创业、倡导学习“强5精神”的日子，就会深深地怀念陆孝彭；这十年，每当提及“陆孝彭”这个名字，他的音容笑貌就会浮现在我眼前，总会从心底涌动万端感慨……

陆孝彭出生于1920年的上海，青少年时期便立志于献身航空，历尽战乱颠簸之苦，由南京迁转重庆中央大学航空工程系，成为中国本土第一批系统学习航空技术的大学生。毕业后，他深感国民党无能和航空工业积弱太深，于是，负笈远洋，寻求“航空救国”之路，并辗转于美英两个航空发达国家，他所崭露的飞机设计天分令美英同行惊叹！新中国成立前夕，在国外已经拥有舒适生活的陆孝彭满怀一片爱国赤诚之心，义无反顾地回到祖国的怀抱，投身于新中国百废待举的航空事业，并为之奋斗一生。

我对陆总是非常敬佩的，特别是在我任航空工业部总工程师，中国航空工业总公司副总经理，尤其是后来任中国航空工业第二集团公司总经理期间，有了更多的机会与陆总接触交往，了解了、也见证了他及他所带领的设计研制团队所创造的辉煌，更深刻地看到一位老航空人的崇高品质以及他为新中国航空事业所付出的心血与艰辛！他为人处事的口碑以及他所创立的事业丰碑，是那么令人敬佩和感人，无不为每一个熟知他的人所折服。他不愧“强5之父”的称号，也不愧是我们学习的一代航空巨擘！

陆孝彭勇于突破，敢为人先的创新胆略让人敬仰。且不说他在美英实习时的初露锋芒，自20世纪40年代投身航空事业起，60年的航空生涯里，陆孝彭给后世留下了多少辉煌与“经典巨著”：歼教1、强5及其改型机、歼12等型号，变后掠技术研究和空天往返载人系统第一级总体方案等重大课题。不仅打破苏式传统设计首次采用两侧进气，还大量装备部队、多次亮相国际航展并成为我国首架远销国外的机型；不只是采用机翼整体油箱，还首次大胆采用机身整体油箱；不仅采用复合材料机身舱门壁板，还首次采用碳素纤维辅助进气门；不只探索大边条、腹下进气方案，还致力于变后掠翼方案研究……试想一下，这需要多大的超人胆略与创新卓越的实践！与此同时，他还发表了10多篇高学术价值的论文和研究报告，从教练机到强击机到歼击机再到变后掠翼机，陆孝彭不断挑战时代前沿技术，不断探索“航空强国”之路。在科学的道路上，他毫无顾虑，毫无畏惧，在飞机设计的科研事业中，他既能把握全局，统筹兼顾，进行宏观的顶层设计，又能亲力亲为，细针密缕，参与详细的具体设计，练就精湛的技术，并形成了一套系统科学的飞机设计思想。

陆孝彭百折不挠，锲而不舍的创业精神让人崇敬。强5的研制过程是体现陆孝彭百折不挠、锲而不舍精神的最生动的成功案例。强5飞机一波三折，经历无数挫折，甜酸苦辣尽在其中。从强5被暂停研制，濒临夭折，到“见缝插针”，他带领14人研制团队坚持装配，以百折不挠，锲而不舍的精神，顽强坚持下来了；强5在最后一项静力试验中失败了，陆孝彭没有被挫折吓倒，而是认真总结经验，找出问题，接受教训，又顽强地坚持战斗。“上天不负有心人”，终于获得空军曹副司令支持，接着又获毛主席同意批生产的批准，成为装备我国强击机部队的唯一机型。此后，陆孝彭在不断创造着事业辉煌的同时，又遭遇了很多挫折：精心设计并获叶帅赞赏的歼12，却在即将批产之际风云突变，作为技术储备机种存留；大胆创新的强6方案型号（先进气动布局的大边条和变后掠翼，电传操纵、红外照明，机载武器等）又被转为课题研究等等。但陆孝彭以他超人的坚韧和执著，始终战斗着，即使是在他生命的最后一息，仍然在为我国第四代轻型歼击机的总体方案设计而奋斗着，让人感佩，令人崇敬。

陆孝彭爱国爱党，敬业忠诚的报国情怀让人感动。在英国格洛斯特飞机公司，陆孝彭表现突出，深受赏识，而且有了一个美丽善良的未婚妻。然而，听到祖国解放的消息，他毅然决然放弃国外优厚的待遇，甚至牺牲个人感情，投身到新中国的航空事业之中。回国后，因为特殊的经历，多次经受政治审查，尤其是“文化大革命”劫难，更是被关进“牛棚”8个月之久，然而，他从来没有因此而动摇过对祖国对党的信仰，而总是站在国家利益的高度，以一颗赤诚的心，以无限的忠诚，向祖国、向党奉献自己的才智。陆孝彭一生追随党，漫漫30载入党路，痴心不改，直至年过六旬，终于成为一名光荣的共产党员，此情，感人至深。他时刻以一名优秀的党员的标准要求自己，他胸襟宽大，正直无私；他淡泊名利，甘于奉献；他培育后人，孜孜不倦；在他荣誉当选多次人大代表之后，又时刻不忘人民和党的重托，广泛听取多方意见并整理提出多项议案，大会后又认真传达……

陆孝彭细致严谨，求真务实的科学态度让人敬重。作为主管设计师，在歼教1研制过程中，陆孝彭力排政治的影响，严格把关，确保精品。在“大跃进”的年代里，在全民陷入“浮夸风”，追逐高指标的年代里，陆孝彭以一名科技工作者的良知坚持科学真理，坚持按科学规律办事。“科学原则什么时候都不能丢！”对科学，陆孝彭抱以无比虔诚的态度！在强5飞机、歼12飞机及强5后继机方案等研制中，他精力旺盛、睿智勃发、不知疲倦、日夜操劳，他的身影与足迹始终活跃在设计所、车间、实验室、试飞站、供应部等研制现场，并争取航空部和部队的支持，尤其对那些技术关键从来都是全过程给予指导和关注，发挥“三结合”作用，绝不放过任何有隐患的问题……即使到了晚年，陆孝彭依旧不改这一习惯，虽然眼底出血，看不清东西，他也绝不草率应付。只要看过他晚年工作情景的人，无不为之感动——他画的每一根线、做的每一次计算、进行的每一次测绘都是在放大镜下面完成的；由于记忆力衰退，计算错漏了，就贴掉重算，错了又贴，他的手稿粘得越来越厚，越来越硬……

如今，陆孝彭院士已离我们而去，但是，他为祖国航空工业所创造的诸多奇迹和他的高风亮节的品质名垂千古！他所参与缔造的“强5精神”将永远激励着一代代航空人！更令人欣慰地看到，在他的带领与培育下，一批批新人已涌现出来，随之呼之而出的农5、K－8及教8，特别是最新亮相的L－15“猎鹰”……犹如神来之笔正在书写着中航工业洪都的时代新篇章！

这就是著名飞机总设计师陆孝彭的一生，光荣、纯粹而不乏传奇的一生，高洁、坦荡而不乏浪漫的一生。让我们永远记住这个名字，记住这个为新中国航空事业呕心沥血，奉献不止的航空前辈！

张彦仲

2011年3月14日

序　二

这是人类历史上可歌可泣的拓荒诗篇，开拓天际疆域的诗篇。

翻开沉封的记忆，厚重的航空工业史与共和国脉搏共振。几代航空人的青春激荡，命运在这里交响。历经漫漫岁月、雷电风霜，镌刻出群体英雄形象和经久弥新的精神财富。

从冯如第一次将中国人的航空梦想放飞蓝天，到孙中山先生所倡导的“航空救国”，再到新中国在废墟上开创的航空新史，老一辈航空人承载了“航空救国”的历史使命，是他们为新中国的航空事业奠定了第一块基石。历史不会忘记他们，他们的名字会永载史册，他们将成为中国航空工业的标志性人物而为后人所铭记。

提及新中国航空工业由修理到仿制再到自主研发的历史进程，“陆孝彭”这个名字是绕不过去的。作为著名的飞机总设计师、中国工程院资深院士，陆孝彭的人生经历总能勾起人们对历史的回忆：我们会想到旧中国“空中楼阁”一般积弱深重的航空工业；想到新中国初创期的艰难曲折，酸甜苦辣；想到火热的岁月里开创波澜壮阔的事业；想到航空先驱们以“壮士断腕”的气魄追赶世界先进航空技术前沿……

陆孝彭于20世纪40年代从事航空事业，深感旧中国的贫弱落后，遂立志于为建设强大的祖国航空工业，壮国胆，扬国威而奋斗终生。他参与了我国第一个飞机设计室的创建工作，担任了我国第一架自行研制的喷气式飞机歼教1的主管设计师，从而开创了我国航空工业从仿制走向自行研制的先河。1958年，担任了强5飞机的主管设计师，拉开了强5艰难而曲折的研究序幕，他也成为我国强击机研制事业的开创者。随后，他又成功主持设计了强5改型机、歼12等机种，并完成了“变后掠技术研究”、“空天往返载人系统第一级总体方案”等重大课题研究，荣获两项国家科技进步奖，他均是第一受奖人；结合飞机研制和课题研究，他先后发表了10多篇高学术价值的论文和研究报告，这在我国航空史上实属罕见！在陆孝彭的带领下，形成了强5精神：“自力更生，艰苦创业；百折不挠，锲而不舍；自强奋进，勇挑重担；团结协作，无私奉献；敢闯新路，争创第一”，强5精神已经成为航空工业的宝贵精神财富。陆孝彭院士逝世后，身无长物，除留下了一大堆科技书籍，科研论文和《陆孝彭诗抄》外，还有洋洋40万字的《第四代轻型战斗机研究报告》。

陆孝彭生活在充满戏剧性的时代，所有的一切历史构成，都给他提供了一种人生契机，使他能够如愿从事自己所钟爱的航空事业，将自己的梦想与祖国的富强紧密联系。陆孝彭在“生逢其时”的几十年里，在那个充满挑战和艰辛的岁月里，以知其不可为而为之的精神，坚守理想，勇于担当，他完成了自己的使命，也创造了生命的辉煌。无论曾经历了多少痛苦与磨难，也不论处于何种位置何种境地，陆孝彭为服务于伟大祖国而心甘情愿献出自己毕生的精力和才智。

陆孝彭的一生是光荣的，战斗的一生，他用实际行动诠释了老一辈航空人献身航空的赤子情怀，他爱岗敬业，不畏艰难；他求真务实，细致严谨；他高瞻远瞩，开拓创新；他顾全大局，作风朴实；他胸襟坦荡，正直无私……为了航空工业的振兴，为了国防建设的进步，为了祖国的繁荣富强，陆孝彭义无反顾地选择，无怨无悔地奉献，英勇无畏地战斗，鞠躬尽瘁，呕心沥血，他崇高的爱国情怀和对航空事业的执着追求，将永远激励着我们奋发图强，昂扬向上。

今天，我们为他著书立传，为的是纪念新中国飞机设计的一代宗师，为的是弘扬他的科研设计思想、道德风范和人文精神，为的是继承他的遗志，激励后人前赴后继，为祖国的航空事业勾画出新蓝图而奋斗不息！

中航工业洪都董事长、总经理

2011年2月28日

目　　录

第一章　动荡磨砺赤子心

潜移默化的爱国教育

由于史料无从考证，关于陆孝彭的身世，大概无法完整地展现给读者，我们只能透过一些历史碎片来窥见这位航空先驱的幼年生活。在收集、整理这些资料的过程中，笔者强烈地感受到，一股正义与豪情在陆氏家族子子孙孙的血液里暗涌，一脉相承。在动荡不安、战乱纷扰的年代里，这份正义与豪情转化为一股不屈的气节和神圣不可侵犯的尊严。

陆氏家族在明朝历史上应该是非常显赫的。据陆孝彭的大女儿陆群回忆：

据说，在明末的时候，我的祖先官至二品，清军入关后，他们誓死抵抗，后来我的祖辈在战场上受了重伤，是爬回家的。再后来，他带着所辖部下及家属，跑到太湖那个芦苇荡里面，与世隔绝。他们自己种田、打渔、织布、纺纱，过着自给自足的日子。祖先告诫子孙后代，永不仕清。就这样，几百年时间里，这儿的生活一直处于明朝，基本是跨过清朝，直接到了民国。民国以后，这里才慢慢有人走出来。

我爸爸给我讲过他小时候跟随爷爷回老家的事情。他说，要先坐马车，再坐船，当时，那里是新四军的地方，全部是芦苇荡，日本人都不敢进去，船在芦苇荡里面转来转去，不是当地人根本就不知道怎么走。那时，已经是民国时期，结果进去一看，那里边的人还穿着明朝时的衣服。

陆孝彭在诗句中也追忆了他跟随父亲陆元昌回乡祭祖的情景，故乡留给陆孝彭的印象极为深刻：

忆昔随父祭祖坟，太湖深处一孤村。明祠双桂香千里，衣冠古朴读书声。

先祖明末官总兵，抗清兵败隐为僧。告诫子孙不仕清，爱国思想至今存。

“告诫子孙不仕清，爱国思想至今存。”尽管“不仕清”与“爱国思想”并不能完全画上等号，但先辈这铮铮誓言背后潜藏的无声抵抗和决绝却让陆孝彭折服。

陆氏家族到了陆元昌这一代，中华民族面临的不再是改朝换代的民族之争，而是外强入侵、山河破碎之耻。

父亲陆元昌

庚子（1900）那年，八国联军侵华，与清政府签订了丧权辱国的《辛丑条约》。10年后的1910年，19岁的陆元昌以“第二批留美官费生”的身份，远涉重洋，进入美国康奈尔大学留学。一次偶然的机会，笔者找到了宣统二年（1910）第二批庚子赔款留美名单，其中就有陆元昌的名字。而与陆元昌同一批留美的人员中，有很多后来回国后都成为各个领域、各个专业的著名专家和学者，包括著名科学家竺可桢，植物学家钱崇澍，外交家、戏剧家张彭春，学者、诗人、历史家、文学家、哲学家胡适，冶金学家、陶瓷学家周仁，语言学家赵元任，化学家路敏行等。非常巧合的是，陆元昌、赵元任、路敏行三人竟然还是小学同学。

所谓“留美官费”又称“留美国赔款官费”，这“赔款”即是庚子赔款。《辛丑条约》规定，清政府必须向列强赔款。1908年，美国将其所得赔款余额约1200万美元作为发展中国教育与文化之用，清政府用此款资助和选拔赴美留学生，并办起了协和医院和清华留美预备学校；英国人所归还的赔款，规定由中英庚款董事会管理，庚款董事会中有一个项目就是资助公费留英。美国于宣统元年（1909）开始退还庚款，当年就选派了第一批留美官费生。

与陆元昌同一批留美的赵元任在回忆录《从家乡到美国》中回忆了赴美留学的经历，从他的记录中，我们可以间接得知当年陆元昌的这段留学经历：

第一批利用美国退还多余庚子赔款的学生是于1909年放洋，我准备考试的是第二批……我们于8月16日启程，搭的船名为“中国”号，一万零二百吨，我们须坐小火轮到“中国”号停泊的地点。我在三号舱，和陆元昌、路敏行同舱，对面的舱由周仁和王预住。吃饭以敲锣为号，由于餐厅面积有限，必须分两次吃，先是中国旅客，第二批是西方人。我们发觉念菜单和学外国吃法，颇不容易，对我们来说，无异是上了一课。那天在海上航行时间不多，所以我们都兴高采烈离开中国驶向美洲。

以前选送的第一批清华学生，大多数送到高中读书，他们觉得高中课程太过浅显，这是北京政府的错误。这次，我们全部送到大学，有些人甚至被承认具有稍高学分。我和另外13位中国学生获准进入康奈尔大学。

陆元昌学的是铁路土木工程。回国后，陆元昌先在上海洋行工作，由于不堪忍受外国老板的骄横而愤然辞职，后辗转到天津当了一名铁路工程师。由于表现出色，不久升任铁道部技术标准委员会委员，全家也搬到了南京下关。

今天，我们已经无从得知陆元昌的一些工作细节。然而，通过查阅资料，我们竟然发现陆元昌与我国自行设计、建造的第一座双层铁路、公路两用桥——钱塘江大桥有着千丝万缕的联系。

钱塘江大桥位于浙江省杭州市西湖之南，由我国著名桥梁专家茅以升主持设计施工，于1935年4月动工，1937年9月26日建成通车，横贯钱塘南北，是连接沪杭甬、浙赣铁路的交通要道。钱塘江大桥不仅是我国桥梁史上的巨大成就，也是中国铁路桥梁史上一个辉煌的里程碑。

今天的大桥气势如虹，雄伟壮观，然而，几十年前，茅以升主持制定的建桥方案却遭遇了重重阻力。钱塘江大桥建成以前，中国的桥梁全部由外国人建造：济南黄河大桥是德国人修的，蚌埠淮河大桥是美国人修的，哈尔滨松花江大桥是俄国人修的，而钱塘江大桥除了茅以升的建桥方案外，美国桥梁专家华德尔也提出了设计方案……

当时，作为铁道部技术标准委员会委员的陆元昌，给予茅以升巨大的支持与帮助，使得茅以升的建桥方案最终被当局采纳。当然，这中间陆元昌具体是如何支持茅以升的方案的，我们并不知道，这件事也是很多年后一个偶然的机会才得知的。

1978 年，当陆孝彭参加全国科学大会，在返回的列车上与著名桥梁专家、铁道研究院院长、全国政协副主席茅以升相遇，茅老听说他是陆元昌的儿子，非常高兴，连声感谢他父亲曾经在钱塘江大桥设计方案上给予他的支持。他说："那时，通过这个方案的阻力很大，但你父亲竭尽全力赞同我的设计方案……至今想起来，我都不会忘记他。"

可惜，就在钱塘江大桥破土动工的那一年，陆元昌因患胃癌去世，年仅 44 岁。1997 年，陆孝彭在《忆昔之一二〇（严父）》中写道：

忆昔先父家教严，疾言厉色心怡悦。报考南高先严斥，榜首题名喜形色。

中年胃疾不治症，遗训昭明常铭骨。魂魄无依六十载，愿神提携入金佛。

陆元昌留给陆孝彭最深刻的印象大概就是威严吧。作为一个父亲，本应留给子女更多温情的记忆却因为他的英年早逝而无法实现了。

母亲翁炜

尽管我们不知道陆元昌教育子女的具体方式是什么样的，但有一点是可以肯定的，从他的职业取向和支持中国人自己的钱塘江大桥方案可以看出，陆元昌是一个有血性的爱国知识分子。可以想象到，陆元昌这份爱国情怀对陆孝彭的成长有着潜移默化的影响。

1920 年 8 月 19 日，陆孝彭出生在上海，祖籍江苏常州。母亲翁炜是爱国女校的学生，知书识礼，思想开明，在校期间，受常州同乡瞿秋白的影响很深，反对裹脚，提倡"德先生"和"赛先生"。然而，陆孝彭的外祖父是商人，封建思想根深蒂固，他怕女儿惹事，未等她毕业便逼迫她早日嫁人。翁炜不在乎家境，就想嫁个有学问的人，便嫁给了才学出众的陆元昌。婚后，她生下 4 儿 1 女，陆孝彭排行老二，哥哥叫陆孝伦，大弟弟叫陆孝铿，小弟弟叫陆孝衡。陆元昌去世时，陆孝伦正在唐山铁道学院读书，陆孝彭只有15岁，正在读高中，弟弟妹妹都还小，需要照料，家庭重担全部落在翁氏肩上。在战火纷飞的年代里，翁氏独自带着5个儿女流离乱世，支撑他们艰难求生，尽其所能为他们提供物质条件；不仅如此，她倾其所有，供儿读书，教育他们不懈求知。

我们能追溯陆孝彭的最早记忆来自南京。80多年前的南京城，在少年陆孝彭的眼中，是一个动荡不安的地方：

1925年，6月5日和记洋行工人举行罢工。至7月17日，大罢工获胜，工人复工。7月31日和记洋行厂方失信违约，殴伤工人，酿成震惊全国的“七三一”惨案。

1927年，3月24日英、美停泊在下关江面的军舰以“保护”侨民和领事馆安全为名炮轰南京，毁坏房屋财物无数，近百名军民死伤，造成惨案，史称“南京事件”或“宁案”。

1930年，4月3日和记洋行英商厂主勾结当局军警和英舰水兵镇压工人，制造“四三”惨案。

罢工、起义、游行、逮捕、暗杀、逃亡……这个城市处于白色恐怖的阴影之中。

在南京下关小学学习的陆孝彭，就是在这样的环境中成长起来的。在这里，他不仅受到了知识的启蒙，学习了国语、算术、自然等课程；对于国情时事，也有了初步的认知。

在搜集资料的过程中，笔者试图探求陆孝彭早年爱国意识和爱国情怀的最初萌发经历。然而，当翻阅史实，沉浸其中，笔者突然明白，无需刻意去寻求，因为，他们的真实生活以及生活的环境便是一部最为生动、最刻骨铭心的爱国题材教科书。

外强入侵、内战混乱、民族危亡、国将不国、千疮百孔的中华大地经历着长达半个多世纪的苦难。

这样的苦难，让陆孝彭以及他们这一代人的民族仇恨刻骨铭心，爱国情怀根深蒂固。有血性的中华儿女，将一生与国家、民族的命运联系在一起，用他们的方式为进步、光明和民族复兴而苦苦求索，奔走呼号。在他们身上，国耻与骄傲相交织，梦想与信仰相呼应。

大概，这儿时的经历就是潜藏在陆孝彭爱国情怀背后的原动力吧！

“九一八”上街游行

1931年，陆孝彭考入江苏常州正衡中学，跟随在正衡中学当教务主任的舅舅到了常州。事实上，陆元昌生病以后，家境每况愈下，承受不了重负，于是，几个孩子分别寄养到了亲戚家里，陆孝彭被寄养到舅舅家。

常州是陆孝彭的故乡，他对这里有着非常特别的情愫。常州，典型的江南水乡。翠绿欲滴的树木，曲折回肠的老街，飞檐和绿树掩映下的石桥，依运河而建的木制老屋，白墙灰瓦，被岁月洗涤过的颜色，古朴而素净。

正衡中学原名私立冠英初中，始建于1925年。后常州商界名人卢正衡先生抱造福桑梓之忧，筹百年树人之计，得冠英初中校董同意，慷慨出资，创办了“私立武进正衡初级中学”。1929年2月，正衡初级中学正式成立并开学。关于卢正衡其人其事，有文字记载如下：

卢正衡，原籍福建汀州，13岁时父亡，休学，进豫号钱庄当学徒。由于工作勤奋，先后被聘任志成钱庄职员、蔚丰钱庄经理。光绪三十四年（1908），与恽次远创办常州首家银行——和慎商业储蓄有限公司，出任总经理，曾印发钱票和壹元面额钞票。民国八年至十四年间先后任武进商会副、正会长。

苏北桃源灾荒，他首先捐巨资并亲往灾区救赈。直奉战争爆发（1924），战祸殃及常州，他出两千多元筹办救火会，又凿自流井，热忱为地方事业奔走规划。

卢老先生73岁病故，身后哀荣，黄炎培、叶楚伧、翁文灏、庄蕴宽、胡适、丁文江等名士名流，均有哀辞、挽诗，或悼其逝世，或赞其办学的功绩。民国二十一年，国民政府发布嘉奖令，授予卢正衡先生捐资兴学一等奖。

校名之所以取为正衡，一是为了纪念这位学校创办人，纪念他古道热肠，兼济天下，回馈社会，倾力兴学的义举。二是希望学子们能像卢先生一样，正直做人，公衡处事。正衡人的道德传统和人文底蕴滥觞于卢老先生，正衡人高度的社会责任心和奉献精神也结胎于卢老先生。之所以详细介绍卢正衡先生，目的只有一个：正衡中学秉承了卢老的精神之魂，在这里，陆孝彭深受影响——正直做人，公衡处事！

在正衡中学，陆孝彭开始了他少年时期的求学经历。正衡中学的语文课程独具特色。当时，所使用的教材允许教师自编自选，其中，语文课选编了不少具有爱国主义情怀的古文、古典诗词和现代文学。

陆孝彭印象最深的是陈枚丞老师教的语文课。当他念到“小楼昨夜又东风，故国不堪回首月明中”、“泪痕莫滴牛衣透，数天涯依然骨肉，几家能够”时，几乎能看见眼镜片后面透出来的泪光。课堂上，老师会讲时事，讲战局；课余时间，同学们经常唱《松花江上》、《毕业歌》和《满江红》，其中，最爱唱的是《毕业歌》：“同学们，大家起来，担负起天下的兴亡……”

一张张稚嫩的脸庞，一双双渴望的眼睛，尽管他们还不能完全明白复杂的政治形势与动荡时局的变迁，然而，这歌声似一粒粒种子，将追求光明之火的勇气与执著深深埋进他们幼小的心灵。每每唱起激昂的旋律，他们一个个都涨红了脸，热血沸腾：“我们今天是桃李芬芳，明天是社会的栋梁；我们今天是弦歌在一堂，明天要掀起民族自救的巨浪……”

少年时期的陆孝彭

在这段少年时期的求学经历中，陆孝彭遇到了影响他一生的重要人物——陈枚丞。陆孝彭在校时，陈枚丞任正衡中学的校长，原先他是教语文的，后来兼教英语和数学。一段时间，陆孝彭数学成绩不大好，尽管校务缠身，异常繁忙，但陈校长主动提出给他补课，而且风雨无阻。

听舅舅说，陈枚丞和方志敏是同班同学，在陆孝彭心里，对这位校长甚是敬重。解放后，陈枚丞于1951年加入中国民主同盟，后兼任民盟常州市委主任委员，1954年调任常州市教育局局长，1956年任常州市人民政府副市长，1959年8月因病逝世。

这位老校长让陆孝彭记了一辈子，陆孝彭在76岁高龄时，还写了一首《忆昔之二十三（陈师）》纪念恩师陈枚丞：

忆昔少年返故乡，陈师贤德泽被长。夜课床边教运算，朝会涕泣痛沦亡。

六十白驹如过隙，十年红线谁思量。志敏馀党真堪敬，临终党证犹深藏。

1931年，震惊中外的“九一八”事变爆发，日本帝国主义大规模侵略中国东北，至1932年1月，东北全部沦陷。

而就在此时，陆孝彭第一次经受了心灵的震撼。他曾这样回忆：

那是2月的一天清晨，我冒着凛冽的寒风，像往常一样来到学校。进入教室后，发觉同学们都跟往常不太一样，显得很严肃。我这才想起昨天晚上舅舅跟我交代过，第二天早晨校长要亲自给我所在的班级上一堂课，他叮嘱我不要迟到。这下子，我成了班上最后一个到校的，我赶紧坐到自己的位置上。上课铃声响起后，陈校长走进教室。他脸色显得苍白，放下教案神色忧郁、语调低沉地说：

“同学们，这堂课由我来给你们上。”

说着，他转过身去在黑板上画了一幅东北三省的地图。

“同学们，这是什么地方，是祖国的哪一部分？”

学生答道：

“东三省。”

陈校长沉重地说：

“对，同学们，是中国的东三省，可是就在不久前，你们都知道，它全部沦陷了。在上这堂课之前，让我们为东北死难的抗日志士和被日本鬼子枪杀的父老乡亲默哀三分钟……”

我低下了头，这时候，听到有同学在小声地抽泣。

接着，陈校长给我们讲东北的美丽富饶，他痛斥“九一八”事变后日本侵略者在中国所犯下的滔天罪行，哭诉了中国同胞所遭受的巨大灾难。后来，他竟声泪俱下，涕泪横流。这时候，不少同学也都痛哭不止，最后，台上哭，台下也哭，整个教室哭成一片。

良久，陈校长擦干眼泪，靠着讲台，用一只清瘦的手臂支撑着身体，一只手臂举起来，声音洪亮地喊道：“同学们，眼泪救不了中国，救不了东三省，我们要打倒日本帝国主义，打倒小日本！”

大家受到感染，也跟着高呼口号，此起彼落，气氛悲怆而热烈。

陈校长的演说越来越激昂慷慨，他说：“同学们，我们中华民族有着悠久的历史和文化传统，几千年来，曾涌现出许多杰出的治国安邦的政治家，运筹帷幄的军事家，高风亮节的爱国志士仁人和名扬千秋的民族英雄，这是我们民族的骄傲。小日本现在企图灭亡中国，要我们做亡国奴，我们能答应吗？”

“不能，不能，我们决不做亡国奴！”同学们齐声回答，声如洪钟。

这时候，我感觉一股热流涌遍全身，似乎能感受到脉搏跳动的声音。平日里见中国人受欺凌的场面在脑海里浮现，不知道什么时候，我的拳头已经攥了起来。

这时，教室里有人喊道：“同学们，游行去！”

“对，上街游行去！”同学们马上响应，纷纷都站起来，边喊口号，边往外走。出了校门，就是街道。到街上一看，高年级的同学早已行动起来了。大家挥舞着小彩旗，排着队浩浩荡荡向城中心奔去。我赶紧加入到游行队伍之中。

回学校时，我和同学们都很兴奋，三三两两地在人行道上高声唱歌，真正感受到为抗日战争尽了一份力。

这是陆孝彭第一次参加“政治活动”，尽管只是一次简单的上街游行活动，但在陆孝彭心里却烙下了深刻的印记，他感受到了正义的力量喷薄而出时的热烈与激情，从此，在陆孝彭的头脑里形成了一个重要的观念：祖国的命运与每一个人都是休戚相关的，危难时刻，要行动，要斗争，要反抗。

随后，常州正衡中学又发起了一场节食募捐活动。中午，陆孝彭和同学们改吃馒头，节食数日，把节省下来的伙食费转寄支援抗日前线。为了抵制日货运进，不少高年级的学生还和奸商进行斗争。他们用红磷和碎玻璃等制成土手榴弹，扔向存放日货的仓库。其中一位学生因投弹不慎，将手炸伤，暗中被送至无锡治疗。这一扔手榴弹之事轰动了全城，并刊登上了当时的《武进日报》。

1934 年，陆孝彭初中毕业后，考了上江苏省立南京中学。毕业离校之前，陈校长曾意味深长地对陆孝彭和其他同学提起了都德的《最后一课》，他说："现在《最后一课》已经在东三省上演了。今后，不管你们干什么，不管你们在哪里，都不要忘记祖国这个贫穷而伟大的母亲。你们一定要努力学习，掌握本领，要使祖国强大，不再受外族入侵……"

陈校长的话，陆孝彭牢牢记在了心里，而这也成为陆孝彭最初接受进步思想、"科学救国"思想的萌芽，影响了陆孝彭的人生价值取向，促使他在以后的几十年里，将自己的命运与祖国的命运时刻紧密相连。

"一二·九"：一夜囚徒

1934 年，陆孝彭回到南京，家人都很高兴，尤其是病重中的父亲。

陆孝彭高中就读的是江苏省立南京中学，江苏省是全国有名的教育发达地区，而江苏省立南京中学在当时是非常好的学校，它率先在高中部设有普通科、师范科和商科。

陆孝彭自幼聪慧敏捷，记忆力超群，他爱翻看一些古典诗书，并将喜欢的东西努力记在脑子中，背得滚瓜烂熟。陆孝彭尤其喜欢南宋爱国诗人陆游的诗篇，这个饱经风霜的伟大诗人经历了人生的大起大落，但始终贯串着炽热的爱国主义精神。“江声不尽英雄恨，天意无私草木秋”（《黄州》）；“万里关河孤枕梦，五更风雨四山秋”（《枕上作》）……这些诗句，或壮阔雄浑，荡漾着爱国激情，或清新如画，不落纤巧，让陆孝彭沉迷。大概对诗文的爱好得益于青少年时期的广泛诵读与记忆，而赋诗，也成为伴随陆孝彭一生的爱好。

天资聪慧的陆孝彭很是得翁氏的喜爱。陆孝彭的女儿陆群说：

江苏省立南京中学大门

奶奶说我爸爸是家里的神童，读书最聪明。他从小好强，每天起床，一定要第一个洗脸。他不太爱看教科书，上课时，就是认真听老师讲课。平时，他喜欢到附近的田地里去看小说，背诗文。爸爸在家里也很得宠，奶奶带着小孩子回娘家，就喜欢带我爸爸。他 4 岁就上学了，然后跳级。上高中时，他到学校去报到，刚到报到的地方，人家一看他，就说，到另外一边去报到！我爸去了，结果一看，是初中部报到。我爸问，高中部在哪里报到，人家告诉了他。结果，他又回到高中部报到处，可刚到那边，还没开口说话，高中部的老师又对他说，“不是告诉你，初中部在那边报到吗?”我爸说，我要到高中部报到。因为我爸个子比较矮，长得又瘦，年龄也小，人家都不相信他上高中。我爷爷、叔叔、姑姑都是很高的个子，就我爸爸个子比较矮，像我奶奶。我爸还说，他高中的时候拉肚子拉了一年，耽误了长身子。

1935 年，对陆孝彭来说是难忘的一年，这一年父亲陆元昌去世了。陆孝彭永远记得在上海医院探望父亲时的情景，想不到，那竟然是与父亲的最后一别。由于工作的劳累和长期心情抑郁，病魔缠身的父亲在44 岁便走到了人生的终点。陆家的顶梁柱倒了，翁氏带着几个孩子开始了风雨飘摇的日子。

也是在这一年，陆孝彭参加了声势浩大的“一二·九”学生爱国运动。

面对日本侵占东三省又侵犯热河，日寇军舰在长江江面横行霸道，冀东

22县独立，华北5省自治，国民党政府却在江西苏区大肆围剿革命根据地。在这种形势下，1935年12月9日，北平学生在中国共产党地下工作者的组织和领导下，发起了声势浩大的抗日救国示威游行运动，遭到当局的镇压和巡捕。10日，北平各大学实行总罢课，12月16日，北平学生和市民举行示威游行。随后，杭州、广州、南京、天津、上海、武汉、长沙等地的大中学生相继举行示威游行，声援北平学生的爱国运动，形成了全国范围的学生运动。随后，北平学生组织的南下团来到国民政府所在地南京，南京学生运动的热情更加高涨。

江苏省立南京中学成为学生运动中颇有声势的学校，陆孝彭和同学赵世诚、李铸都是学生运动中的积极分子。

关于这一段往事，陆孝彭曾在接受采访时说起过：

北平学生南下团抵达南京后，把火点起来了。那时是1936年2月，具体日子我忘了。记得是南下团到后不久，南京好些大中学校的学生便上街了，我和同班同学赵世诚、李铸都是学生运动中的积极分子。

游行那天一大早，街上还像平时一样寂静的时候，我便起来了，赶到地处大行宫的省立高中。不少同学已经在操场自动集中起来，大部分是高二年级的学生，有100多人。他们打着写着“打倒日本帝国主义”的横幅和各色的小纸旗，结队后便向玄武湖南岸的国民政府进发。路上，我们发现南京高校的学生已经一队一队涌向国民政府门前的广场，就像一股股汹涌怒潮，我们内心里深受鼓舞，劲头更大了。我们时而跑步前进，时而缓下来高呼口号，举起小旗和拳头，拼命呐喊，口号声此起彼落，震天动地。看见游行队伍浩浩荡荡，蔚为壮观，我当时好像要燃烧一般热血沸腾，我把传单分给路边围观的市民，激动地向他们进行抗日宣传。

9时左右，国民政府大门前的广场便都被学生队伍占据了。各校的横幅、标语和旗帜把升起来老高的太阳都遮挡了。就在各大中学队伍在大门前汇合的时候，两队荷枪实弹的军警从大门口跑了出来，在门口站成两排。他们企图驱散堵在门口的学生队伍，以便留出一条空道来。但是在汹涌澎湃的学潮面前，他们如同螳臂挡车，势单力薄，一步一步往后退缩，最后缩到了门内。学生们潮水般涌向大门正面，然后好像有一声口令似的，齐刷刷一片片席地而坐，把政府大门堵了个水泄不通。那些平日耀武扬威出入政府大门的小轿车老远望见这阵势，便绕道而行了。

南京学生大规模的静坐示威就这样开始了。

学生静坐示威的目的，是要逼国民政府的高级官员出来表个态：坚决抗日，不打内战，一致对外。

我们坐在地上，地板很凉，但我们心中有火焰在燃烧。当时，我不是一点不害怕，因为这毕竟是造反行动，北平的“一二·九”运动就遭到了镇压。但我感觉特别有力量，因为这是一个民族的心脏在燃烧，民族的血液在沸腾！

后来，太阳越升越高了，政府官员没出来。太阳已经在正中照耀了，政府大门依然不见动静。他们是不想出来见学生，还是害怕出来见学生？这下把学生惹恼了，大家群情激昂，不断地高呼口号，口号声震耳欲聋。

三四个小时过去，万头攒动的海洋才有七八个官员开道，拥出一个像大官派头的人。官员出现在门楼上，我们当时都呼啦一下站了起来。纷纷围上去要求这位官员回答学生提出的问题。这位大腹便便的官员据说是部长级的人物，他在官员的簇拥下来到学生中间。开始我们学生都对他寄予希望，但不多一会，便感觉受到了愚弄和欺骗。我们发现他对学生提出的问题一概不进行正面回答，对政府是否一致抗日、反对内战等实质性问题总是支支吾吾，闪烁其辞。这激起学生更大的愤怒，纷纷怒斥这位“部长”，并向他扔东西，要他滚回去，弄得这位官员极为狼狈，最后只好实话实说。他说，他不过是个让大家出气的替罪羊，对政府抗不抗日，如何抗日的问题无权做出官方答复，要等他回去向政府报告后，明天再给学生答复，同学们先回去，政府明天一定会让学生们感到满意的。这样的说法现在看来，很明显，这是在拖时间，借以诱骗学生，分化学生，以便各个击破。这是他们的如意算盘，只要大批学生离开政府大门口，一切都好办。然而，学生们单纯，心眼少，轻信了谎言，于是，我们离开政府大门口，回到学校。按照当时静坐示威临时指挥部的意见，第二天各大中学进行更大规模的游行示威。

然而第二天一早，当我和虞光裕等骨干带领队伍正要出门上街时，发现有大批军警把省立南京中学的学校大门堵住了，不准学生出入。正门出不去了，我们便从大门口返回宿舍楼后面，那里有一个小门，不曾被军警发现。我们一个个从宿舍后窗跳出，从小门溜出去。但当我们3个班的同学近百人冲到国民政府门口时，发现那里冷冷清清的，昨天的热闹景象全没了。原来各校都同省立高中一样，一早都有军警把守，学生们都出不来了。大家气愤地骂道："狗日的，这就是他们许愿的答复!"

到政府大门口静坐示威的行动计划因轻信政府的许诺而流产了。我们想，当天夜里要不撤回学校，情况将会不一样。我们几个怒气冲天，决定将游行路线的目的地改为日本总领事馆。但当我们走到一个街口，望见日本领事馆那幢楼房时，那里早有军警戒备森严，一个个手持警棍，早已严阵以待。大伙一见非常气愤，对那些军警说："你们有种的，到抗日前线打仗去啊！为什么荷枪实弹来对付我们这些手无寸铁的学生啊!"有的军警很同情我们，但他们的官却粗声粗气地对我们说："你们胆敢再胡闹，我们就不客气了。"

同学们见后头没有别的游行示威队伍跟上来，自感势单力弱，心里也有些发毛，坚持了一会就怏怏回到了学校。

然而，我们万万没想到，当天晚上，军警就对游行示威的学生下了毒手，我和赵世诚等100多人被捕了。

那天睡到半夜，我们被一阵紧急的哨子声惊醒，校方通知说到操场上集合。我们到了那里一看，全都傻了眼，操场外停着两辆军用卡车。负责学校军训的政治教官对我们进行一番训导，随后，我和赵世诚等参加过游行示威的学生便被押上了卡车。

被捕时，我真是百感交集，悲愤痛恨那些不抗日的卖国贼，我们不过是忧国忧民，为抗日而奔走呼号，何罪之有？但同时，又感到自己太幼稚了，没有一点斗争经验，竟然被召到操场上束手就擒。我和赵世诚等同学谁也没有想到逃，觉得自己宣传抗日有理，理直气壮。

车子在夜色中开进了光华门外的宪兵补充团驻地。这是一排旧房子，原本是宪兵们住的，临时把床搬了，腾出来充当了看守所。他们把我们关在一个大房间里，月光从两扇窗户孔透进房间，很微弱，夜黑得很快，连蜡烛也没有。我和赵世诚蹲在房门口的地上彼此沉默着交换目光，仿佛互相探询着：这究竟是怎么回事？我大惑不解。夜深了，寒冷萧瑟之中，尽管没戴镣铐，但我第一次闻到了血腥味儿……

第二天，宪兵补充团的军官说，可以由直系亲属取保，放你们出去。这样，被捕的人陆续保了出去。我是次日才取保出来的。我父亲已经不在人世，母亲听说我的事时正患病在身，她托舅舅保我。当然，保词是千篇一律的，年幼无知或少不更事。

不久，省立南京中学被政府查封，勒令停课。

不能上学了，我和赵世诚、虞光裕还有许多学生及他们的家长都来到省立高中，为的是看它最后一眼。那熟悉的教学楼，宽阔的操场，还有宿舍楼，至今我还有很清晰的记忆。它是省里有名的重点高中，也是给予我丰富人生阅历和知识宝藏的地方，我十分依恋它。

我永远不会忘记游行示威事件对我一生的意义，它激发了我的爱国热情和反抗意识。

几个月后，迫于社会舆论，政府宣布省立高中改为镇江中学，校址迁往镇江（另说南京中学因发展需要迁往镇江）。因为还有一年就毕业了，我不愿中断学业，就和同学们一道来到了镇江，直到念完高中。

关于这段经历，陆孝彭有诗《忆昔之二十一（学潮）》为证：

忆昔南京兴学潮，抗日歌声入云霄。杀气腾腾宪警棍，学子皇皇热血高。

光天太学遭封锁，夜半囚车入楚牢。堪恨蒋家真误国，转眼京畿成虏朝。

到镇江复课后，学生一概不准聚众谈论国事，通知发到了学生们的手中。尽管满腔爱国心，但为了继续学业，陆孝彭变得“老实”多了，很少带头“闹事”了，只是专心学习。

然而，了解陆孝彭的同学都知道，其实，在他心中早已经埋藏了一个秘密，那就是“航空救国”。

1937 年上半年，尽管日本军队还未侵占江南，但日军的飞机早已频繁出没于上海、江浙等地进行侦察和轰炸，日军的飞机肆无忌惮地扔下了罪恶的炸弹，镇江小城民不聊生。那段时间，陆孝彭经常看到头顶的日机作威作福，报纸上、电台里也经常报道日本飞机逞凶的消息。每每此时，陆孝彭都恨得咬牙切齿，他想，一定要造出很多很多飞机，能作战的飞机，一颗复仇的种子在陆孝彭的内心萌芽……

曾有记者问陆孝彭：“您是怎样走上航空这条路的？”

他答：“咳，说起来就话长了。航空救国，你听说过这个理论吗？”

1909 年，旅美华侨冯如在美国设计制造出一架可以载人飞行的动力飞机并试飞成功。1911 年，冯如携带自制的两架飞机回国，受任广东革命军政府飞机队队长。从此，在中国兴起了一股“航空热”。随后，孙中山先生从抗御外侮、复兴中华的大业出发，积极倡导“航空救国”的思想，并以此作为立国和建军的重要组成部分，为之奔走呼号，苦心经营，创办航空工业，培养人才，组建航空队伍。之后，无数热血青年为这一口号所引导，怀着一生抱负，投身航空事业。后来在抗日战争中，这一批航空志士血洒长空，他们以自己的英雄业绩和生命，实践了孙中山先生倡导的“航空救国”思想。

孙中山先生书写的“航空救国”

第一次接触到这个理论时，陆孝彭猛然心头一热，一股强烈的渴望涌上心头。这个时候的陆孝彭，即将高中毕业，正在为将来作打算。事实上，母亲一直希望陆孝彭像他的父亲一样，做一名铁路工程师。然而，当他看到“航空救国”这四个字时，他突然明白，自己所向往的是翱翔蓝天，那是一个更为广阔自由的天空。从此，陆孝彭拿定了主意，他要投身航空，献身航空。

1937 年 7 月，陆孝彭迎来了高考。虽然那时全国各学校都能报考，但考试不像现在是全国高校统一招生、各省各地都设考场。当时是各校分别招生，仅在大城市设考场。按区划片，陆孝彭只能在上海、南京等地的考场参加考试。

从 1937 年开始，南方片的武汉大学、浙江大学、中央大学联合招生，北方片的清华大学、北京大学和南开大学等联合招生，上海交通大学则单独招生。

陆孝彭报考了南京中央大学和上海交通大学的航空工程系，在当时，全国只有这两所学校公开招录航空工程系学生，对陆孝彭来说，这是他迈出“航空救国”的第一步，这让他对大学生活充满了无限的期待。

后来，两所大学都录取了他，陆孝彭最终选择了南京中央大学，因为，当时日本已经把战火烧到了上海，上海交通大学是肯定去不了了。

至于镇江中学，就在陆孝彭毕业后不久，镇江校址被日本空军误认为兵营而遭轰炸，镇江沦陷后，遗址又被日寇完全拆除焚毁，至此，原来的江苏省立南京中学彻底消亡。

陆孝彭后来回忆说：

“南京中学思想活跃，开明进步。老师们都怀着一颗爱国之心投身教育事业，为革命事业培育接班人，燎原了星星之火。此外，这里的教师学风严谨，认真负责。中学时代奠定的基础，对我的一生都有着深远的影响。”

立定一生航空缘

就在陆孝彭满怀梦想步入大学殿堂之时，抗日战争全面爆发了。继东三省沦陷后，日本又占领了华北，继而华东、华中失守，日本人攻占南京、武汉，侵略者的铁蹄直逼桂川滇。1937 年 8 月 13 日，日军向上海进攻。南京危在旦夕，朝野上下，纷纷忙着迁都重庆，百姓扶老携幼纷纷逃往内地。1937 年秋，日本飞机轰炸南京中央大学，于是学校暂迁至重庆。

关于中央大学西迁，时任中央大学校长的罗家伦后来在《炸弹下长大的中央大学》中这样记录：

我们这次搬家，或者可以算是较有计划有组织的几千个人，几千大箱东西，浩浩荡荡的西上，于不知不觉中，竟做了国府为主持长期抗战而奠定陪都的前驱。这次搬来的东西，有极笨重的，有很精微的；还有拆卸的飞机三架（航空工程教学之用），泡制好的死尸二十四具（医学院解剖之用），两翼四足之流，亦复不少。若是不说到牧场牲畜的迁移，似乎觉得这个西迁的故事不甚完备：中大牧场中有许多国内外很好的牲畜品种，应当保留，我们最初和民生公司商量，改造了轮船的一层；将好的品种，每样选一对，成了基督教旧约中的诺亚方舟（Noah's Arc），随着别的东西西上，这真是实现唐人“鸡犬图书共一船”的诗句了。可是还有余下来在南京的呢？我以为管不得了。所以我临离开的时候，告诉一位留下管理牧场的同人说，万一敌人逼近首都，这些余下的牲畜，你可迁则迁，不可迁则放弃了，我们也不能怪你。可是他决不放弃。敌人是十一月十三日攻陷首都的，他于九日见军事情形不佳，就把这些牲畜用木船过江。由浦口、浦镇，过安徽，经河南边境，转入湖北，到宜昌再用水运。这一段游牧的生活，经过了大约一年的时间，这些美国牛、荷兰牛、澳洲牛、英国猪、美国猪和用笼子骑在它们背上的美国鸡、北京鸭，可怜也受日寇的压迫，和沙漠中的骆驼队一样，踏上了它们几千里长征的路线，每天只能走十几里，而且走一两天要歇三五天，居然于第二年的十一月中到了重庆。我于一天傍晚的时候，由校进城，在路上遇见它们到了，仿佛如乱后骨肉重逢一样真是有悲喜交集的情绪。领导这个牲畜长征的，是一位管牧场的王酉亭先生，他平时的月薪不过八十元！

事实证明，中央大学搬迁自救的决策是有远见的。抗日战争时期，战区内保护最好的就属中央大学等几所高校。后来搬迁的其他学校，如撤到昆明的西南联合大学，搬到贵州遵义的浙江大学等，他们的办学物质转移程度就远没法与中央大学相比。

临开学时，陆孝彭接到中央大学通知，要求先到武汉，再到重庆沙坪坝新校址报到。此时，哥哥陆孝伦也从唐山铁道学院毕业回家了。

兵荒马乱的年月，让陆孝彭一个人去重庆读书，翁氏实在放心不下；陆孝伦也不愿意在沦陷区工作。于是，一家人商量搬迁重庆的事情。“烽火连三月，家书抵万金”，对于翁氏来说，一家人的团聚比什么都重要。

随着西迁的难民激增，去重庆的船票也价格猛涨。翁氏变卖了值点钱的家具，凑足了陆孝彭的盘缠。于是，陆孝彭独自一人先到学校报到，也为举家西迁打前站。

中央大学重庆沙坪坝校址

从南京到武汉，再从武汉到宜昌，再从宜昌到重庆，逆水行舟，拥挤不堪的轮船，沉重而疲惫的汽笛声，直让人心里发毛。惴惴不安的水流，在峡谷中惊惶四散。忧愤，满腔的忧愤，像一个个旋涡，越旋越急，撞击在礁石上，溅起了惊骇！一路上，目睹官商百姓颠沛流离，纷纷逃往大后方避难，陆孝彭深感祖国积弱太深，发誓要学好本领，奋发图强，航空救国。

到达重庆后，因为学校还没有建好，陆孝彭和同学们暂时住在川东师范。11月中旬，陆孝彭从川东师范搬到中央大学，满心欢喜到了学校，却不想见到了一个寒酸凄凉的重庆中央大学。

原来，中央大学借了重庆大学的一个小山包，由于山包上种了很多松树，叫松林坡。中央大学围着松林坡修了一条环山路，路两边就是教室。房子很简单，砖不多，一大块一大块的石头垒起来的地基，上面用竹子编起来的墙，糊上泥，教室都是这样子建起来的。

松林坡的中央大学旧址

宿舍30米左右长，10多米宽，横梁加柱子撑起房子的结构，下面是半截石头，有一点砖，中间是玻璃窗户。一间大宿舍住200多人，里边只有床，其他什么都没有。临时的教室、临时的宿舍、临时的食堂，这简直就像一个避难所……

陆孝彭有些失望，他想，这个地方，能承载他宏大的“航空救国”理想吗？他充满了疑惑。

所幸的是，高中同学赵世诚和李铸与陆孝彭在同一个班。高中快毕业时，他们三人相约一起报考航空工程系，在这乱世之中，三个人的约定竟然能够实现，实属不易，这多少冲淡了陆孝彭心中的失望。

中央大学1937年才第一次亮出“航空工程系”的名字。此前，中央大学早就有办航空系的打算，但因日本人的阻挠，1933、1934年只好把学生招到中央大学办的“机械特别班”（实际上是航空技术培训班）培训两年，然后送到国外深造。1937年，国民党开始不买日本人的账，首次公开招收航空系学生了，后来，又从别系高一年级中调一部分学生进入航空工程系。因此，陆孝彭及其同学成为中央大学航空工程系招收的首批本科生，也是中国本土第一批系统学习航空技术的大学生，日后，这些人在不同岗位上都颇有建树。

不久，陆孝伦带着一家人和舅舅一家全部迁到了重庆，在一处偏僻的乡村找到了住房，陆孝伦也在一家兵工厂的营缮科找到工作，一家人算是安顿了下来。

陆孝彭全家在重庆时的合影

事实上，全家举迁重庆使得陆孝彭比其他很多同学都要幸运。要知道，就在陆孝彭开始上课的时候，上海失守了。随后，兵败如山倒，南京沦陷，1937年12月13日，日本人开始了惨绝人寰的南京大屠杀。陆孝彭的同学之中，很大一部分来自江浙一带，他们与家里完全失去音讯，根本不知道家人是死是活。当时，重庆人习惯把来自长江中下游地区的人称呼为“下江人”，这些流落异乡的“下江人”相互照顾，相互依存，患难与共，结下了深厚的感情。陆孝彭和同学们住在仓库式的集体宿舍内，拥挤不堪，潮湿更甚。但最让陆孝彭印象深刻的要算吃饭问题，中央大学校史有记录如下：

抗战初期，国家粮食部供应中央大学每天三十担[①]（包括教职工）平价米，这种平价米质量极差，杂有沙子、稗子、霉变米、老鼠屎，煮出来的饭难以下咽，同学们戏称为“八宝饭”。贷金、公费伙食标准低，菜蔬少，八人一桌，常年食用的是萝卜、白菜、蚕豆、豆芽、牛皮菜（甜菜）等，难得有几片肉放在菜面上，成了点缀品，有大字报上说：“伙食六块还算好，加了两块吃不饱，肉

① 1担＝50千克。

片薄得风吹了……”

在学生中广为流传着“顶天立地”、“空前绝后”两句极为形象的话，是战时重庆中央大学学生现实生活的写照。“顶天”，就是下雨没有伞，光着头淋雨；“立地”，是鞋袜洞破，光脚着地；“空前绝后”，就是裤子前膝或臀部穿破了，大学生赤贫到衣衫不整，添置鞋袜都不能够，这是怎样的窘困啊！

随着战火的蔓延，大片国土的沦陷，涌入大后方的人越来越多，中央大学在校人数激增。入川后的第二年春天，在松林坡顶端修建了图书馆、阅览室。站在图书馆门口，可以俯瞰学校全景。后来，又陆续修建了专用教室、实验室和学生俱乐部等。此时的松林坡房舍相连，层层叠叠，再也无法插足了。于是，在沙坪坝镇上修建了小龙坎男生宿舍和教职工宿舍，又在松林坡对岸的磐溪（隔嘉陵江）修建工学院的大型实验室等，将航空工程系和艺术系迁至磐溪，这样校舍的紧张状况得到暂时的缓解。后来，又在离重庆市60华里，从沙坪坝沿嘉陵江而上25华里的柏溪建立了分校。

这些都是陆孝彭没有想到的，这个避难所一般的学校，却在战火纷火的年代里，发展规模空前，使中央大学成为当时全国规模最大的高等学府之一。而航空工程系精英荟萃，人才辈出，学校教授大都曾留学国外，知识渊博，且年富力强。其中，著名的黄玉珊教授1940年受聘重庆中央大学时年仅23岁，同学们美称他为“娃娃教授”。他们思想敏捷，眼界开阔，给学生们带来了欧美等国最为先进的航空理论知识和实践经验。在与老师的接触中，陆孝彭深感出国学习是提高自己的一个好途径。

战时的沙坪坝属重庆磁器口行政区管辖，称为沙磁区。中央大学与重庆大学毗邻。穿校南行，是教育家张伯苓于抗战前夕创办的南渝中学，抗战爆发后，南开大学经济研究所就设于此。北行至磁器口，是一小河与嘉陵江的汇合处，这儿有四川教育学院。松林坡的对岸，是风景优美的磐溪，嘉陵江从坡下潺潺流过，有一小规模蓄水库，是中央研究院和中央工业实验所的所在地。各校所常有演讲会、歌咏会、话剧、土风舞等演出，每次活动海报一贴出，师生均可自由参加，关系融洽。当时的沙磁区是重庆学术、文化中心，而中央大学是这个文化区的核心。学校每周日借重庆大学或南渝中学礼堂，敦请学界、政界或来华外交使节等社会名流作讲演，还有各种类型的学术讲座，陆孝彭经常和同学们一起听讲座。当时社团很多，有文艺习作性的、学术研究性的，有联络感情、砥砺学行的，有宗教研究性的，也有宣扬三民主义、研究战后建设的，等等。

尽管条件艰苦，但陆孝彭的大学生活是丰富多彩的。为了弄清楚陆孝彭大学时代的真实生活，笔者专程赴北京采访了陆孝彭大学同学陆元九和丁钊。今年91岁的陆元九院士，是我国著名的陀螺、惯性导航及自动控制专家，是我国自动化科学技术的开拓者之一。94岁的丁钊曾任国家发改委宏观经济研究院研究员、产业经济技术经济研究所高级工程师。两位老人非常热情地讲述了在中央大学时代的学习经历以及对陆孝彭的印象：

从年龄上来讲，老陆（陆孝彭）是1920年出生的，在我们班上算比较小的，他17岁进入大学，还是未成年吧。但他非常活跃，很开朗，兴趣爱好多，活动面比较广，他喜欢写诗，喜欢唱歌，参加过学校歌咏队。当时，什么娱乐设施也没有，学校便组织学生唱歌、排话剧等。老陆运动也不错，他大学时喜欢打篮球，虽然他很瘦小，但很灵活，脑子转得快，动作灵敏，反应迅速是他的特点。在社会活动方面，他也比较积极的，曾经在班上担任过班委职务。他口齿伶俐，说话有条理，思维清晰，是有领导能力的一个人，也是我们同学中比较杰出的人之一。

老陆很聪明，学习并不是特别用功，但成绩总是偏上等。为什么说他聪明呢？从教授上课提问时他的回答，从向教授提出的问题，从考试成绩等，都能看出来，但要说具体的例子是讲不出来了，时间太久了，但有这个总体印象。

要说学习，陆孝彭最感兴趣的是航空工程专业知识讲座和各种实验课程。

中央大学航空工程系隶属工学院，首任系主任是罗荣安。陆孝彭在这里接受了系统的航空专业知识，他如饥似渴地吸收每门学科的精华，他沉浸在空气动力学、流体力学、航空理论、飞机制造等课程的奥秘之中，他甚至开始试着动手做实际工作，为后来打基础。

学习中，陆孝彭注重理论与实践的结合。事实上，由于受条件限制，航空工程系29级的实验课程并不多，学生自己动手的机会更是很少。但相比在教室里看课本、学理论，陆孝彭对实验室里的一切更感兴趣。当时，学校拥有发动机实验室、风洞实验室、结构实验室、仪表实验室、修配厂和小型图书室。发动机实验室有9台飞机发动机，直列形、V形、星形俱全，设备堪称国内一流，但基本都是美制、苏制或日制的。每次看到这些外国的发动机，陆孝彭都会在心里提醒自己，将来，中国一定会造出自己的发动机，中国的飞机一定会装上“中国心”。

最让陆孝彭感兴趣的是风洞实验室。风洞是航空教学科研的基本试验设备，要求严，造价高，旧中国仅有3台。据说，中央大学设在南京校址风洞实验室里的是我国的第一座风洞，1934年由南京中央政府航空委员会从意大利买进，以资助南京中央大学工学院创办航空工程系。这座风洞是用钢板制成的单回流式风洞，试验段为开口式，剖面圆形，直径1.2米，收缩比为5；用55千瓦柴油机带动50千瓦直流发电机，转动一个木制的4叶螺旋桨，形成气流，气流速度可达到55米/秒。

1935年底，中央大学开始安装这座风洞，1936年开始运转，用于教学试验，测试流场分布。1937年中央大学西迁时，由于这座风洞尺寸大，难以搬运，因而就埋藏在郊外。航空工程系主任罗荣安顶着日机的轰炸，冒死将设备全部拆卸后运送至重庆，才得以保全这些珍贵的教学用风洞设备。

中央大学航空工程系自行安装的试验风洞

陆孝彭大学期间，这座风洞一直在安装，陆孝彭多么渴望这座风洞能够尽快装好，进行试验。但据说，直到陆孝彭毕业后一年多，风洞才安装起来，进行吹风时还没有电，直到配了一个柴油机发电才能正常运转。非常可惜的是，陆孝彭盼了几年的风洞试验课程最终也没能在学校里进行。然而，客观来说，这些风洞设备的保存为后来中央大学航空工程系的教学科研做出了很大的贡献，也见证了中国早期航空教育的历史。

对于陆孝彭注重实际工作的学习特点，陆元九院士给我们提供了一个有力的佐证：

在学校里，我们都比较注重课本理论，但老陆在学校的时候就开始注重实际工作了。我记得很清楚，他是我们班上唯一一个毕业论文做试验的，他这种做毕业论文的方式，在整个工学院，甚至在全校，也是很少见的。

做毕业论文时，老陆和张阿舟两个人联合做了一个课题，是结构强度方面的静态试验，导师是系主任罗荣安。论文的细节不记得了，但当时，就全校的条件来看，很少有机会做试验工作的。大家都以为读读书，搞搞公式就可以了，不习惯动手。但老陆是主动动手的，他的论文有试验、有分析，要知道做这样的论文，既费时间，又费事。当时我经常会去实验室，见过他做试验。有时候，实验室放不下了，他会搬到外面去做。可见，老陆从学校起，就注重实践工作。在大学毕业的时候，老陆是比较出名的。

陆孝彭在学好专业的同时，很注重英语的学习。中央大学的英语属必修课，实行强化训练，分为英语阅读和英语作文两门课程，学分差不多占一年级学分数的1/3。此外，外语训练几乎贯穿整个大学四年过程，各门课程都指定外文参考书，教师讲课同时介绍中、英文名词，陆孝彭记笔记也采取“雨夹雪”的办法，即中英文混合记录。到了大三大四，陆孝彭会按教师要求自行选题，查阅外文文献，然后归纳整理成论文。论文写成后上台报告，教师坐在台下听讲并提问。中央大学这种教学相长的方法，有效地培养了学生英语阅读和文献综合的能力。英语能力也为陆孝彭后来出国留学扫清了语言障碍。

从陆孝彭进入大三的那一年开始，日军大规模空袭重庆，敌机狂轰滥炸，正常的教学受扰，师生寝食不安，甚至还会遭遇灭顶之灾。森林系一位教授对沙坪坝的空袭进行了详细统计，有一个月空袭高达28次，最多的是27架飞机同时轰炸沙坪坝，师生最多一天之内钻了5次防空洞，钻防空洞成了师生们的“必修课”。陆孝彭清楚地记得，一次，一个防空洞门因关闭时间过长，硬是憋死了呆在里面的人。

在中央大学的校史上曾这样记载：

为了减少人员的伤亡，学校修筑了防空洞，成立了中央大学防护团。防护团有健全的组织、缜密的防范措施和严明的纪律。每逢空袭，防护团发出预备警报，师生必须迅速进入附近的防空洞。若紧急警报发出后，仍有逗留在外的，须按情节轻重予以处分。于是，钻防空洞又成为日常生活中的一个重要组成部分。有时紧急警报响过，大家都进入了防空洞，飞机却没有来，师生们只得坐洞（防空洞）窥天，飞机来了，就往里钻；飞机飞远了，再出来。最让人头痛的是一天空袭几次，就得进出几次。洞内空气污浊，即使装有通风机，也令人作呕。

头顶是轰鸣的飞机，地上是逃离的同胞，遍地的鲜血，呼啸的炸弹……这就是陆孝彭对重庆陪都的印象。罪恶的敌机在头顶作威作福，作为航空工程系的学生，陆孝彭隐隐觉得这是一种耻辱，他多么想早日学成，设计制造属于中国的飞机，与敌机交战，扬我国威，守我疆土。然而，他很清楚，要实现航空救国，必须先练好本领。

敌机来了，学生们钻进防空洞；敌机走了，立刻出来上课。敌人可以炸毁物质，却炸不毁师生们的意志……就是在这样恶劣的条件下，陆孝彭和同学们以大义相劝勉，以感情相维系，学习的氛围非常浓厚。四年中，不知道历尽了多少困难，但陆孝彭的学习却从来没有停顿过。面对苦难的生活，陆孝彭没有消沉，而他坚毅、不畏艰难、顽强拼搏的性格品质在这一时期也得到了锤炼。这为他后来在航空事业上屡遭重挫，却从不言放弃奠定了基础。

重庆：再上黑名单

如果说，在正衡中学“九一八”上街游行是受校长陈枚丞的影响；在江苏省立南京中学参与“一二·九”学生爱国运动多缘于血气方刚，经验不足；那么，在中央大学，陆孝彭则一次次以成熟而理性的头脑应对突发的“政治事件”，不卑不亢地小心处理着身边的每一件敏感事件。

陆孝彭关心政治，但他并不热衷于政治。他的信念是科学图强，航空救国。如果可以选择，他宁愿用科学、用航空做武器来与不公的世道进行抗衡。然而，在那个民族灾难深重，各地学生爱国运动风雷激荡的年代里，陆孝彭不得不一次次站出来，振臂高呼……

陆孝彭所在的班级云集了陆孝彭、虞光裕、赵世诚、李铸、冯元桢、沈申甫、陆元九、林同骥、高永寿等大批思想进步的爱国青年，不少人在高中阶段就是学生运动的骨干分子。进入大学后，他们更加全面地接受了进步思想，也更具有战斗力，不少人频繁与中国共产党地下党员接触，甚至加入了共产党。因此，这个班也经常让学校感到头疼。刚进校不久，因为军训的事情，陆孝彭和虞光裕便带头与学校进行对抗，并最终取得了胜利。这件事也使陆孝彭和虞光裕在同学中的威信高涨，陆孝彭还被选为班委会主席。

据陆元九和丁钊回忆：

在我们班上，正义的事情发生得比较多。记得有一个同学生病，盲肠炎要做手术，没有钱，非常急。虽然大家都很苦，但都捐钱，李铸等人带头发起这件事情。当时不知道，只是觉得这是表达对同学的友爱之情，很平常。事后才知道，李铸等地下党员利用这个机会，背后团结许多人。他的身份是不能公开的，因为国民党组织了三民主义青年团（“三青团”）监督学生活动呢。越是思想进步，越不敢表现，只有通过这些正义的、非政治的事情来团结人，班上有同学遇到困难，总会有人站出来说话，带头的是李铸，陆孝彭和李铸走得比较近，他思想进步，应该受了李铸的不少影响，但没有听说陆孝彭是地下党员。

大学时代，不仅是陆孝彭积累专业理论知识的最关键时期，更是他性格成熟定型的重要阶段。陆孝彭意志力顽强、坚韧，只要是他认定的事情，绝不会轻言放弃，有较强的耐心和自制力。而这一性格的养成，与重庆中央大学发生的一件事有很大的关系。几十年后，当有记者问他，为什么强 5 能成功？他说：

"当时真是快顶不下去了，但最终没有动摇，我这个坚忍不拔、不怕艰难的性格对我搞强5飞机很有价值。可以说，学生时代养成的性格使我走过了几十年风风雨雨而没有败退下来，那时打的底子，使我一生受用无穷。"

一天，陆孝彭正在嘉陵江边看书，虞光裕带着几名同学忽然气喘嘘嘘跑过来告诉他，他们班的张桐生因为打架要被开除学籍了。这件事，丁钊在接受采访时回忆道：

我们的宿舍是狭长形的，每一横排并放着3个床位，床有双人的，还有4人的，房间没有隔开，一眼望去，全是床，通到底，一个宿舍住200多人。中间原来是走廊，后来不够住了，又加了一排床位。由于工学院的课程比较紧，航空系的学生中午要抓紧时间休息，那天，别的系有学生聚在一起拉胡琴、唱京戏，影响大家的休息。开始，我们让对方不要吵，但对方不听。张桐生当时是班长，他就起床，披了件大衣，我们班另外两个人跟着他一起过去讲理了。张桐生说："我们功课比较忙要休息，请你们不要吵。"对方说："我们有我们的自由，你们管不着！"还顺势推了张桐生一把。这一推，张桐生的大衣就掉到地上了。张桐生准备拣衣服，结果对方以为张桐生要出手，又推过来，站在张桐生边上的同学就挡了一下子，结果，对方后退了几步，撞到后面的木床上了。这一撞就不得了了，对方开始叫起来了："哎呀，张桐生打人啦！"就这样，事情闹起来了。

其实这本身不算什么大事，不过当时是有背景的，学校上层有党派斗争，教授里面有党派。蒋介石是一派，陈立夫是一派，工学院里蒋介石一派居多，对方是陈立夫一派，结果，有人唯恐天下不乱，借机闹事，攻击校长罗家伦。罗家伦是不大听话的，陈立夫一派想把他弄下台。受派系斗争的影响，小事就成了大事，大字报到处贴。在这种情况下，学生不了解这些情况啊，怎么随便就开除学生呢！为这个事，双方都请了教授（当时各院系基本上实行教授治校，一切大政方针均由教授会研究决策后执行）。

这个时候，张桐生辞去了班长的职务，我接他的班。后来，学校校务会开会讨论如何处理这个事情。我和几名同学在外面看。就看出了有两派势力，结果，支持张桐生的这一派顶不住了。我们看形势不对，赶紧回教室给大家讲这个情况。教室里一部分同学在做功课，一听就全赶过来了，还没等我们过来，大概是晚上七八点钟的样子，就看见在贴布告了，这说明，这个布告老早就准备好了。

陆孝彭和同学们赶到校长办公室门口，这个时候，开会的人还没有完全解散。大家都不太敢妄动，最后，李铸带头冲进了校长办公室。事实上，在当时的环境下，不管思想多么进步，都不敢特别表现出来，不然就会被逮捕。当时已经是地下党员的李铸做出这样的举动，是需要勇气的。

校长罗家伦当时是国民党中央委员会委员，在教育界颇有影响力。在罗家伦的办公室里，陆孝彭仔细打量了一番，宽敞的房厅一侧，放着一张很大的办公桌，桌上文房四宝俱全，玻璃门的木质书架占了整整一面墙，从他收藏的书籍来看，这是个知识渊博，学富五车的学者。事实上，罗家伦在担任中央大学校长期间，及时决策，为中央大学战时西迁，发展壮大的确做出了不可磨灭的贡献。

然而，陆孝彭并不喜欢这个校长，因为他国民党中央委员会委员的身份和他执掌重庆中央大学期间所宣扬的抗战思想。罗家伦多次主张："我们抗战，是武力对武力，教育对教育，大学对大学。中央大学所对着的，是日本东京帝国大学。"对于他的这种理论，陆孝彭无法接受，在他看来，面对深重的民族灾难，每一个中华儿女都有义务起来反抗，而罗家伦的理论是懦弱和逃避责任的表现。

对于这次与校长罗家伦的对峙，陆孝彭印象非常深刻，他对记者回忆起这段往事时，平静而坚毅：

当时，我们的目的很明确，见到罗家伦后，我们开宗明义，表示学校做出开除张桐生的决定有失公允，要求公平处理此事。罗家伦有些不以为然，他说，张桐生带头打架，违反了校规，学校有权开除他，他还让我们不要管闲事。

听他这么说，我们都有些生气，这一点也不像一个校长说出来的话。我们马上回驳他，这不是闲事，这关系到一个学生的命运和前途，我们坚持要学校解决张桐生的问题。罗家伦的态度显得有些强硬了，他说，学校是根据事实做出的决定，而且决定已经公布出去了，不可能改变。就这样，我们都坚持己见，不肯相让。

后来，罗家伦也不看我们，也不再说话，拿起一份报纸，自顾自地看起来。一时间，气氛变得有些尴尬。我们航空工程系的同学都在校长办公室外面，等着结果。听说校长不打算改变决定，大家都很气愤。

校长开始冷战，我们一时也不知道该怎么办了，只好坐下来等，等校长表态。不过，我在心里告诉自己：不管怎么样，绝对不能让学校把张桐生开除了。

夜色深了，房间里很安静。按往常，罗校长应该已经回家了。但同学们都堵在他办公室门口，他也走不了。于是，就这么耗着。

双方无声地对抗，寂静中相互比量着耐力。

僵持了几个小时，我觉得这样下去不是办法，于是，我和虞光裕商量了一下，便站起身说："罗校长，既然您不打算改变处理决定，那么，我们代表全班同学向您宣布，我们班全体同学从明天开始罢课！"还没等罗校长做出反应，我们便转身出了办公室，那个时候已经是晚上两三点了……

果然，第二天上午，当航空工程系的讲师抱着讲义和备课本来到教室的时候，看见黑板上赫然写着"罢课！"两个字，下面附一行小字："希望老师们支持我们的正义行动！为恢复张桐生的学籍而斗争！"

对于这件事，系里老师都认为学校有所偏袒，因此，听到同学罢课，老师们都表现出同情。明显的标志就是：只要不是学生来找，谁也不去教室讲课。

第一天过去了，校方没有反应……

第二天过去了，校方没有反应……

第三天过去了，校方仍然没有反应……

其实，这几天，陆孝彭顶的压力也很大，罢课是大事，影响非常不好。但这是他所能想到的最有战斗力的方法，他也不知道最终的结果会如何，但事情已经做了，那只有坚持下去。这是他们班与学校之间的一场意志力的较量与博弈，陆孝彭相信，只有真正顽强的人，才能取得最后的胜利。

这几天，除了和同学们一起自学外，陆孝彭的话很少，他总会在心里跟自己说，要坚持，坚持！

第四天，终于有消息传出来，如果罢课再继续，就开除陆孝彭的学籍。起初，听到这个消息，不少同学慌了，陆孝彭也有点顶不住了。他不甘心被开除学籍，他的航空救国还没实践，他更不能让母亲伤心。但转念仔细一分析，陆孝彭觉得自己不能在这关键时刻退缩，且不说此事关系着张桐生的命运，既然是正义之举，就不能半途而废。更何况，罢课的影响已经超出了工学院，逐步传播到理学院、农学院等，在全校引起轰动，舆论是有利于他们的，校方传出这样的消息，恰恰说明他们害怕了……

与此同时，航空工程系的系主任罗荣安得知要开除陆孝彭的消息后，这位在美国麻省理工学院学过飞机设计的专家立即站出来，表示坚决不同意。

这一切都对陆孝彭有利，因此，陆孝彭稳住同学们，继续挺了一天……

果然，罢课第六天，教务处来人请陆孝彭和虞光裕面谈。这一次，校长的态度大变，他表示，学校对打架一事重新进行了调查，双方共同负有责任，经教育训导，有悔改之意，学校决定撤消关于开除张桐生学籍的决定。但考虑到已造成的不良影响，经请示教育部同意，决定将张桐生转去西南联大继续学业……

终于取得了“斗争”的胜利，同学们都特别兴奋。当张桐生得知此消息时，他大哭了一场……

值得一提的是，这位差点被开除学籍的张桐生，从西南联合大学毕业后，继赴美国纽约州立大学、普渡大学深造，获得硕士学位。后去台湾，历任空军研究院研究员，成功大学教授、物理系主任、工程学研究中心副主任、理学院院长等职，荣获代表着台湾教育最高荣誉的“物理杰出教育奖”。后又赴美任职，为麻省理工大学、加州大学、亚利桑那大学、肯塔基大学客座教授，马歇尔太空中心罗斯太空研究所高级工程师。1994 年，病逝于美国。

四年大学转眼到毕业，毕业考试陆孝彭顺利通过，且名列前茅。没过多久，教育部突然下发通知，宣布当年各学校的毕业考试无效，要由教育部统一命题统一考试。紧接着，冷风吹来，什么样的学生统考将不予通过，什么样的学生要被开除等。事实上，当时的国民党政府当局和教育部从来没有停止过对学生运动骨干分子的监视和打压，潜藏在地下的斗争一直在持续着……

中央大学航空工程系29级同学合影，一排左三为陆孝彭

一石击起千层浪，这在重庆中央大学和各大高校引起轩然大波。学生们深恶国民政府的丑恶之行，又一场学生运动开始酝酿。中央大学农学院的杨震东和宣家杰最先组织学生提出罢考口号，两人都是地下党员。宣家杰是陆孝彭在南京中学的同学，他想到了陆孝彭，他对杨震东说：“中央大学要闹学潮不找工学院不行，找工学院不找航空工程系不行，找航空工程系不找陆孝彭等人不行……”

于是，杨震东找到了陆孝彭。起初，陆孝彭犹豫不决，毕竟要毕业了，他想顺顺利利拿毕业证，为将来作打算。后来，宣家杰、李铸等高中同学也来找他，陆孝彭便同意了，事实上，从内心里，他是赞同他们的做法的。

于是，一张罢考的大字报在食堂门前贴出来了，陆孝彭的名字赫然在上。这样，不少同学也跟着行动起来，抵制统考的运动首先在工学院爆发了。随后，农学院、文学院、法学院和理学院也被卷入。但就是否罢考，五个学院并未完全达成共识，同学们商定，每个学院派一名代表，组成五人小组，作为决策机构。工学院代表是陆孝彭，农学院是杨震东，其他三个学院的代表也相继选出。

第一次会议在图书馆内举行，议题是中央大学要不要罢考，以举手投票为准，少数服从多数来决议，通过决议后，代表必须回各自的学院贯彻执行。

会议争得很厉害，一个个面红耳赤，言词锋利，甚至拍桌子骂人。原来，法学院的代表是一位三青团员，文学院的代表也是个亲校方派，他们坚决反对罢考，并讥讽罢考不是学生所为，哪有学生怕考试的道理！陆孝彭和杨震东立即回驳，指出统考的不合理性和包藏祸心。

结果表决时，两票赞成，两票反对，理学院弃权，这样罢考暂时没有通过。事后，陆孝彭和杨震东找到理学院的代表，做通了他的思想工作。

最终，五人小组会议以 3 比 2 通过罢考决议。随后，杨震东通电全国大专院校，号召联合罢考。尽管通电发出去了，但中央大学内部仍然存在左右两派学生阵营的对垒，针锋相对，陈词激烈，甚至差点酿成武斗。后来，在大会上担任执行主席的杨震东对陆孝彭说："我没辙了，下次大会还是你来担任执行主席吧！"

事实上，陆孝彭也产生了恐惧心理，他预感，下一次大会上，双方必定大打出手，政府会派宪兵干涉，乘机逮捕左派学生，自己和杨震东必然首当其冲。另外，全国通电发出后，已经在社会上得到普遍响应，不久便会掀起一个震撼全国的总罢考。为了避免无谓牺牲，陆孝彭听了同学们的劝，决定回家躲避一阵。

当陆孝彭回到学校，同学们告诉他，迫于舆论压力，教育部部长在报纸上公开发表讲话表示，保证不会因为统考开除一个学生。

罢考运动最终取得成功，陆孝彭再一次在对抗中得到历练。

事后，国民党宪兵包围了沙坪坝，要逮捕杨震东，但杨震东早已去了延安。几十年后，当陆孝彭以无党派人士身份出任江西省政协副主席，时任江西省委书记的江渭清对他说："20 世纪 40 年代我就知道你的情况，杨震东不止一次向我介绍过你，你很早就是我们的亲密战友……"

对于罢考、对于杨震东以及江渭清，陆孝彭在 1996 年所作的《忆昔之二十二（罢考）》中写道：

忆昔山城闹罢考，益友良师指新潮。左右分明立场定，农工奋起怒火烧。

江公深居多谋略，震遍白区撼敌巢。谁知三十七年后，又主赣省党领导。

（注：江公指江渭清）

1941 年，刚刚大学毕业的陆孝彭满怀报国之志，书生意气，憧憬无限。然而，当他毕业后真正走上工作岗位时，一切都并非像他所期望的那般……

第二章　漂流异国情系祖国

航空现实碾碎救国梦

毕业后，陆孝彭被分配到云南昆明空军第一飞机制造厂。但他没有立即报到，而是准备参加当年清华公费留美生的考试，像他的父亲一样，像他的大学教授们一样，西学东渐，科学图强，航空救国。

陆孝彭回到家里专心备战考试。重庆的夏天如火炉般闷热难耐，低矮的木板房如蒸笼，陆孝彭把自己关在家里复习功课，这一关，就是3个月。正当陆孝彭胸有成竹地准备迎接考试时，才得知当年的公费留美生考试取消了。事实上，在抗日战争期间，清华大学公费留美考试只在1940年举行过一次。3个月的苦功付之东流，陆孝彭实在不甘心，然而他不得不面对现实，无奈之下，他只得到昆明报到。

1941年秋天，陆孝彭到了昆明第一飞机制造厂，在设计科做了一名制图员。

昆明第一飞机制造厂位于昆明西郊昭宗村，是当时中国最具影响力的飞机制造厂之一。

随着冯如掀起的一股航空热潮和孙中山提倡“航空救国”思想的深入，一大批航空先驱开始逐步建立了自己的空军和地勤，在全国范围内建立了十几家飞机制造和修理工厂。其中，发展最好的要数广东飞机制造厂，这和广东地方政府不迷信外国飞机，敢于使用本国飞机有着很大的关系。从1928年起，广东飞机制造厂开始研制飞机，并将所有的飞机都定名为“羊城”号。据统计，广东飞机制造厂在1936年前共研制生产了“羊城”系列的教练机、驱逐机、轰炸机达60多架，成为中国当时在飞机研制方面成就最大的航空工厂。

广东省政府有感于航空的重要性，与美国寇蒂斯－莱特公司合作生产飞机。1935年，广东飞机制造厂改为韶关飞机修理厂，当时，该厂的主要任务转为修理和仿制外国飞机，但也自行研制“复兴”式教练机。1936年，两广政变失败，该厂由中央政府接收，改称“韶关飞机制造厂”，直属航空委员会。

在技术方面，韶关飞机制造厂聘请了以俄裔美国人沙坎诺夫为首的外籍顾问团担任技术顾问，同时还有20余名中国赴美留学生回国分管技术工作。从1937年8月31日开始，日军战机对韶关飞机制造厂进行狂轰滥炸。1939年，韶关飞机制造厂经内河到当时尚未沦陷的香港，再由香港转海路运到越南海防，在越南经陆路转运到缅甸，后经滇缅公路进入云南昆明西昭宗寺附近，在此建立了中国空军第一飞机制造厂。1942年，昆明局势紧张，重要设施分批由副厂长邹文耀迁往贵阳，而厂长朱家仁及部分职工、设备仍驻留昆明，同步生产制造飞机。

陆孝彭到达昆明时，他们已经生产了一批“复兴”号和“霍克”号飞机。陆孝彭还听说，“西安事变”中周恩来曾乘坐的专机就是韶关飞机制造厂生产的“复兴”号。当时的厂长是毕业于美国麻省理工学院航空系的朱家仁，在他的带领下，该厂主要负责制造“新复兴”甲、“新复兴”丙及仿制苏式伊－15的忠28驱逐机。此外，朱家仁还亲自主持了“研驱零”战斗机和直升机的研制。

参加工作的新鲜感让陆孝彭很投入。在美丽的春城，陆孝彭尽情地沉浸在航空世界里。在学校学到的理论知识，能够运用到实践之中，这对于陆孝彭来说，是一件值得激动的事情。在这里，他如此真实地亲密接触飞机，实实在在地在图样上制图，而他所画的每一个线条，每一种结构，最终都会下达到车间。车间会按照图样将零件一个个做出来，然后装配成一架完整的飞机。从一个虚无飘渺的设想到呼啸长空的实物飞机，这个过程，多么美妙啊！尽管在学校的时候，陆孝彭曾尝试过简单的飞机设计，但那仅仅是停留在图样上的理论设计，没有实践检验的设计，甚至根本不能称其为设计。

陆孝彭的确很兴奋，每一天都是充实而丰富多彩的。只要一有空，他就会跟着老师傅学习制图，当时，制图都是用笔和尺等工具进行的，因此，制图的效率、精确度全凭一只手。经过长期的历练，陆孝彭的制图技术在这期间得到了很大的提升。他对各种制图工具的使用精准到位，对制图标准烂熟于心。同时，为了了解飞机结构，陆孝彭经常到飞机上爬上爬下，似乎要弄明白飞机上每一个仪表、每一颗螺钉、每一段管线，对照飞机结构图样了解各零部件的作用和功能。要掌握对几何物体的手绘表达的本领，需要空间想象，才能准确地将客观上三维的物体在二维的纸张上表现，因此，陆孝彭注重观察，注重用笔和绘线的训练，这为陆孝彭后来从事总体设计，在讨论技术问题中纯熟地用图形表现物体的构形及结构打下了非常扎实的基本功。

在这一时期，陆孝彭接触到了前掠翼飞机。20 世纪 30 年代末 40 年代初，自德国开始研制世界上最早的前掠翼飞机 Ju－287 重型轰炸机开始，世界各国便掀起了一股前掠翼飞机的热潮。由于前掠翼飞机翼尖在前，翼根居后，这种飞机在亚声速飞行时具有非常好的气动性能，从而大大提高其在迎角状态下的机动性。若前掠翼布局与推力矢量控制系统综合使用，还可使其在空战中更具优势，其近距空战机动能力将成倍地提高。同时，还有结构优势、起降优势和可控优势，这种飞机对当时的设计师们有着较大的诱惑。

1942 年，第一飞机制造厂在邹文耀的领导下也开始了对前掠翼飞机“研驱一”型驱逐机的探索。“研驱一”机翼前掠，机翼内侧下反，外侧上反。前机身、中机身及内翼均为金属结构，后机身及外翼，则采用木质结构层板蒙皮。尽管当时陆孝彭只是一个刚毕业的“新人”，但他对这型飞机持冷静的态度，他有自己的理解。他认为，前掠翼沿结构曲线方向的弯曲变形会使外翼沿气流方向增大迎角，增加外翼部分升力，进一步增加机翼的弯曲变形。在足够大的速度下，这种现象会形成恶性循环，直到使机翼弯曲折断。如要改变这种现象，需增加机翼抗弯强度。然而，当时中国航空工业基础弱、底子薄，根本不可能提供满足要求的高强度材料，因此，在当时，研制这种飞机的条件并不成熟。

经过昆明一年的实践，陆孝彭初步体验到了与飞机打交道所带来的乐趣。然而，他也慢慢开始对现实与梦想的差距有了清醒的认识。1941 年，陆孝彭写下了一首以乐府曲牌名为题的明志诗歌《梁父吟》，或许我们能从中体会到他当时愤世嫉俗，迷惘而又不甘丧志的心情。

梁父吟，一何悲，一声长啸陇云开。古来豪杰不知数，我欲从兮安适哉，君不见，淮阴少年本无赖，不惜羞颜出胯下。忽然南郑登将台，一日衣袍尽成赭。意气不作假齐王，七十二城一日降。将兵十万不为众，欲驱秦卒如驱羊。君不见，汉家宰相陈孺子，二十无妻不足耻。坐对胙肉兴长嗟，欲宰天下如宰此。天下神物有蛟龙，黄金为鳞铁为鬣。或而失水落平泽，曳尾泥涂笑鱼鳖。我欲乘龙上紫霄，风泠泠兮雷萧萧。风雷未至龙不起，世人笑我空徒劳。今日空徒劳，明日轻尔曹。渺渺乎鸰鹍藩篱鸟，孰与料九万里之厚高。

陆孝彭最终没能在昆明长呆，他曾在《忆昔之三十三（昆明）》中回忆道：

忆昔昆明多良辰，金马碧鸡茶花春。滇池小舟芰蕖满，龙门巨浪碧海昏。

设计沉醉少年客，情场彷徨失意人。却因敌特暗查踪，不如北去到蓉城。

“情场彷徨失意人”、“却因敌特暗查踪”，陆孝彭的诗句中隐约透露了他这一时期的真实生活状态，情场失意？敌特查踪？陆孝彭什么时候有了一段“失意”的感情？又是什么事情让敌特对他进行追查？

原来，陆孝彭在大学时，有过一段感情经历，他的大学同学陆元九证实了这件事情：

大学二年级的时候，这个女孩子在南开中学读书，当时南开中学也在沙坪坝，离我们学校不远。我和孝彭比较熟，也谈得来，他的一些事情我也比较清楚。有一段时间他和那个女孩子接触得比较多。他跟我说，他从来没有谈过恋爱，但是一见到这个女孩子他就受不了了。我还笑话他。大概是1940年以后就没听孝彭提起过，估计是有了变化，这个女孩子高中毕业后就走了。至于什么时候没在一起的，就不清楚了。这个女孩子我也认识，1947年，我在美国还遇到了她，那时，她已经与我们很熟悉的一个人结婚了，也是我们学校的。至于你（笔者）问到，是不是孝彭单相思，这不好说，因为当时他跟这个女孩子的确有过来往。说这段话，目的是想说，从这件事能看出来，孝彭在学校不是个书呆子。我记得，当时大家都不怎么有心思学跳舞，但他比较认真地学。

至于“敌特查踪”，笔者已经无法得知这件事情的原委，但据后来与陆孝彭共事多年的同志说，陆孝彭在随后的几十年里，一直疑心国民党特务在跟踪报复他，因此，处处留意，事事小心，在生活上养成了一些特殊习惯。陆孝彭的这种心理阴影大概来源于这一时期的遭遇。

尽管不知道这中间发生了什么事情，但我们知道，陆孝彭在第二年离开了昆明，来到了成都空军机械学校高级班学习了一年。学成后，1943 年，陆孝彭又被分配到位于南川的第二飞机制造厂任设计员。

第二飞机制造厂遗址

在今天的重庆市万盛区丛林镇西南 2 公里的山岭中，有一个由石灰岩层、钟乳石形成的天然大溶洞，名海孔洞。该溶洞高 18～35 米，宽 18 米，纵深 210 米，可容纳上万人，四周林木环绕，地形隐蔽。海孔洞一带以前属重庆市南川县辖地，洞旁曾有一座寺庙，洞口题有“豁然开朗”几个大字。清末民初，南川县著名文士韦麟书曾撰文称赞：“其地四面苍山复沓环拱，几疑无路。中一小村，平田十亩，溪流蜿贯，绿竹亘岭，红叶映山，风景幽绝……”

谁也不会想到，就是这个地处偏远、风光秀美的大溶洞，在抗战时期竟然是中国第二飞机制造厂的所在地。该洞中曾经生产过近百架飞机，其中包括第一架国产运输机——“中运一号”。几十年前，陆孝彭就曾经在这里参与过“中运一号”的设计工作。

1935年1月21日，中华民国国民政府军事委员会与意大利签订合同，拟在中国成立一家制造意式飞机的工厂，并将地点设在南昌，公司全名为航空委员会下属的“南昌中央飞机制造厂”，也称“中意飞机厂”。

根据中央第二历史档案馆（国民档案馆）史料记载：

中国政府兹愿于中华民国土地上设立一厂，专供制造意大利式飞机之用，意大利四公司，于是联合成立“意大利中国航空协会”……协会同意对于此项飞机厂之建筑及厂中各项设备及机器之装置均需布置完密，庶每年可制造各式飞机100架，该项飞机或木质或纤维或金属或各质和合而成……本厂的设立包括所有房屋机器及装置其创办费至多数目不得超过13500海关金单位（每金单位含纯金60）……本厂及初步设施即经政府与公司同意自核准之日起至多须于300日内完工……

本厂开工后12个月中其大部分制造飞机工作须为飞机之装配，但工作中至少须有20%为制造各个部分。在第二次12个月中，至多50%工作应为装配，至少50%工作应为制造。在第三次12个月中至少70%工作应为制造，30%或以下为装配，在以上36个月尾，本厂应制造所有飞机自各个部分起以至最后装配……

1936年，南昌中央飞机制造厂首先修理了“美龄”号飞机和2架意大利制的“菲亚特”双翼战斗机。1937年开始，该厂按计划制造了20架教练机和6架大型S-18双发轰炸机。尽管中国只承担了约20%的生产工作，但设计制造这种双发动机大型飞机在中国还是第一次。1937年，抗日战争全面爆发，驻南昌的意大利员工纷纷回国，工厂开始疏散机器设备。这年8月，日机来犯，炸毁了厂房和还没来得及疏散的物资。1937年12月9日，国民政府命令航空委员会接收南昌中央飞机制造厂。1938年初，国民政府决定将几个中外合办的飞机制造厂和其他军事航空工厂整顿重建。

抗日战争爆发后，南昌中央飞机制造厂从南昌撤退，人员和设备大多由鄱阳湖乘木船经九江、武汉，再历经艰难蜀道，到1939年上半年，人员设备才陆续撤到重庆，转至四川南川县建设厂房，改名为国民政府航空委员会第二飞机制造厂（简称第二飞机制造厂，也称南川飞机厂，当时的第一飞机制造厂在昆明，第三飞机制造厂在成都），朱霖任厂长，逐步恢复生产。1941年冬季，该厂开始自行设计制造“中运一号”。

1943年，陆孝彭辗转到达南川，到了第二飞机制造厂，直到这时，陆孝彭才发现，飞机厂设在一个大洞里，洞外修了一些房子，外墙全部刷黑，洞口山上种了大量的青冈树，从空中根本看不出有洞。洞内设有机工、钳工、白铁、机身、机翼、电镀等车间，洞外建有铸锻、油缝、修配、木工、修理等车间，洞外车间全部用松枝覆盖。为保证安全，还派了一个营在此驻扎，洞口的坝子上架有机关枪，山顶设有岗哨，除飞机厂的员工外，任何人不准靠近洞口。

1944年11月，作为中国空军第四批出国实习生，徐舜寿与陆孝彭一同赴美。1946年秋，徐舜寿回国，后携带新婚不久的夫人宋蜀碧一起到达了第二飞机制造厂。后来，宋蜀碧在《中国飞机设计的一代宗师——徐舜寿》一书中记述了第二飞机制造厂的部分情况：

这家工厂，原来在江西南昌市远郊的三家店，是中意合办的飞机制造厂，规模较大。抗日战争爆发后，迁到四川南川县丛林沟海孔洞。丛林沟是一个仅有十几户人家的小镇，离南川县城约40余公里。工厂离丛林沟约5公里，翻过一座山沟就是海孔洞了。

海孔洞是一个很大很深的自然山洞，在洞内建了三层楼房作为厂房，还建了许多辅助设施。我进过山洞一次，看见三层楼的厂房还不及洞顶一半高。旁边还有一些巨大的“石笋”，从洞顶一直连到地面。

厂区很隐蔽，日机轰炸南川县城，以为是炸了这家飞机制造厂。据说日本人吹牛皮，在上海的报纸上扬言，已将第二飞机制造厂夷为平地，实际上却始终未发现工厂。

陆孝彭主要参与“中运一号”的设计工作。当时，林同骅任总设计师，为了加快进度，大家一边设计出图，一边进行生产，还经常到现场解答图样问题，听取设计工艺修改意见。到1942年秋，基本完成总体设计、理论模线绘制、气动力计算、载荷分布、重量①分配、强度计算等工作。由于没有风洞，所需一切空气动力学数据均取于书刊杂志，由设计人员鉴别选用。

1944年8月，终于完成了设计，总装出首架飞机，被命名为“中运一号”。随后，这架飞机在山洞里试过不少次车。怒吼的发动机声震耳欲聋，山洞中钟乳石边垂吊的鸟巢里飞出成千上万只鸦雀，好几天也归不了巢！由于附近没有大片平地作试飞机场，飞机必须先拆散，分装在几辆载重汽车上，运到100多里外的重庆白市驿机场，再组装起来，才能试飞。

尽管条件和工作非常艰苦，然而，封锁、轰炸，挡不住年轻航空创业者的热情，和陆孝彭一起工作的不少都是后方院校的毕业生，有航空、机械、土木、电机、化工等方面的工程技术人员。尽管远离城市，但他们十分关心国家大事，偷阅《新华日报》和进步书刊，大家学术气氛很浓，绝无迟到早退的现象。在洞口设计科里，大家伏在几十张意大利造的绘图台上，只有手摇计算机丝丝嚓嚓的响声，间或伴随着打字声……每个人都埋首工作，安静极了。

“中运一号”飞机

① 本书所提“重量”均为“质量”概念，单位为千克、吨等。

在战时极困难的条件下，大家利用现有技术水平和制造能力，利用库存器材，在没有参考样机的情况下，充分发挥聪明才智，竟然在短短两年内就试造成功了“中运一号”运输机，这不能不说是一个奇迹。

由于当时金属材料匮乏，南川第二飞机制造厂制造的飞机大多是木质结构。“中运一号”是一款木质双发运输机，采用了美制450马力的9缸发动机，全长11.05米，起飞重量4537千克，最大速度324千米/小时，航程可达1600千米。机身、机翼和尾翼都是用银松作骨架，外用桦木三层板作蒙皮。这些珍贵的木料都是抗战前的存货，这时充分加以利用了。飞机表面包了蒙布，进行了喷漆处理，机身上面漆成军绿色，腹面则漆成天青色。机舱内设正、副驾驶员和领航员座位，另有8个旅客软座。舷窗为方形，悬挂着淡蓝色窗帘，深棕色的地板打着腊。飞机上有一小型卫生间，装着能自动开合的便盆。舱内壁漆成淡淡的绿白色，悬装着乳白色舱灯，这样幽雅的装饰给旅客以安全感。在那艰难的岁月里，设计员们尽其所能做到“华”与“实”。

就在“中运一号”进入关键研制阶段时，1944年春夏，日军大举向中原进攻，打通了粤汉、平汉铁路后，加紧向西南大后方逼进。这年冬天，贵州独山失守，西南危急。南川海孔洞的第二飞机制造厂、贵州大定乌鸦洞的航空发动机厂等均接到准备疏散的命令。

恰恰在此时，陆孝彭得到消息，他将被派去美国留学。于是，陆孝彭离开了南川第二飞机制造厂，回到重庆，准备踏上他的异国求学路。

在国民党飞机制造厂里工作的3年之中，陆孝彭为自己的职业生涯奠定了更加坚实的基础，他成长非常快，而这种成长主要源于实践，通过实践的验证，陆孝彭头脑中有了太多疑问——理论所学与实践在很大程度上存在分歧。陆孝彭大学所接受的知识是留学回国的教师们传授的，这些理论多来源于国外，而当国外的理论应用到中国的现实之中时，存在很多不切实际的地方。陆孝彭开始思考，开始寻求答案，这种思辨性的探索对他日后逐渐走向成熟起了很大的作用。

在这3年中，陆孝彭所接触到的多为木质飞机，基础薄弱的航空工业给陆孝彭留下了深刻的印象。当时，中国陷入灾难深重的内战和抗日战争，国民党政府统治下的航空工业出现“只造飞机，不造材料”的现象。航空工业局的工作方针是先培养人才，再仿制、试造，等到条件成熟后，才大量生产。同时，他们把发展航空工业的工作分为研究学习、研究试验、研究仿造、研究改进4个阶段来进行。时任航空工业局局长的朱霖说：“运输机、轰炸机、驱逐机、教练机，我国都已制造过了。可是，造成、试飞后就无人过问，制造者的心血等于白费。”事实上，这句话道出了当时国民党政府统治下的旧中国工业毫无基础，如机械制造工业非常薄弱，冶金工业几乎为零，这样的现实要想发展航空工业，是根本不可能的。尽管国民党政府在外国的支持下，组建了空军，但所用的飞机基本上都是购买来的，飞行员也爱飞国外的飞机，国内根本无法形成航空工业发展体系。

然而，与中国形成鲜明对比的是，这一时期欧美等国的航空工业发展迅速。当时，正处于第二次世界大战中，因战争的需要促进了航空武器装备的迅猛发展，飞机数量、种类以及性能得到空前提高。这一时期，欧美飞机研制力求大功率的发动机，以提高效率和高空性能，与此同时，开始了对亚声速气动布局的精心设计和推敲，在提高发动机功率、改进气动方面和翼型研究上都有了突破。可以说，这一时期，世界航空工业已经进入到了活塞式内燃发动机发展极限的特殊阶段，而且即将迎来一个全新的、革命化的喷气时代。

正因为有这样的强烈对比，陆孝彭在内心里早就萌发了出国留学的念头。没想到，这个难得的机遇如此眷顾着陆孝彭……

麦克唐纳：热血男儿伤心泪

国民党政府为什么会突然派遣大量实习生到欧美学习航空工程技术，事实上，这源于一场异常惨烈的空战。

从世界上第一架飞机诞生之日起，提高飞行速度、高度和载重量就一直是人们研制新飞机所追逐的目标，但是20世纪30年代以前，飞机的速度一直徘徊在700千米/小时左右，这差不多是装有活塞式发动机和螺旋桨飞机的极限，用苏联著名飞机设计师雅克夫列夫的话说，已经到了“山穷水尽”的地步了。

1937年7月14日，英国人弗朗克·惠特尔研制成功的世界第一台喷气发动机成功运转，1937年9月德国人冯·奥海因的涡轮喷气发动机也成功运转，两年后的1939年8月27日，世界上第一架喷气式飞机亨克尔He－178在德国试飞成功，震惊世界。

涡轮喷气式发动机作为新型动力装置的诞生成为喷气时代的标志。而喷气时代的来临，使飞机的发展“柳暗花明”。

不久，He－178飞机和HeS3B发动机的消息和少量资料传到了当时还和德国保持着联系的国民政府。但是疲于应付抗日战争，国民党政府对这种新兴的机种和航空喷气时代的到来并未过多留意。

1940年9月13日，在重庆壁山，中日空军展开激战，尽管飞行员拼死抗敌，但由于力量悬殊太大，国民党空军的伊－15、伊－16面对日军高速“零”式战机，毫无还手之力。在这场空战中，国民党空军遭受重创，损失战机13架，迫降损失战机11架，10名飞行员遇难，8名受伤（日军方战报称“击落27架，大获全胜”）。一时之间，国民党空军遭受前所未有的震撼，顿感高速战机的重要性，开始将目标投向喷气式飞机。

随着战争局势的发展，1941年爆发了太平洋战争，随后，驻华日军航空兵主力纷纷调往太平洋的各个岛屿上，投入到一去不返的太平洋海空大战之中。此时的中国空军战斗机部队相对轻闲，只进行一些普通轰炸和对地攻击任务。各航空研究、制造机构任务也相对轻松。于是，国民党中央政府1944年向航空工业局下达了成立喷气机研制课题组的命令，研制组分为发动机研制组、机身和发动机布置研制组、高速机翼研制组、起落架研制组和系统研制组。在一张非常模糊的He－178照片的基础上，开始了中国早期喷气机研制的探索。

由于资料有限和国内航空技术的落后，国民党政府开始寻求国外技术的帮助，并积极争取与英美等国合作的可能性。1944 年，凭借 1941 年美国国会通过的《租借法案》和 1942 年 6 月 2 日中美签订的《抵抗侵略互助协定》中为中国提供支援的条款，国民党公开招聘选取了 18 名公费留美实习生，派驻美国圣路易斯的麦克唐纳飞机公司，实习喷气式战斗机设计，陆孝彭、虞光裕、张桂联、高永寿等人都在这个设计组。与战斗机设计组同时出国培训的还有轰炸机设计组、螺旋桨组和塑料制品组，为大家所熟知的徐舜寿当时便在塑料制品组。

这就是陆孝彭等人出国留学的背景。

得到出国的通知后，陆孝彭辗转回到了重庆，办理了出国手续。不久，他便与徐舜寿等人一同踏上了异乡求学之路。

这是一条常人无法想象的艰辛求学之旅，因为，每走一步，都伴着生命危险，没有人知道，前面有什么样的命运在等着他们。

由于日军对华海陆空进行交通封锁，面对“战略物资运不进来，出口物资运不出去”的严峻局势，中国政府与美国共同开辟了中印空中航线，也是著名于世的“驼峰航线”。“驼峰航线”被飞行员称为死亡航线，整条航线大部分是从喜马拉雅山南麓及横断山脉平均海拔 6000 米上空穿越，而当时，最先进的飞机在满载情况下，最大飞行高度也不过是 6000 米，甚至还要更低。面对崇山峻岭、急流峡谷、强劲的升降气流和高空风，以及每年长达 5 个多月的雨雾季节，加上受当时飞机性能所限，以及几乎毫无通信、气象、导航保障，飞行员既要操纵飞机，又要时刻警惕日本战斗机的攻击，“驼峰航线”飞行只能用两个字形容——悲壮！通过这条航线，没有人有生的必定把握，坠毁就坠毁，被击落就击落，谁能飞过去就飞过去，而飞不过去的，便血洒长空。1945 年，第二次世界大战结束后，美国《时代周刊》这样描述驼峰航线：在长达 800 余公里的深山峡谷、雪峰冰川间，一路上都散落着这些飞机的碎片，在天气晴好的日子里，这些铝片会在阳光照射下烁烁发光，这就是著名的“铝谷”——驼峰航线！

1944 年 11 月下旬，陆孝彭一行 50 余人便是从这条“驼峰航线”进入印度的。到达印度加尔各答后，坐火车到达孟买港口，再乘美国海军的“将军”号万吨级远洋运输舰前往美国洛杉矶。当时，孟买港口停泊着一些商船，但他们不敢乘坐这些船，也不敢走北太平洋航线，尽管这条航线要近很多，但却随时有遭受日本潜艇袭击的威胁。于是，他们不得不绕道印度洋、南太平洋。

1944 年 12 月的一天清晨，随着一声汽笛长鸣，“将军”号载着一群满怀梦想的中国青年军官驶向浩瀚的大海。军舰劈风斩浪，陆地、港口、人群渐渐远去，被一片雾色淹没。世界一下子宁静了下来，海天之间，只剩下一艘军舰在经纬线上缓慢漂移……

望着远去的陆地，陆孝彭心情很复杂。几十年来，无数前驱先贤，不远万里，负笈出洋，筚路蓝缕，却心系国家荣辱，学成归国，施于国家之建设，这是多么艰难而又恢弘的一种信念啊！如今，自己也沿着先辈的足迹踏上了这条曲线救国的征途，这对于知识分子来说，是多么幸运的事情呀！然而，陆孝彭的心头却笼罩着一股莫名的阴影，他很清楚，出国留美的背后，始终牵系着的，是壁山之战血的代价，英雄们血洒长空，铁骨忠魂在演绎荡气回肠的壮歌时，也向世人发出了“落后就要挨打”的警世呐喊。想到这里，陆孝彭不禁悲从心来……

对于海上航行生活，起初，大家倍感新鲜，都很兴奋地相互交流感受，尤其是那些第一次见到大海的人，更是激动万分。然而，不久，有人便开始晕船，呕吐。被子、褥子以及身上的衣服都是潮的，贴在身上像鬼附身一样难受。慢慢地，一种烦躁不安的情绪在人群中蔓延开来。

每到夜幕降临，浪花激打着船舷发出的声音成了唯一的音律。船在不停地摇晃，陆孝彭难以入睡，他的思维跳跃着，一会想着远方的亲人，一会又憧憬着美国的新生活，在海上，除了看书，陆孝彭就只能靠回忆来打发时间了。

驶入大洋深处，有时候风平浪静，但舰上却闷得难受，使人透不过气来。有时候狂风大作，海浪翻滚，军舰被波涛卷裹着，几乎要抛到半空中。强烈的摇晃颠簸使人头晕目眩，恶心呕吐。有时候，乌云压顶，天地间陷入一片漆黑之中，接着，电闪雷鸣，大雨倾盆，打在甲板上震撼人心。这样的日子，考验着每个人的生理和心理承受能力，意志软弱的人将不敌这场考验。

终于，有人熬不住了，一个青年受不了漫长的折磨，最后跳海了。这段插曲提前给这些年轻人的异国之行笼罩了一层阴影。大家为之难过，也为之惋惜。陆孝彭告诉自己，不能放弃，不能退缩，一定要坚持，千辛万苦才走到这一步，不能半途而废，一定要去看看美国人是怎么设计飞机的，一定要学好本领，将来设计属于自己的飞机。

他坚持跑步，坚持遛甲板，坚持吃饭，坚持看书学英语，坚持找朋友聊天。这些在陆地上很平常的事情，在海上却异常的艰难。尤其是吃饭，到了后来，硕大的餐厅，却没有几个人去吃饭，甚至舰上的船员都吃不下，可陆孝彭却顿顿不落，同伴们都佩服他。

进入南太平洋岛国新西兰，军舰停泊在尼科尔逊港进行补给。大家趁机上岸，游览了惠灵顿市区，并登上了维多利亚山。在山上，惠灵顿景色尽收眼底。惠灵顿是世界上处于最南端的首都，陆孝彭一行人到达此地时，正值夏天，碧海青山，风景如画。一道道金色的阳光照耀着凯尔邦公园和世界闻名的百步喷泉，街道、别墅、保罗大教堂、博物馆等，在尼科尔逊港口，巨轮来往穿梭，忙着装卸肉类、奶制品和羊毛，源源不断的出口给这个国家带来了巨大的财富。所有这一切，让这些历经战火，见惯了满目疮痍的年青人眼花缭乱，心驰神往。陆孝彭在心里自问：什么时候，我们的城市也能如此繁荣昌盛！

关于这段艰难的出国旅程，陆孝彭在《忆昔之五十八（出国）》中写道：

忆昔出国别巴蜀，日寇铁骑正肆虐。飞越雪峰到印度，轻歌悦耳奏异乐。

大洋巨浪连天浊，新兰秀色山海绿。海程经月新大陆，麦厂设计从头学。

1945 年 1 月，终于到达了美国西海岸港口城市洛杉矶。大家的心情无以言表，兴奋时刻写在他们脸上。离码头越来越近，军舰一靠岸，大家便迫不及待跳上岸，享受着脚踏实地的安全感！

圣路易斯是美国密苏里州最大的城市，也是密西西比河畔重要的工业城市和水陆交通枢纽，麦克唐纳飞机公司的总部就设在这里。

詹姆斯·史密斯·麦克唐纳毕业于普林斯顿大学，在麻省理工大学获得了航空工程专业的硕士学位，在第一次世界大战期间当过飞行员。1939 年，麦克唐纳创办了麦克唐纳飞机公司。公司初建时，业务仅限于轰炸机的设计。1944

年，美国海军决定订购一种全喷气式动力的舰载机，麦克唐纳飞机公司得到了这份合同，由此产生了FH－1“鬼怪”舰载机。也正是从FH－1飞机开始，麦克唐纳飞机公司飞速发展，迅速扩张，并在1967年兼并了道格拉斯公司，成为世界最大的航空制造公司之一，当然，这是后话了。

陆孝彭一行到达麦克唐纳时，这里正在如火如荼地进行FH－1原型机FD－1的试飞工作。但没过多久，FD－1在一次试飞过程中坠毁，紧接着开始了FD－2的设计工作。关于在美国的求学经历，与陆孝彭同一批留学美英的程宝蕖后来在《国民党政府在美英培训的喷气式歼击机设计组》一书中这样回忆道：

在圣路易斯的前9个月，设计组住在华盛顿大学的学生宿舍。公司除了内部培训计划之外，还在华盛顿大学给设计组人员安排晚上学习两门课，分别是设计绘图和强度计算，主要是熟悉公司的标准、规范和做法。入厂教育通过参观工厂和观看成套的电教影片，包括设计、工艺准备和制造过程、战斗机试飞及作战的影片等。然后再开始3个月左右的生产劳动实习，以两人为一组，轮流到各主要车间和工艺科实习。每个单位的实习时间一般为1周，个别为2周，几个小车间合并成一个实习单位。生产实习期间按学徒待遇，每小时工资0.66美元。培训科只把计划通知各单位，后者主动按计划接待实习，无需其他人带领。各单位有内部联系用的信箱。每周实习结束后，要写一份实习技术报告，于下周星期一上班时投入信箱，交培训科考核。如果培训科认为实习情况不佳，或实习的本人认为实习时间太短，希望延长时，也可能再安排重复实习。

生产实习时直接参加生产劳动和工艺科的技术工作。当时麦克唐纳公司的生产任务有：大批生产DC－3型运输机的尾翼、发动机罩等部件（每天约生产10架飞机所需的这类部件），小批生产FH－1型舰载喷气式战斗机，研制小型直升机和导弹等。设计组人员基本上都轮流参加了成批生产和研制工作的车间劳动，以及工装设计、制造的技术工作。

20世纪40年代的麦克唐纳飞机公司

生产实习结束前，设计部门对设计组人员分别进行口试和谈话，了解各人的学历、经历和工作能力，并参照生产劳动实习中的表现，分别安排在设计部门的实习工作岗位。这时工资从每小时0.77美元起薪，每3个月考核一次，酌情分别增加工资。因此，后来每个人的工资都不一样。当时麦克唐纳公司产品设计部门对中国实习组人员是开放的，有FD－2型机的研制设计和FD－1型机的修改定型设计。中方设计组18个人都分别到这两个机型的设计室，多数人参加结构设计，少数人参加气动力计算、强度计算、模线绘制等工作。

陆孝彭被分派参与FD－2的结构设计。在这里，他感受到了飞机设计这一职业的魅力，他羡慕麦克唐纳工厂的飞机设计大师，能体验到将设计想法转化为飞翔天空的飞机时那种无与伦比的快乐与满足。陆孝彭向往那样的职业，他决心潜下心来学习，学习他们的设计思想、理念，学习他们先进的技术……

“麦厂设计从头学”，正如诗句所说，陆孝彭的确是从头开始学起的。他放低姿态，做学徒似的，什么都干。在完成工作任务的同时，陆孝彭每天几乎要多花几个小时的时间来研究他们的思路，然后，把不明白的问题集中起来，向技术部门的同事讨教，或与大家共同探讨，久而久之，一个个技术难题渐渐得到突破。通过实践，提高了陆孝彭的专业能力，他脚踏实地潜心研究，并养成了多动手、多动脑的习惯，以此积累经验。与此同时，陆孝彭大开眼界，他并不局限于结构设计方面的知识，只要是新技术、新材料、新工艺，他都会用心去探索、学习，这为他后来回国后能够全面主持设计工作打下了基础。

在美国的这段时间里，陆孝彭学习太投入了，以至于忽略了很多事情，比如艰难的生活，强烈的思乡之苦，不公正的待遇，等等，然而，有一件事，却让陆孝彭难以接受。

飞机设计部的办公室都是由套间组成的，中国人都被安排在各个办公室的外间。每当遇到重大技术问题讨论和设计更改时，里间的门便关上了。对于这样的技术封锁和歧视，大家都强烈地感受到屈辱和愤怒，但却无力反击，只得忍气吞声。身在异国他乡，陆孝彭和大家一样，除了更加勤奋，更加努力学习之外，别无它法。这些20多岁的小伙子们，在圣路易斯这个繁华的都市里，却过着苦行僧一样的生活。

在麦克唐纳的这段经历极大地刺激了陆孝彭敏感的神经，也让他明白一个道理：建立强大的航空工业，靠买不行，靠引进不行，必须走自行设计之路，只有这样，才能真正找回一个国家、一个民族应有的尊严和地位。因此，“坚持自行设计”这个原则，在陆孝彭后来的飞机设计生涯中始终贯彻到底。

然而，中国青年的勤奋好学并没有赢得美国人的信赖与认可。麦克唐纳公司通过美国政府向国民党政府索要更多的金钱，直至国民党政府无力承担，美国便借口FD－2舰载战斗机是美国海军部队的新机种，存在保密问题，冷冷中断了与中方的实习合同。程宝蕖在书中这样记录着：

在麦克唐纳飞机公司培训设计人员的合同为期一年，培训费每人每年1200美元，1946年延长一年。然而，后来中美关于合作研制喷气式战斗机的合同因麦克唐纳飞机公司要价太高——需要四五千万美元，以及培训计划令人不满，对设计组人员也不能成套培养，故未能谈成。在这之后，麦克唐纳公司把培训人员当劳动力使用——经过一年培训，公司本来已给大多数人评为高级工程师，这时却让他们担任一般制图人员干的修改图样的任务。所以设计组经过反复讨论后，决定退出公司，到华盛顿大学研究生院完成课程（一学期），其中包括弹性力学、光测弹性学、结构强度计算和工业管理等。

这样的结局，是陆孝彭所未曾预料到的。离开美国之前，陆孝彭再次来到杰斐逊纪念大厦，望着飞行家查尔斯·奥古斯都·林白的画像，他久久伫立，不肯离去。他想象着，林白驾驶着“圣路易斯精神”号单翼飞机横越大西洋，他的勇气，他的智慧，他的冒险精神，让陆孝彭敬佩。可是，为什么？为什么历经万难，求学的热情却遭受冷落与嘲弄？为什么航空救国的梦想却总是那么的遥不可及？为什么走到哪里都要被人打上“弱国子民”的身份烙印？想到万里之外仍深陷苦难之中的祖国和亲人，想到在这个曾经无限向往的国度里遭受的种种歧视和委屈，想到迷惘而艰辛的前路，陆孝彭留下了热泪。他不禁在心底里呐喊：祖国啊！你快富起来，强起来吧！你的儿女还在受苦啊……

与美国的谈判失败后，国民党政府又加紧与英国进行谈判，最终以低于美国的价格谈判成功。于是，陆孝彭一行又辗转到了英国……

“中国人的设计，太妙了！”

1946年秋，陆孝彭随工作组再次经海路到达了大西洋彼岸的英国，前往格洛斯特飞机公司。

格洛斯特飞机公司因驻在英国中南部小城格洛斯特而得名，这是一个充满传奇色彩的飞机制造公司。第二次世界大战期间，英国格洛斯特飞机公司制造的“流星”战斗机成为盟军装备部队的唯一一款喷气式战斗机，它也是世界上继德国Me－262之后的第二种实用型喷气战斗机，正是这型飞机给德国空军以重创，“流星”和格洛斯特飞机公司也因此名扬于世。

站在试飞跑道边，陆孝彭的脑海中映现出数以千计的“流星”战机源源不断地从这里起飞，征战血色蓝天时悲壮而气势恢弘的场面，这让他激动不已。作为一名航空从业者，还有什么能够比这样的画面更为震撼人心呢！作为一名飞机设计师，还有什么能够比这样的时刻更为美妙呢！尽管陆孝彭还没有真正设计过一款飞机，但他却无限向往有一天，自己设计的飞机能够整装待发、守疆卫土！

20世纪40年代的格洛斯特飞机公司车间

不久，重新分配了培训设计组，陆孝彭等人分别被安排在格洛斯特的喷气战斗机设计组和喷气轰炸机设计组。

在英国，陆孝彭等人也并没有受到应有的尊重与信任。关于这一点，程宝蕖这样回忆道：

1946年9月，中方派遣的设计组30人来到了格洛斯特的布洛克维尔夫工厂。起初，英国的保密工作很严，例如格洛斯特的“流星”和E.1/44战斗机，以及罗·罗AJ.65和“尼恩”Ⅱ发动机，这些新一代航空产品都不能让中国人接触。

1946年期间，中方人员的“练兵”是“流星”F Mk.Ⅳ型机的改型设计，机身座舱段加长，改为双座教练机。因英方对混合设计室的技术力量不放心，这项任务同时在格洛斯特的设计室照常进行。混合设计室的设计有可取之处英方就吸取，认为无用的仅留作参考。由于设计工作是“真题假做”，中方人员劲头也就不大了。

对于来自中国的这批年轻人，格洛斯特在飞机设计方面并不寄予希望，当然，这是有时代背景的。

20世纪40年代末，世界各国开始追求喷气式战斗机的“三最”，即速度最快、高度最高、航程最远。高亚声速、超声速开始成为喷气式战斗机设计研制的战略目标。

众所周知，当飞机接近声速飞行时，不仅阻力突然增加，还会出现操纵失灵，强烈振动，甚至机毁人亡。1945 年 6 月，英国试飞 DH－106“燕子”时，因飞机速度接近声速，造成机身破裂，机毁人亡。事故发生后，英国的一个科学家说：“声速像是面前的一堵障碍墙。”从此出现了“声障”这个术语。在当时，“声障”究竟是一个不可逾越的障碍，还是可以突破的一道烟幕？世界各国的科学家开始了不懈的探索。

国民党政府与英国合作研制高亚声速战斗机，这在当时技术难度是比较大的。加上格洛斯特当时的设计团队里基本都是美国和欧洲人，黄种人只有日本人涉猎过先进战机的设计。因此，没有人相信中国人能设计这样的飞机。在 Tony Buttler 的《British Secret Project——Jet Fighters since 1950》一书中有这样一段记载：

1946 年 11 月，中国政府要求格洛斯特准备一个采用“黑雁”发动机的单发战斗机方案，并且和中国工作人员共同设计。正值此时，格洛斯特公司正在申请英国航空部批准 E. 1/44 飞机的制造，而 E. 1/44 方案也就同时提供给中方人员参考。随后这个意见被批准，中英双方于 1947 年 5 月 14 日签订了一个协议，而 E. 1/44 方案当时也被称为 CXP－102。不过，另一方面，中方考虑到中国的工厂可能需要更长时间进行准备，因此希望格洛斯特公司能够提出一个更先进的方案，但是这被英国航空部否定了，因为英国航空部可不希望中国拥有一架可以和英国战斗机相抗衡的新型战斗机。

随后中英双方正式签订了合作设计和研制喷气战斗机的合同。设计在格洛斯特进行，工艺准备和试制工作由协作厂承担。而英国的格洛斯特飞机公司同意为中国人员提供教学和实习环境，并合作研制喷气战斗机，该机定名为CXP－1001。C 表示中国，主要是因为在英国研制的缘故，而用这个字母区别于当时英国同期试制的其他飞机。

陆孝彭渴望参与真正的设计工作，因此，他一次又一次地与不公作斗争，以一个战斗者的姿态向英国人证明：中国人不是弱者。当然，这种战斗，不是弱国丞民的乞求怜悯，也不是盲目自大的骄纵要横，而是凭借技术实力，让这个世界闻名且傲慢的飞机公司心悦诚服。

在陆孝彭等人的争取下，格洛斯特最终决定：CXP－1001 的设计方案实行招标的方式，择优录取。

这对于陆孝彭来说，无疑是一次难得的机会，他在心里暗暗憋着一股劲，偷偷地准备着，这一次，他要大显身手。竞争机制激励着胸怀抱负的陆孝彭，他全身心地投入到总体设计，一头扎到流体曲线、空气动力学、微积分方程以及几何图形等复杂的科学思维之中。他反复运算，不厌其烦地完善总体布置图和三面图，画了一张又一张图样。对于这样的科学和艺术创作，陆孝彭沉浸其中，也享受其中，在图样上流动的每一个线条都凝聚着他的周密思考。

格洛斯特 E. 1/44（上）与中国 CXP－1001（复原想象图，白玮绘）同角度比较

陆孝彭没日没夜地画图、计算，年轻的陆孝彭是意气风发的，是热情洋溢的，是精力充沛的。这是他第一次放开手脚自行设计飞机，他全身心投入，将全部的能量释放到自己热爱的飞机设计上。就连英国人也说："你们的陆先生，简直是在玩命！"

也就是在这种玩命的状态下，高亚声速喷气式飞机的轮廓渐渐清晰起来：单座轻型战斗机，一台罗·罗的"黑雁"发动机，推力为 2200 千克力[①]，机长 12.8 米，翼展 11.65 米，最大起飞重量 6100 千克，最大速度 1058 千米/小时，最高升限 12056 米，海平面爬升率 30.5 米/秒，最大航程 1852 千米，装备 4 门

① 1 千克力 =9.8 牛。

20毫米机炮，其中2门可更换为30毫米机炮，机翼下方能够携带2个可投放的副油箱，还可以在机身腹部安装保形油箱（类似于英国的“闪电”截击机）。应该说，这样的设计简洁有效，对当时的中国可行性高，实用性强，且这个设计能够说明，在20世纪40年代，中国的飞机设计水平与世界是同步的。

设计方案完成后，陆孝彭将它送到了总工程师办公室。陆孝彭非常自信，他相信自己的方案一定会得到认可的。果真，经过严格的筛选，陆孝彭的设计方案脱颖而出。当看到设计方案时，总工程师脱口而出：“太妙了！”在场的所有人都不敢相信，这是中国人的设计。

陆孝彭的设计方案被采纳了。总工程师递给陆孝彭一杯酒，拍着他的肩膀，祝贺他的方案被采纳，所有人都投来赞许与尊重的目光。对于从事飞机设计的工程技术人员，没有什么比自己的方案被认可被采纳更让人激动了……这次设计成功给陆孝彭留下了一生的记忆，促使他执着一生追求精神上的成功与荣耀，或许，他一生淡泊名利，而唯独追求科学精神的富足与绚丽，与他在英国的经历有一定的关系吧！

了解陆孝彭的人都知道，留在格洛斯特小城里的，除了陆孝彭的荣耀与成就，还有一丝愤懑与遗憾……半个世纪后，陆孝彭还一直耿耿于怀，他在自己的诗词《忆昔之六十（格厂）》里回忆到：

忆昔格厂学设计，战鹰方案志凌云。苦思冥想足数月，方庆英方议可行。

勒令交权画尾翼，脑痛欲裂气难平。反动学者丑可憎，唯有知识还人民。

当陆孝彭还沉浸在成功的甘甜之中时，突然接到通知，调至尾翼室工作。

下发通知的是陆孝彭等人的领队，国民党政府的一个官员。在中英双方协议之中有规定，中方领队有权调整中方设计人员的工作岗位。或许是陆孝彭的成功与风光刺激了他的嫉妒心，他要压制，他要维持自己的权威，也许另有隐情，尽管我们不能确定真正的原因，但陆孝彭被“流放”却是事实。

从总体设计调到尾翼设计，这对陆孝彭来说，是一个很大的打击。这样的调动意味着陆孝彭再也没有机会接触到飞机的顶层设计。

飞机型号设计是一项包括成千上万人劳动的集体创造活动，这中间，缺了哪一项都不行，但飞机型号设计又是一个“从顶层设计分解到各局部”（Top down）的过程，而不是各个局部各行其是，从底层堆砌（Bottom up）的过程。飞机的总体设计，是需要与可能、经济与技术的结合点，是众多专业要求矛盾的焦点，是地面工作向飞行目标冲刺的总蓝图。一架飞机的全寿命成本，90%以上在飞机总体方案确定时就已经被确定了。因此，从事总体设计这样高技术复杂系统的人，需要是“通才”，需要拥有扎实的“专业”基础，并通过培训和自学来掌握总体性的知识和技能。相对应的，只有那些真正具备优秀的总体设计能力的人才可能最终成长为飞机设计师。

正因为明白这个道理，所以陆孝彭无法接受这个事实，这犹如晴天霹雳，给他当头一棒。他愤愤难平：他用实力打败了强大的英国对手，却最终输给了自己的同胞。

然而，陆孝彭知道，要想继续呆在格洛斯特，继续从事飞机设计，他除了服从，别无选择。

就这样，陆孝彭第一次辉煌的设计黄金期就这样被葬送了。直到回到祖国前，陆孝彭一直被排挤在总体设计之外。当然，陆孝彭并没有长久消沉下去，再之后的时间里，他认真研究了英国的“流星”战斗机和 E. 1/44 喷气战斗机的技术资料，这些经历为他后来的飞机设计提供了技术借鉴和宝贵的实践经验。当然，当 CXP－1001 遇到技术难题时，陆孝彭也不计前嫌，总是伸出援助之手。

对于这段经历，陆孝彭后来在接受记者采访时说：“我那时也争强好胜。其实，只要是中国人设计，我没必要同他计较。我只是痛心，他让我离开了最适合我发挥能力的岗位！而且，我们在外国人眼里丢了丑。当时，有英国人说，‘瞧，这些中国人……阿 Q！’”

在英国的 3 年时间里，CXP－1001 喷气战斗机稳步向前推进，少数零件已经投产。然而，在国内，国民党的战争形势却急转直下，濒于崩溃，最终不得不下令停止合同，并要设计组撤退至台湾。

尽管后来陆孝彭遭受排挤，没有机会参加全面的设计工作，但由于 CXP－1001 喷气战斗机采用的是陆孝彭的总体设计方案，因此，仍然值得把 CXP－

1001 喷气战斗机的情况介绍完整。

1949 年底，国民党政府逃往台湾，留在大陆的 CXP－1001 研制资料全部损失，一些在国外的航空科研人员选择了回大陆，同时，由于英国格洛斯特飞机公司失去了与国民党政府的直接联系，便将资金投入到自己的“标枪”战斗机的研制中，于是 CXP－1001 的研制便搁置起来。

逃到台湾的国民党政府安顿下来以后，又开始继续 CXP－1001 的研制工作，毕竟已经投入了大量的资金。1949 年，国民党政府航空工业局独立完成了 CXP－1001 选装的“黑雁”离心式喷气发动机的试制，并于 1952 年完成了“黑雁”2 发动机的全部设计图样及校对修改工作，同时完成的还有发动机试车平台设计和飞机燃油系统试验设备设计。CXP－1001 飞机的部分设计也在 1952 年完成。但是，由于大量人员、资料、设备的损失，以及失去格洛斯特飞机公司的帮助，1953 年以后，CXP－1001 的研制工作基本陷于停顿。此后，由于朝鲜战争的爆发，美国政府开始武装台湾，向台湾出口当时世界上先进的 F－86“佩刀”喷气战斗机，至此，国民党正式放弃 CXP－1001 的研制计划。

中国的第一种喷气战斗机就这样夭折了。

尽管 CXP－1001 夭折了，但对陆孝彭个人来说，CXP－1001 的设计研制过程使他更深入地学习了航空知识，更熟练地掌握了飞机设计技术，极大地提高了专业技术水平；更重要的是，他直接从事了总体设计，经历了飞机设计从气动布局选择、总体方案确定、各主要系统的协调，以及飞机设计全过程真刀真枪的锻炼，摸索并积累了飞机总体设计的宝贵经验，为他后来回国后进行歼教 1 和强 5 等飞机的设计奠定了坚实的基础。

爱在英伦　情留他乡

在《陆孝彭诗抄》里收录了陆孝彭生前所作的诗词，其中，陆孝彭用大量的笔墨抒发了对一个英国女子的爱恋、不舍、歉疚和怀念之情。今天，虽然我们已无从得知当年这位少女的真实一切，也不知道陆孝彭离开英国后，她的生活到底如何？但透过陆孝彭这些饱含深情的文字，足以窥见这段上演在20世纪40年代英国小城格洛斯特的充满传奇色彩的跨国恋情对陆孝彭一生产生的重要影响。

陆孝彭极富感染力，激情澎湃，且执著不懈，对飞机设计如此，对感情亦如此。这样的性格，似乎注定了陆孝彭会遭遇一场轰轰烈烈而不得善终的爱情悲剧。或许，比起细水长流的平淡与真实，浓烈醇厚的芬芳与绚丽是他更加向往的吧！因此，当26岁的陆孝彭遇到玛格丽特时，他便将所有的激情奉献给了这个美丽的英国女子，并为此饱受情感折磨。

高亚声速战斗机总体设计方案顺利推进，尽管异常疲惫，但陆孝彭心里很美。一个周末，陆孝彭终于闲下来，给自己放了个假，回到寓所才发现，生活用品快用光了。于是，他驾着奥斯汀轿车，到格洛斯特规模最大的商场马蒂百货公司购物。

在日用品柜台买完东西，正打算离开的陆孝彭突然停下了脚步，化妆品柜台的一名英国少女深深地吸引了他的目光。当然，这个少女就是后来陆孝彭的未婚妻玛格丽特，玛格丽特定格在陆孝彭脑海中的形象在他的诗句中有云：

忆昔英女貌若仙，笑靥宜人楚腰纤。蓝眸如水情纯懃，卷发垂肩舞蹁跹。

带郭斜阳轻车疾，小饮花间情语绵。三年一觉英伦梦，敢负前盟梦相连。

这就是玛格丽特留给陆孝彭的最初印象。陆孝彭不由自主地靠近，与姑娘搭讪，他举止大方，一口流利的英语使少女大为惊讶，两人热情地交谈起来。在随后的交往中，陆孝彭知道少女叫玛格丽特，家住威尔士，是铁路电气工人的女儿，刚刚参加工作不久。这次邂逅让年轻的心怦动不止，品尝爱情滋味的陆孝彭像所有年轻人一样，激动、兴奋，还有一丝幸福、不安与憧憬。

递交了CXP－1001的设计方案后，陆孝彭和高永寿获得了一次休假的机会，这也是他们工作后第一次休假。于是两人计划去法国、瑞士旅游，而当时的陆孝彭，无论身处何方，心里都多了一份牵挂。

陆孝彭和高永寿结伴同行，他们到了巴黎，参观了凯旋门、埃菲尔铁塔、巴黎圣母院、卢浮宫、拿破仑宫殿——方登堡宫等。这其中很多地方，陆孝彭都保留了一生的记忆，在他晚年仍然写诗回忆这些他曾经去过的旅游胜地。

随后，两人又到了瑞士。世界闻名的旅游圣地洛桑湖，像一颗翡翠镶嵌在阿尔卑斯山怀中。群山、白雪、蓝天、碧水、鲜花、馆舍、酒吧，这一切组合在一起，如一幅天然的风景画，疑若仙境，美不胜收。面对这样的美景，陆孝彭的心思却飘向遥远的格洛斯特，飘向玛格丽特的身边。每到一处，他都会珍选一些当地的画笺寄给心上人，每一张画笺背后都写满了对她的思念。有诗句忆昔之六十七（巴黎）和忆昔之十四（瑞士）为证：

忆昔度假游巴黎，铁塔千寻耸入云。拿翁战马丰登堡，卢浮名画值连城。
圣母钟声馀晚响，葡萄美酒劝君饮。自古巴黎歌舞地，怎及英女柔意真。

忆昔度假到瑞士，花园之国非虚誇。高峰白雪湖水绿，夹岸鲜花隐酒家。
冰宫灯彩疑仙境，空谷幽人闲品茶。画笺一张须珍选，遥寄英女貌如花。

从瑞士旅游回来后，陆孝彭得到好消息，他的设计方案被英方采纳，已送到生产部门打样。但不久，陆孝彭便被调离总体设计室。年轻气盛的小伙子一时经受不了这样的打击，开始消沉下来。几十年后，陆孝彭对着记者谈起这段鲜为人知的往事，笑道：“我曾经自暴自弃，差点放弃了事业追求，你们知道么?”

那段时间，他无心上班，经常喝得醉醺醺的，让舞厅的音乐麻醉自己，他的痛苦和郁闷无以名状，绝望的情绪一度笼罩着自己的心灵，难以解脱。

事实上，陆孝彭从小到大都是坚强好胜的，在他的性格之中，没有“退缩”、“害怕”、“屈服”这样的字眼。因此，尽管时逢乱世，他都能以积极乐观的心态应对生活的艰辛与苦难，战胜生活与学业上的困难，脱颖而出。

然而，飞机设计师梦想是陆孝彭的软肋，或许是他太过强烈地渴望，对于打击和挫折在心理上毫无设防，因此，在突然遭受不公待遇时，陆孝彭显得如此的脆弱，不堪一击。

当然，陆孝彭没有长久地消沉，玛格丽特的爱情给了陆孝彭新的希望。

陆孝彭病倒了，高烧不退，神志不清，头部淋巴腺肿胀。同事们找来医生，医生看了后又是惊讶又是责备，情况如此严重怎么不早请医生！医生给陆孝彭打了针，开了药方，并叮嘱注意事项便离开了。好心的房东太太看到这个平日里和善的小伙子病得不轻，便时常到他房间里给他送饭送水。

连续好多天，玛格丽特都没有见到陆孝彭，她便决定自己去找他。当她按地址找到寓所，看到神情憔悴、痛苦不堪的陆孝彭时，善良的姑娘眼泪顿时便流了下来。往后几天里，玛格丽特悉心照顾着陆孝彭，就这样，两个相爱的人终于走到了一起。

在相恋的日子里，陆孝彭经常带着玛格丽特来到格洛斯特西郊的丘尔顿哈姆，这是一个整洁、静谧、古朴、自然的休养胜地，为陆孝彭提供了暂时忘却烦恼、逃避现实的地方。对于这个地方，陆孝彭有着特别的记忆：

忆昔丘顿疗养城，佳日常偕英女游。道旁浓荫咖啡座，公园挥拍习网球。

英人称美璧人誉，郁金五色铺锦锈。英女劝我勿挥霍，节俭交游能长久。

陆孝彭和玛格丽特的感情浓烈似火，也正是这段感情让漂泊异国他乡的陆孝彭感受到了一丝温暖与寄托，帮助他度过最为苦闷的日子。

一年后，陆孝彭为玛格丽特戴上了闪闪发光的订婚戒指。

正当陆孝彭满怀信心迎接与玛格丽特的新生活时，远隔万里之外的中国大陆却发生着翻天覆地的变化……

1949 年，国内频频传来解放军节节胜利、不断攻克国民党防线，解放一个个城市，消灭国民党军队的消息。《每日电讯报》等英国许多报纸，都把中国的战事作为新闻报道的重要内容，从辽沈战役、淮海战役、和平解放北平、孟良崮战役，一直到解放军越过长江天险占领国民党首府南京，南京政府逃奔台湾等，大量的消息使这些身在异国的中国人感受到祖国的巨大变化和新的希望。

国民党濒于崩溃，于是下令停止与英国签订的合同，并要求设计组撤退至台湾。由于此前在国内多为大学或政府部门人员，因此，各种利害关系和处境的不同使他们对新闻报道表现出不同的态度，有高兴的，也有迷惘的，有人打算到台湾去，有人要留在英国，也有密谋回大陆的。一时之间，做出抉择，寻求出路成为摆在每个人面前最现实的问题。

在大家眼里，陆孝彭的去向应该是很明确的。在英国，他有一个如胶似漆的未婚妻，即将迎来全新的生活。他接受过完整、正规的航空教育，理论水平、设计经验兼备，他的才华横溢也深受格洛斯特的器重与赏识，3 年时间，就担任了主任设计师。而且，格洛斯特明确表示，希望陆孝彭留下来，并承诺给他丰厚的待遇。

高永寿、虞光裕等人都已经在偷偷地做回大陆的准备，看着他们急盼回国的心情，陆孝彭陷入了深深的矛盾之中。他仍然记得几年前，他与大家一样，怀着远大的报国志向辗转来到英国，为的是学成归国，设计属于中国自己的飞机，这个梦想一直让他割舍不下。背井离乡的这几年，他无时无刻不在思念祖国的亲人，思念那个灾难深重的祖国！回家的念头曾经无数次萦绕在心头。

然而，当真正要做出回国的决定时，陆孝彭却有些犹豫不决。这几年，他的变化太大了，陆孝彭有了自己的爱情，他的爱情在英国。玛格丽特完全占据了的心，他不能离开她。他思念祖国，他不愿意远离祖国，但同样，他也不愿远离她。

爱情与祖国，这是陆孝彭人生面临的最为残酷的抉择……

就在这关键的人生三岔口，是三本书让陆孝彭找到了自己的人生方向。陆孝彭后来在《中国工程院院士自述》中这样写道：

我正彷徨在十字路口，真是我一生中的关键时刻。恰好同窗好友虞光裕收到从解放区寄给他的三本毛主席著作，《新民主主义论》、《论持久战》和《中国人民解放军宣言》，拜读之余，使我茅塞顿开，这是我第一次接触到革命真理，深感这真是中国应走的道路。

虞光裕是陆孝彭大学时代的同窗好友，后来一同留美留英，又一起归国投身祖国航空事业的建设，成为航空发动机专家。他是我国第一个航空发动机设计研究机构的创建人之一。1956 年，他领导自行设计试制成功我国第一台喷气发动机，并主持建设我国第一个航空发动机试验基地，为自行研制航空发动机奠定了基础。后来，在“文革”期间遭受迫害，到车间劳动。在拆卸旧锅炉时，不幸被掉下来的通风管道砸伤，因流血过多，经抢救无效于1970年5月30日逝世。对于这个影响他一生的好朋友，陆孝彭有着深厚的感情。他后来在《忆昔之一四十（虞裕）》中回忆道：

忆昔虞裕好同窗，战斗四年闹学运。留学英美共朝夕，毛文三卷亮我心。

劝我回国献革命，动力总师先我行。文革伤脑竟不起，呼号部院昭雪明。

三本书就能让一个人抛下未婚妻，冒着生命危险回到一片废墟之中的祖国！这于绝大多数人都是难以理解，将信将疑的事情。

然而，这事搁在陆孝彭身上，是完全值得相信的！

任何偶然的因都不会孤立地诱发必然的果，因果可循自有其道理。陆孝彭潜藏在内心的信念必定会促使他回到祖国，任何人和事都无法阻碍他前进的脚步，他的坚持，他的执著，随着时间的沉淀，必然会积攒强大的力量。或许，这就是陆孝彭与常人的不寻常之处，也是他后来能够成为著名的飞机设计师的必备素质。

三本著作最终坚定了陆孝彭回国的决心。对共产党，对这个新的政体，尤其是对革命真理，陆孝彭在求学阶段略有所闻，却从未真正意义上接触过，而他专心学业，也并未过多思考这些。后来，进入国民党飞机制造厂后，更是远离了。他只知道，他是万万不能去台湾的，对国民党政府的统治，他早就失望了。然而，虞光裕口中的共产党又会给中国带来一个怎样的未来呢？

晚上，万籁俱寂，陆孝彭翻开一本《新民主主义论》。在柔和的灯光下，他聚精会神地看起来。书中第一个标题就是“中国向何处去？”这第一句话就抓住了陆孝彭的心，他的神经高度活跃，异常兴奋，他反复翻阅着著作，一页页、一篇篇，被书中所描绘的崭新的、光明的世界所吸引。他仿佛捕捉到了光照人间的真理，看到了中华民族光明灿烂的未来，听到了祖国对漂泊异国的海外游子充满深情的声声召唤。

我们不但要把一个政治上受压迫、经济上受剥削的中国，变为一个政治上自由和经济上繁荣的中国，而且要把一个被旧文化统治因而愚昧落后的中国，变为一个被新文化统治因而文明先进的中国。一句话，我们要建立一个新中国。新中国航船的桅顶已经冒出地平线了，我们应该拍掌欢迎它。

举起你的双手吧，新中国是我们的！

陆孝彭读着这些火焰般燃烧的文字，禁不住热血沸腾。路，他已经找到了，而且不会动摇了。他久埋心底的理想，一经智光照耀，显得生机勃勃，充满希望。

这是激动人心的一个夜晚，陆孝彭如醍醐灌顶，幡然醒悟，他突然意识到：祖国还很贫穷，置贫穷的祖国母亲于不顾，却沉迷于儿女情长是多么不可饶恕的一件事情啊！他决定义无反顾回祖国去，回国的渴望在他心里燃烧得愈演愈强烈，锐不可挡。作为海外游子，故园情深，尤觉“天涯地角有穷时，只有相思无尽处”，祖国之思和亲情之思日久萦绕，“我怅望灰天，在泪光里，幻出母亲的面影。”也正是这个晚上，陆孝彭决定离开英国，与虞光裕、黄志千等人回国。

若干年后，伴随陆孝彭多年的吴立新曾在《点点滴滴涌心头——散记陆孝彭院士人生》一文中这样写道：

厂（指洪都）领导对陆总非常支持，鉴于他经常加班很晚才回去，指示小车班，陆总要车随叫随到。通常他不愿要车而要我用自行车送他回家，免得麻烦司机。有一次，我们加班到晚上8点多钟才回家，天气不好，下着蒙蒙小雨，我怕骑自行车带他摔跤，就说：“天很黑，又下雨，我推自行车送您回去吧！”陆总很随和说：“也好，走走路活动活动。”于是我俩边走边谈话，谈着谈着我问他：“陆总，如果当初您在英国不回来，生活会比现在好得多吧？”陆孝彭不假思索地说：“生活嘛，会比现在好，不过，在英国设计出来的飞机就是英国的；回国后设计出来的飞机就是中国的，意义完全不一样啊！”

由于时间的唯一性和不可逆转性，人们无法获知导向的另一个方向是什么样的事态，或许，这就是命运。冥冥之中，有一股力量推动着陆孝彭向祖国靠近，向祖国的航空事业靠近。正如陆孝彭所说的那样，假如当初选择留在英国，或许，他可能会与玛格丽特生活在一起，过上舒适的日子，他也可能成为出色的飞机设计师，然而，他却永远无法成为中国的飞机设计师，他也永远不可能为自己的祖国贡献青春和才智。

当然，陆孝彭所做的这个决定，也让他付出了巨大的代价，使他在今后的几十年里背负了难以承受的感情重担。

得知陆孝彭要回国的消息，玛格丽特病倒了。她爱这个黄皮肤、黑眼睛的中国男人，他的重情重义，他的执著专注，他的才华横溢都深深吸引着她。她不愿意他离开，她希望他留下来。然而，这个善良的姑娘知道，她终是留不住他的。她了解他，他所做的决定是不会改变的。她的未婚夫除了属于她，还属于另外一个遥远的国度，属于那里的人民。尽管那个国度对她来说是如此的陌生，但她明白，他爱着自己的祖国，正如爱她一样。他的亲人在那里，他的事业在那里，她不能自私地拖他的后腿。

玛格丽特也想过跟随陆孝彭一起到中国，但陆孝彭不同意。对于未来，他自己尚且没有明确的方向，更何况两个国度分属于敌视对立的不同政体，他不能让她跟着自己受苦。于是，他们约定，等陆孝彭在国内稳定下来了，再续前缘。

忆昔英女离别夜，愁上眉梢强欢颜。不能比翼长厮守，但愿共枕两不眠。

宁到中华成新妇，不守空巢学孤雁。谁知锦书竟不达，两地相思四十年。

离别前夜是陆孝彭一生中记忆最漫长的一个夜晚。陆孝彭给玛格丽特买了一套质地很好很漂亮的连衣裙。但她没有穿，她拿起陆孝彭扔在椅子上的军装让他穿上。玛格丽特问陆孝彭，这一身军装好看，平时为什么不穿。陆孝彭告诉她，他不喜欢这套军装，这也是最后一次穿它了，到了香港就会把它扔掉，因为他要新生了。玛格丽特送给陆孝彭许多照片，并告诉他，在马蒂百货公司职员选美比赛中，她得了第三名。慢慢地，气氛变得沉重起来，两人互诉衷肠，情到深处，相抱痛哭。陆孝彭对玛格丽特说，一年之内，无论如何等着他……

后来，玛格丽特坚持要到南安普敦港送他上船，而陆孝彭坚持就在格洛斯特告别，两人为此争吵了起来。再后来，就是沉默，无声的沉默。时间无情流逝，真正要分手了，那是怎样的一番生死离别的情景啊！1997 年，陆孝彭在接受记者采访时，曾这样追忆道：

在那离别之夜，每一分钟都是那样珍惜可贵，真是一秒值千金。它是那样的短暂，仿佛只在一瞬之间就决定了我们彼此的一生。我们拥抱、亲吻，但一直伴着她的哭哭啼啼，我也哭，那伤心的情景简直谁也不能描写出来。她眼泪汪汪的，肩膀不住地抽动，弄得披头散发，好像歇斯底里要发作那样。我认识她快 3 年，从未见过她这样不正常。那时，为了筹措回国路费，奥斯汀轿车已经卖了，我估计市内最后一班公共汽车的行驶时间快到了，千里送长堤，终有断桥别，就劝她，提醒她说："我们该告别了。"她才止住哭，拥抱着我说："亲爱的，我们还能见面吗?"这个话又引得我们彼此相抱痛哭。我说："你千万不要到南安普敦港送我上船，否则，我走后留你一个人在码头上，你会痛苦得晕倒的，还是我送你上公共汽车吧。"不想她生气了，说："我已经要晕倒了，可你还说什么船啊码头的，你要活活把我的心再一次捣碎吗?"

于是，我陪伴玛格丽特到汽车站。末班车来了，人很拥挤。我们又一次拥抱接吻后便分手了。我看着她眼睛红肿着进了车，然后回过头来向我飞吻告别，我因为舍不得离开她又一次流了泪。公共汽车开走了，我一直看到汽车驶出视线之外，才神志颓丧，怏怏然回到宾馆。谁曾料，这一吻这一别，刻印在我心灵深处已有48 年了啊！

万里海路险象环生

告别了与玛格丽特缠绵悱恻的爱情，陆孝彭坚毅地踏上了归国之路。然而，这条归国路远不止爱情的牵绊，后面还有更为艰险的事情等着他，那就是来自国民党特务的盯梢、封锁。

1949 年 6 月，陆孝彭、虞光裕、高永寿等爱国学者终于踏上了归途。在英国南安普敦港，一艘英国轮船起锚了，冲破黎明的薄雾驶进茫茫大海。陆孝彭站在甲板上，看着港口慢慢远去，思绪万千。这情景多么熟悉啊，5年前，他怀揣着梦想，踏上出国留学之路。在英国格洛斯特的3年间，他差点迷失，差点找不到方向。如今，他终于回归了，他终于拨开云雾见天明。只是，对于生活了3年的格洛斯特，陆孝彭多了一丝牵挂与不舍。

这是一艘大型客轮，舱内宽敞舒适，舱室的最上层有娱乐场所。陆孝彭、虞光裕、高永寿坐的是头等舱，条件优越。

万里海程非常难熬。陆孝彭有大把大把的时间给玛格丽特写信。每当客轮靠岸，他都会寄出很多信件。信中，他不厌其烦地描述海上风光，讲自己的心情和感受，还经常附上小诗，情意绵绵。

而虞光裕和高永寿则忙着与一个姓刘的武官打牌、应酬。刘武官是国民党驻美国的空军武官。他带着老婆和孩子从美国专程赶到英国，据说要到台湾去。由于他是携家带口，买的是三等舱位。虞光裕和高永寿明白，刘武官之所以从美国赶到英国坐去台湾的船，是另有所图。因此，他们不惜浪费时间与他打牌，想分散刘武官的注意力。陆孝彭不愿意跟刘武官接触，为了迷惑他，陆孝彭经常跑到最顶层，与几个英国人一起打网球。

与陆孝彭同舱的是一个姓龙的青年人，起初，他是在英国学飞机强度计算的，中途才转到陆孝彭所在的设计室工作，少校军衔。据说，他有一个哥哥，是中国驻英使馆的海军武官。在同舱的日子里，从他的言谈举止，陆孝彭发现，这个青年人思想彷徨，对他哥哥颇有微词，似乎有回大陆的倾向。尤其是进入马六甲海峡后，这个人沉默了许多。因为，一穿过海峡，马上就要进入南中国海，靠近新加坡了，是回大陆还是去台湾，必须做出抉择。陆孝彭理解他的苦闷与彷徨，心想，这个人有一技之长，可以争取。于是，他准备找个机会同龙少校聊一聊。

一天，龙少校找到陆孝彭，欲言又止，似乎有所顾忌。陆孝彭感觉时机成熟了。龙少校告诉他，他很矛盾，不知道回大陆还是去台湾，其实他的思想是进步的，他也很想回大陆，但又担心社会关系复杂，共产党会不信任他，他希望陆孝彭给他指点迷津。

听他这么一说，陆孝彭满心欢喜，觉得他是真诚的。这个时候的陆孝彭也忘了自己所处的境地，毫不设防地、诚恳地和盘托出，他劝龙少校回大陆，不要去台湾。他痛斥了国民党的腐败无能，憧憬了新中国的美好新生活。听他这么一说，龙少校似乎也受感染，连连点头。

陆孝彭感觉自己做了一件非常有意义的事情，心里美滋滋的。事后，他将这件事告诉了虞光裕。谁知道，虞光裕还没听完他的话，就急得跺脚埋怨他，说他太轻信人了，龙少校可能是眼线。听虞光裕这么一说，心无城府的陆孝彭这才意识到事情的严重性，他心里咯噔一下，惊出一身冷汗。当天晚上，陆孝彭忐忑不安，想着应对的策略，越想越气愤，越想越觉得窝火：

遭受白眼，忍受屈辱，一个堂堂正正的中国学者，一腔报国情愫不被人尊重，反被人像防贼一样看管，屈辱、误解，几近变成泪水，冲破意志的大堤一泻千里……

果然，第二天，刘武官便出现在陆孝彭的舱内。一看到他，陆孝彭心里充满了厌恶，但这次他警觉起来。他灵机一动，故意将玛格丽特的照片镶进镜框内，挂在床头显眼的位置。

这引起了刘武官的注意，他问陆孝彭："这姑娘是谁啊？真漂亮！"

陆孝彭微笑地答道："刘武官，不瞒您说，这是我的未婚妻，已经订婚了。"

刘武官问为什么没带未婚妻一起，陆孝彭故意一番诉苦。刘武官又问陆孝彭是不是打算回大陆，陆孝彭便不作声。

刘武官开始大发议论，他大肆宣扬共产党不会重用这些海归的知识分子，迟早是要革他们的命等。

陆孝彭从心里反感他，本想反驳，但转念一想，小不忍则乱大谋。于是，他继续不作声，任凭刘武官胡诌。

感觉"火候"到了，陆孝彭找个了恰当的时机，装出一幅为难的样子，对刘武官说，他和英国姑娘已经订婚，但国民党空军规定，不允许军人同外国人结婚，他不愿意去台湾白白葬送幸福云云。

这样的申辩合情合理，既可以为自己找一个不想去台湾的理由，又可以淡化前一天亲大陆的言论影响，这一步走得很高明。听陆孝彭这么一说，刘武官大喜，他高兴地答道：

“原来如此，你为何不早说，这个好说，包在我身上。你到台湾后，我保证你可以离开空军到英国去完婚，也可以把她接到台湾来结婚。总之，只要你听我的话去台湾，一切都包在我身上，我包你一生幸福，婚姻美满。”

陆孝彭立即装出大喜过望的样子，他连忙感谢刘武官，并表示，只要能得到幸福，去哪都一样。

事实上，早在撤退令下达后没多久，国民党驻英使馆的一个武官就给陆孝彭打来电话，表示台湾能接受玛格丽特，只要到了那里就能得到幸福的婚姻，以此为诱饵，要求陆孝彭撤回台湾。当时，陆孝彭自然是想也没想就拒绝了。但在当前的形势下，陆孝彭只能以此为借口，麻痹对方。以陆孝彭的性格，要搁在平时，他是绝不会演这么一出谄媚趋附的戏的。但当时的处境太危险了，事关重大，陆孝彭不得不降低人格，曲线归国。

听完陆孝彭的话，刘武官如释重负地离去了。望着刘武官的背影，陆孝彭心想，就连最难舍的玛格丽特都禁锢不住我的归国决心，还能有什么能拴住我回家的脚步？这一次，陆孝彭很高兴，他为自己的机智解围感到兴奋。

客轮在印度洋上行驶了几天几夜，快要到达新加坡了。

一天傍晚，陆孝彭一个人在船尾甲板上透气。这时，一个30岁左右的年轻人忽然出现，自称是重庆某报的记者。他说，他是三等舱里一群学生代表，在印度洋航行的这几天，学生们正在密谋客轮到新加坡港口后便通电起义。得知客轮上有飞机设计专家，便找到了陆孝彭，希望陆孝彭能参加他们的起义。

一听到“通电起义”四个字，陆孝彭心头一热，他想起了中学时代的游行示威，那是多么久远的记忆了。然而，经过上次的事件后，陆孝彭警觉了许多，他谨慎地表示，起义非同小可，必须与同伴商量后再答复他。

这次，虞光裕和高永寿都赞扬陆孝彭做得对。虞光裕的经历比陆孝彭和高永寿多一些，他说，眼下这个时候，宁可想得复杂一些，也不可轻易上当。这次航程，我们的目标只有一个，就是千方百计回到大陆，千万不要节外生枝。

没一会，那个记者再次来到陆孝彭的身边，小声询问他商量的结果，陆孝彭当即答道："快走吧，我们不参加起义！"

"你们竟然没有一丝一毫的正义感！"记者悻悻地扭头走了。

尽管拒绝了他们，但陆孝彭心里还一直为那些学生的命运担忧。然而，让陆孝彭感到吃惊的是，客轮到达新加坡后，一切风平浪静。

对于刘武官的监视与盯梢，陆孝彭等人感到恐惧。越是临近香港，焦虑不安的心情越强烈，他们担心，刘武官最终会采取武力行动，那时，他们就脱身乏术了。

然而，上天注定了陆孝彭等人会绝处逢生。

快到香港时，刘武官的小女儿突然出了麻疹。为了预防传染扩散，英国船长对刘武官一家采取了严格的监控措施，使刘武官失去了自由。客轮抵达香港后，陆孝彭看见在一个专用小通道上，刘武官一家被医护人员监视着像送瘟神一样送上了一辆白色的救护车……

看着这样的情景，大家大喜过望。原本以为会迎来更加残酷的"斗争"，可没想到，结果却是这样的。兴奋之余，大家似乎感受到了祖国母亲越来越急切的呼唤……

今天，回顾中国航空工业先驱们出国留学的这段历史，仍然不寒而栗，他们每走一步，都充满了危险，试想，假如这批爱国知识分子遭遇不测甚至不幸遇难，或者留在国外，或者去了台湾，或许，新中国的航空工业发展史也会随之而改写。因为，这批归国人员中，后来很多都成为支撑起新中国航空工业发展总体构架的灵魂人物。

一下船，陆孝彭便直奔轮船公司的邮件收转处，此前，他与玛格丽特约定，会把信件寄到香港轮船公司。陆孝彭一下子收到 20 多封，他高兴地读起信来。透过那些情意绵绵的信件，陆孝彭感受到玛格丽特的爱穿越时空，到达他的身边，时刻伴随着他，让他温暖甜蜜。

登上香港的那一刻，陆孝彭感慨良深。自 1842 年中英签订中国近代史上第一个不平等条约——《南京条约》，割让香港岛给英国，英国人在这片土地上已经统治了百余年。然而，陆孝彭眼中的香港并没有像英国本土一样繁荣昌盛，而是满目疮痍，民不聊生。陆孝彭在《忆昔之一二九（香港）》中回忆了首次到达香港时的感受：

忆昔回国过香港，殖民主义正统治。摩天高楼寥寥见，贫民陋窟比比是。

英军畏我如畏虎，游子归心急如矢。归舟夕泊仁川港，遥望津沽已可数。

对于香港，陆孝彭是有着特殊情感的，在他的观念之中，香港似乎在他和玛格丽特、中国和英国之间纠结着一种莫名的关系。从陆孝彭的诗句《忆昔之一一二（格厂)》中可以感觉到隐藏在陆孝彭心灵深处的企盼：

忆昔格厂开年宴，邀我陈词酒入唇。臆想两国动刀兵，怎忍英女成敌人。

岂知中英订协定，睦邻外交各议成。香港回归争端失，昔日诺言竟成真。

陆孝彭在此后的几十年里，一直关注着香港。尤其是1997年香港回归，他更是激动万分，挥洒笔墨，抒发情怀。

尽管摆脱了刘武官的盯梢，但陆孝彭等人又遇上了麻烦。

香港地处大陆的南大门，要回大陆，在今天是很容易的一件事情。但在当时，由于毗邻香港的广东珠江三角洲尚未解放，而香港至上海，香港至天津的航船都停开了，原因是国民党海军的舰船正在纷纷撤向台湾海峡。而上海和天津两个港口刚获解放，轮船公司尚未完全恢复。在当时，要想从香港进入中国大陆，只能转道南朝鲜的仁川港，从那里再驶向渤海，进入天津港，这是一条秘密航线。

虞光裕有亲戚在香港，于是跑船票的事情就托付给他了。然而，由于僧多粥少，香港至仁川转到天津的船票非常难买，虞光裕跑了好几趟都空手而归。

一天，那个消失了很久的龙少校突然来到陆孝彭等人租住的旅馆。一见面就跟会见老朋友似的神侃，毫无愧色。他告诉陆孝彭等人，刘武官已经到台湾了，不用害怕了。接着又装出诚恳的样子，关心他们买票的情况。这让陆孝彭三人突然警觉起来，很明显，这个人在跟踪他们。

龙少校这才表明来意，他说：“我知道香港有一个党，这个党手眼通天，可以跟北京挂上钩，我的朋友参加了这个党，他想帮你们，直接把你们送到北京，我可以从中牵线……条件是，参加这个党。”

这时候，陆孝彭等人才明白，原来这个人是一个掮客。对于这种毫无原则，唯利是图的小人，陆孝彭等人异常反感，于是斥责起他来。这位龙少校自知没趣，便悻悻离开了。

第二天，虞光裕终于弄到3张香港至仁川的票，大家心里才安定下来。

正在大家准备行装时，龙少校竟然又不请自到。他不再提什么党的事了，开始鼓动陆孝彭等人留在香港做生意。他说，手里拿着英镑，在香港投资赚钱很容易，不出几年就能成为百万富翁，还说住房都给他们找好了，投资工厂也联系好了，希望他们明天去工厂参观。

陆孝彭心想，反正明天就离开香港了，不如先装作答应他。这时，虞光裕也悄悄向陆孝彭使了一个眼色。陆孝彭立即明白了，于是他对龙少校说："我们已经约好了明天去虞光裕亲戚家，如果可以的话，后天上午再去参观工厂，你看可以吗？"

龙少校高兴地离开了，走前还不忘加一句："等参观了那个工厂，你们会抢着投资的。"

就这样，陆孝彭等人终于彻底甩掉了这个跟踪他们的尾巴。

香港至仁川的客船启程了，船到了南朝鲜却没有驶进码头靠岸，而是停泊在仁川港外，等到天黑后，熄灭了船上所有的灯火，在黑夜中躲过了国民党海军巡逻舰船的堵截。客船掉转头向西开进，一直黑灯瞎火在海上航行。

对于这段惊险的归国经历，陆孝彭一直记忆犹新，他在《忆昔之二十六(回国途中)》写道：

忆昔回国别英伦，碧洋红海泛巨轮。埃及酷暑寻古寺，锡兰雨林赏异珍。

奸特威胁何所惧，敌舰封销笑无能。月黑屏灯进渤海，天明已泊天津城。

当黎明的阳光照耀在陆孝彭脸上时，客轮已经临近天津港了。据陆孝彭的夫人徐思瑜后来回忆说："老陆说，他们早早就起床，兴奋得睡不着。一看到祖国的海岸线，就掉眼泪啊。"

是啊！历经万难，终于回到祖国的怀抱，那一刻，所有人都禁不住热泪盈眶……

第三章　立志甩掉“洋拐杖”

不当教授　志在设计师

1949年8月的北京，尽管还残留着战争带来的萧瑟凋敝的影子，然而，人们沉浸在迎接新中国成立的欢乐气氛之中。

从踏上这片热土的那一刻开始，陆孝彭便感受到了百废待兴，蒸蒸日上的革命理想和热情。这种热情深深地感染着陆孝彭，使他血脉喷张，热流涌遍全身，他心里只有一个念头：在崭新的天地里，好好干吧！

29岁的陆孝彭从此翻开了极富革命浪漫主义色彩的航空人生。他满怀赤诚忠心，像战士般战斗不止，奋斗不息，用生命的全部致力于新中国的航空事业，从未回头，从未动摇，直到生命的最后一刻。

在中央军委接待处，陆孝彭等人受到了热情的接待。很快，他们便接到通知，军委航空局局长常乾坤要在家中设宴接待他们。

当时，军委航空局是中国人民解放军第一个全国性的航空管理机构，也是人民空军的雏形。1949年初，当辽沈战役、平津战役、淮海战役三大战役先后胜利结束，国民党军队主力大部分被歼灭，人民解放军即将在全国取得胜利，建立人民空军的基本条件具备。1949年3月，中央军委成立航空局，任命常乾坤为局长。航空局从东北航校抽调人员，主要任务是组织接收国民党空军遗留下来的机场、设备，收容其空、地勤人员；组织修复航空工厂，尽早恢复生产；加强机场管理，开辟空中航线；加速培养航空人才，为正式组建人民空军创造条件。

军委的吉普车将陆孝彭、虞光裕和高永寿带到一个整齐、端庄的四合院门口。

刚进正房，一个身材魁梧面色红润的军人便笑脸迎上前来，发出宏亮的声音：“欢迎，欢迎，欢迎你们啊！”他用力地与三人一一握手，这个人就是常乾坤。陆孝彭被他举止间透露出的身经百战的将军风度所折服。陆孝彭早就听说过一些关于常乾坤的风云事迹，知道他是黄埔军校第三期学员，是中国共产党几个最早的飞行员之一，曾留学苏联，抗日战争时期，在延安创办军事学校，解放战争时期，又在东北办航校，现致力于新中国空军建设，是人民空军的创建者之一。

常局长询问了陆孝彭三人在国外的学习生活以及归国后的感受。听了三人的经历后，他充分肯定和赞许了陆孝彭等人放弃国外舒适的生活，冲破国民党的阻挠，毅然回国投身新中国建设的义举。他说，中国已经发生了巨大的变化，各行各业都在迅速恢复和发展，航空工业也要尽快发展起来。现在航空工业急需用人之际，你们都将成为新中国航空事业的创造者……听到这样的话语，陆孝彭激动万分。

常局长还问到他们回国后的打算和想法，陆孝彭直言不讳地表达了自己的担忧：从国外回来，经历特殊，希望能够得到理解和信任。

常局长听后哈哈一笑，爽朗的笑声在屋子里回荡：“你们已经用行动证明了你们对祖国的赤子之心，党和人民会理解你们的，希望你们为新中国航空事业的发展做贡献！”

这铿锵有力的话语激荡在陆孝彭的心里，让他备感温暖……

陆孝彭三人住在军委航空局招待所内，他们的任务是学习党和军队的相关政策，并撰写自传。在北京短暂停留的一个多月里，陆孝彭印象非常深刻，后来，他在诗篇《忆昔之五十二（航空局）》中有描述：

忆昔军委航空局，革命生涯新生命。高粱红粥似琼糜，玉米窝头却百病。

政委谆谆谈思想，往事历历写厄运。局长一饭暖我心，南下宁沪谱新韵。

（政委指李涛，局长指常乾坤）

一个月后，陆孝彭三人接到通知，被分配到华东军区航空处工作。于是，三人又打点行装，奔赴上海。

陆孝彭等人报到后，被送到理查饭店。据说，这是上海开埠以来乃至全国第一家西商饭店，由英国人 Richards 创建于 1846 年，被誉为“上海著名的里程碑建筑”。当时，中国第一盏电灯在此点亮；中国第一部电话在这里接通；西方半有声露天电影在这里首次亮相……众多的第一，使之成为当时最先进技术进入中国的窗口。历经风雨百十载，她犹如一幢历史丰碑昂然屹立，叠影出上海变迁的缩影。走进这个具有新古典主义维多利亚巴洛克式建筑的饭店，陆孝彭恍如隔世，在英国的点滴瞬间涌上心头，格洛斯特小城，美丽洁净的街道，他驾着奥斯汀轿车载着玛格丽特……

航空工程研究室在这里租用了几间房子。陆孝彭看见，研究室内已有几位工作人员在忙碌，工作人员介绍说，他们都是国民党空军起义留用人员，还有几位是刚刚毕业的大学生。

突然，一位精神抖擞的年轻军官出现在陆孝彭面前，热情地直呼他的名字，陆孝彭一时没反应过来。军官爽朗地笑起来，他提醒陆孝彭，他是李扬群，中央大学航空系，比陆孝彭低两届，一起闹学潮的“小李子”。说到这，陆孝彭才想起来。但他怎么也不敢相信，眼前这个穿着军装的人就是当年的“小李子”，变化太大了。他乡遇故交，陆孝彭一时激动，使劲握着李扬群的手，眼睛里流露出久别重逢的喜悦与兴奋。

同是校友，虞光裕和高永寿也很高兴。4 个人聚在一起畅谈一番，从学潮到毕业，从母校到英国，从生活到感情，如痴如醉。

陆孝彭这才知道：李扬群大学毕业后，一直在上海搞地下工作。1949 年初，解放战争节节胜利的形势下，国民党空军开始撤退，国民党空军南昌航空研究院也开始经上海向台湾搬迁。该院有一部分中、高级航空工程技术人员，如王裕齐、昝凌等一行 40 余人及其眷属，被编入搬迁队，安排住在上海杨树浦的一个大仓库里，随时可能被送往台湾。在关键时刻，当时任中共地下党支部书记的李扬群，利用原中央大学航空工程系老同学的关系，秘密与他们联系，并成功将这批人员从搬迁队转移到中共地下党员家中，从而使他们留了下来。后来，他又组织这些人参加护卫航空资产、迎接解放的斗争。李扬群也因为保护上海机场免遭破坏而立功。

上海解放后，周恩来对这批航空工程技术人员十分关心，经常了解华东航空处接收航空技术人员的情况，并指示要将他们组织起来。在中央领导的亲切关怀下，1949 年 9 月，以这些航空工程技术人员为主要成员的航空工程研究室在上海正式成立。由王裕齐任主任，李扬群任副主任。研究室下设飞机、发动机、军械和特设仪表电器 4 个专业组。

安顿妥当后，李扬群交待了任务，陆孝彭等人便迫不及待地开始了工作。他们调查国民党空军航空工业概况，草拟航空工业工厂的建厂计划，为有计划进行飞机设计和筹建新飞机工厂准备资料，还编写教材，配合部队作战训练。同时，配合防空与作战需要，协助抢修和扩建军用机场等。

当时的上海已经解放了，但只解放了领土，还未解放领空。逃到台湾的蒋介石为了轰炸上海，在沿海，特别是舟山群岛修建基地。没有掌握制空权的大上海时刻面临威胁。上海防空备战在十万火急的情况下，日日夜夜进行着。

1950 年 2 月开始，夺取上海制空权的战役打响了。同年 3 月，航空工程研究室接到扩建和修建上海、浙江地区机场的任务。上海有 5 个机场，吉普车载着陆孝彭等人一天之内跑了龙华、虹桥、江南和大场 4 个机场。上级要求扩建龙华机场、改建虹桥机场，此外还要建造油库和房屋设施，限期 15 天完成，任务非常紧急，负责技术问题的陆孝彭等人不能有丝毫松懈。

当天晚上，陆孝彭来到虹桥机场，借着月光察看工地施工情况，只见各种设备东倒西歪，碎石跑道的水泥铺面还没有开始浇灌，坑坑洼洼，而铺跑道用的石料还在山上，无人开采。任务要求半个月之内将虹桥机场原来的两条碎石跑道合成一条，并延长路基，筑成一条全新的沥青跑道，只有这样，苏制飞机才能降落起飞。但看到施工现场这幅情景，陆孝彭一时急了。

他立即将情况报告给李扬群，并表示，要按时完成任务，必须增加三四千名工人。当天，陈毅便下达了命令。很快，上海军管会沪北办事处通过上海总工会动员 3000 余人，通宵达旦轮番干。后来，整编的军队也开进采石场，昼夜赶工，把石子运到机场……

由于条件有限，陆孝彭动员大家因陋就简，没有测量工具就用绳子连起来量跑道。陆孝彭头戴草帽，光着脚，和战士、工人们并肩战斗，每天工作时间近20小时。就这样，终于提前2天完成扩建任务，保证了米格-15飞机按时进驻机场。

正因为机场的及时修复，在1950年2月至5月的保卫大上海战役中，我军共击落敌方战斗机、轰炸机、重型轰炸机共16架，夺取了上海的制空权。

这是陆孝彭回国后的首次任务，他完成得非常出色，受到上级表扬。关于这段经历，陆孝彭在《忆昔之五十三（修机场）》中写道：

忆昔华东修机场，金门残寇犹未除。龙华十夜立奇功，千金一言珠可吐。

忽到浙江观东海，嘉兴荒郊变广途。岂知军机多变化，留宁转入工业部。

在全国上下为解放台湾做准备的时候，战争前沿遭遇了金门战事的失利。随后，解放台湾的准备工作逐渐停止。后来，航空工程研究室奉命迁往南京。1950年下半年，华东军区正式成立空军司令部，航空工程研究室一部分人员分配到空军工作，之后，其余人员也陆续开始寻求新的出路。

这段时间，陆孝彭比较轻闲，便应邀到南京大学航空系讲学。南京大学的前身是中央大学。回到母校，陆孝彭感慨颇深，烽烟战火中求学重庆沙坪坝的情景一幕幕浮现，勾起了他无限的回忆。如今，他也像他的先师们一样，站在了母校的讲台，这从心低里激发了他的热情。

陆孝彭的课生动入理，他留学英美，经历丰富，眼界开阔，有系统的理论根基，又有丰富的实践经验，他的课深受学生欢迎。当时的南京大学航空系主任立即向陆孝彭提出请求，希望他留下来当教授。此后，上海交通大学也邀请陆孝彭加盟，但都被他婉言谢绝。

陆孝彭记得大学时代曾经教过他的不少教授，他们也满怀报国之志，他们也都漂洋过海，然而，当时的中国战火不止，航空工业基础薄弱，根本没有条件给予他们实战的机会，以施展抱负，因此，他们回国后大多进了校园，做了“传道授业解惑”的大学教授。然而，时代不同了，新中国的航空事业大步迈进，百废待兴，正是急需用人之际。陆孝彭不愿当教授，他宁愿到艰苦的航空一线，从事飞机设计，实实在在干出一架飞机。他渴望，在他的笔下绘出的一张张图样变成一架架雄鹰飞上蓝天，那种感觉无与伦比，令他陶醉，令他神往。

轻闲的日子陆孝彭呆不住，他也开始寻求新的出路。不久，他听到消息，重工业部正在筹建航空工业局。这在陆孝彭平静的心里投下了一颗重石，他再也坐不住了，计划着投奔航空工业局，恰巧，虞光裕等人也有此意。于是，陆孝彭对李扬群表达了他们的想法。李扬群当然舍不得他们离开，但对他们的追求与抱负表示理解，让他们打个请调报告，并开了介绍信。

陆孝彭作为代表，只身一人，带着介绍信到了北京……

一心请调航空局

陆孝彭带着介绍信到了北京，在重工业部，陆孝彭见到了时任重工业部副部长的刘鼎。

当时，刘鼎副部长正致力于构思新中国兵工发展和建设的远景“蓝图”。他对国民党遗留下来的兵工厂进行全面考察，对每个工厂的地理环境、规模、厂房设备、主要产品、职工状况以及遭受国民党特务破坏等情况，作了仔细记载，绘制成图表。他所掌握的建国初期全国兵工的实际情况以及重工业概况的第一手资料为后来的决策提供了有力的参考。

刘鼎副部长看了介绍信后，当即问起陆孝彭及其他同事的情况，陆孝彭一一作答。当得知他们都是中央大学航空系毕业，有人学飞机设计，有人学发动机，且都到国外深造过时，刘鼎十分高兴。他非常欢迎陆孝彭等人到重工业部工作，并安排他们先在重工业部留宁（南京）小组学习一段时间，再行分配。他还派专人同陆孝彭一道回上海办理人事关系移交手续。

回上海后，陆孝彭把情况向李扬群做了汇报。得知消息，虞光裕、高永寿等人自是十分欢喜，赶忙打点行装，准备再次起程。就这样，陆孝彭告别了他的亲密战友李扬群，开始了新的征程……

对于李扬群，陆孝彭常怀感恩之心。在上海期间，李扬群关心陆孝彭归国后的生活，注重陆孝彭的思想进步。在李扬群的影响下，陆孝彭递交了回国后的第一份入党申请书——他渴望像李扬群那样，成为一名光荣的中国共产党员。在陆孝彭心里，李扬群一直是良师益友，让他敬重、钦佩。多年后，陆孝彭在《悼念李扬群同志》中写道：

良师教益焉能忘，马列主义吾所从。生当无畏作人杰，死无反顾为鬼雄。

首乘战车破敌垒，每设奇谋惩顽凶。奸小谗言何足论，烈士堂上一劲松。

在南京留宁小组，陆孝彭专注于学习。当时，一个偶然的机会，一位同志买到了新出版的俄文版《飞机构造学》。大家翻了翻，觉得内容很不错。同时，大家也深感今后工作非常需要懂俄文，于是，徐舜寿、陆孝彭、齐志焜、高永寿 4 人便决定采用把这本书译成中文的办法学俄文。他们立即购买了当时能买到的俄英字典、俄英技术字典、俄文文法（英文）等书籍。请不到懂俄文的老师，他们就这样硬着头皮翻译。利用每天有半天的业务学习时间，经过了 3 个月，硬是把这本 300 余页的书译成了中文。以后，这本书出版并再版，20 世纪 50 年代，很多学校采用这本书作教材。

不久，全国范围内掀起了清查和镇压反革命分子的政治运动，简称“镇反运动”。那时候，几乎每天，人们都会看见大卡车满载五花大绑、插着木牌、判了死刑的反革命分子，在武警和民兵的严密看守下，在群众排山倒海的怒吼声中，一辆一辆驶往刑场……

学习并不紧张，但由于经历曲折特殊，这段时间，陆孝彭不断地接受政审，写了大量的自传，这使得陆孝彭十分头痛，筋疲力尽，尤其是在英国的恋情和未婚妻的事情，陆孝彭不知道该如何“交待”。国内这种浓厚的革命氛围与在英国时的情景完全不同，陆孝彭内心时常会掠过一丝不安，他为自己的处境不安，更为他和玛格丽特的未来担忧。

一有时间，陆孝彭会回家看望母亲。翁氏从老家迁到在南京工学院工作的女儿和女婿家里住。这期间，母亲和妹妹对陆孝彭的婚姻大事甚是关心。

回国后，陆孝彭无比思念玛格丽特，除了紧张的工作外，只要有空他就会给她写信，一封接着一封。然而，陆孝彭却从来没有收到过玛格丽特的回信。这样的情况是陆孝彭此前所没有料想到的，理想浪漫的陆孝彭认为，回国后等自己稳定下来，就将玛格丽特接到中国，但他忽视了当时的现实情况。陆孝彭不知道哪里出了问题，也不知道该怎么办，他陷入了“进无门，退不忍”的两难境地。陆孝彭知道自己的心，他不愿意放弃与玛格丽特的爱情，他也相信，玛格丽特一定在痴痴地等着他。然而，长久的杳无音信让陆孝彭深深陷入感情的苦闷之中。现实逼得他喘不过气，当翁氏得知儿子在国外有一个洋人未婚妻时，老人坚决反对，甚至以断绝母子关系相逼，她说，她对未来的儿媳没有任何要求，只要她是中国女子就行！陆孝彭是出了名的孝子，母亲的反对让陆孝彭异常痛苦。

家人的催促，好友的规劝，组织的叮嘱，陆孝彭尚且能抵挡开脱，然而，陆孝彭要进入保密单位从事飞机设计，这段异国恋情便成为最大的阻扰。在当时，对于搞国防工业的党员、干部、军人，甚至是普通职工，别说跨国恋了，就是对象有个七大姑八大姨在海外，结婚都很难通过政审，政审不合格，组织是不会批准办领结婚证的。所以说，要想进保密单位好好干，必须得是“根红苗正”。

这样的现实，让陆孝彭在感情的路上坚持得很辛苦。终于，他开始力不从心，他开始屈服于无情的现实……

很快，就传出陆孝彭结婚的消息。学习已接近尾声，马上面临着分配，因此，陆孝彭赶在分配前结了婚。

1950年，陆孝彭与徐思瑜在南京举行了简单的婚礼。事隔60年，当笔者到陆老家中采访徐思瑜时，在她的床头柜上摆着当年的结婚照。徐思瑜告诉笔者，他们的结婚照在“文革”时全部被抄走了，仅存的这一张还是当年寄给母亲的，因此才幸免于难，得以保存下来。提起他们的婚姻，徐思瑜这样回忆：

我妈妈跟我爸爸是我舅舅介绍的，他们感情相当好。我9个月大的时候，我妈妈就死了，或许是因为这个原因，爸爸很疼我，他给我取名叫“思瑜”，因为我妈妈叫“张瑜”，他给我取这个名字具有纪念意义。我从小是姑妈和奶奶带大的，1950年，我高中毕业后进了南京复旦会计学校学习。在那里，我有一个比较要好的朋友，我们都是苏州人，比较谈得来，她已经结婚了，我经常到她家去玩。有一次，她说给我介绍对象，说是他爱人的校友，叫陆孝彭，是搞飞机设计的，出国留过学。

在朋友家里，我见到了老陆。刚开始，他给我的印象是好害羞，讲几句话就会脸红。当时，他们那些一起回国的人有不少都已经成了家，有了小孩，老陆是他们之中年龄最小的，大家都叫他“小陆子”。老陆比我大9岁，当时家里人都没有反对，说他出过国，又是搞飞机的，都说好。

我们俩还谈得来，当时，我说我想学俄语，他说，你想学俄语呀，好啊，我教你。就这样，交往就多了，后来，也没教几下子，就经常出去玩，当时的江苏路很漂亮，我们经常去那里。他喜欢跳舞，他们从国外回来的那一批人经常聚在一起跳舞，他就带我跳。我们两家住得比较近，那时候，他妈妈和妹妹都在南京，房子是他舅舅的，我就经常去他家里。他那时都30岁了，还没谈对象，所以我去了后，他妈妈和妹妹都很高兴，他妈妈也很喜欢我。

我们认识没多久就结婚了。本来不应该那么快的，当时，老陆他们一起回国的人在南京学习时间只有一年，学完后就要分配工作。后来，老陆被分到了北京，马上要走，大家说干脆结婚吧！结婚前，他告诉我，他在英国有一个未婚妻，他们约好，让她等他一年，如果一年他还没有回英国，就不要再等了，后来，他们都不通信了。我见过她的照片，我还帮老陆好好保存，但是“文化大革命”期间，全部都被抄走了。对于他的这段感情，我能理解他，所以我还是答应和他结婚。

我们结婚时，急急忙忙的，什么都没准备，没有接酒，也没请什么人，就我们两家人在夫子庙请了一桌酒。当时，那批回国的人里面，还有一对也结婚，于是我们结伴旅游，他们去了无锡，我们到杭州玩了一个礼拜，结婚照就是在杭州照的。

关于这段往事，1997年，陆孝彭在《忆昔之八十一》中这样写道：

忆昔金陵年而立，异国二年无音信。好友规劝当婚娶，得遇徐女亦多情。

相依不忍三日别，小型舞会姻缘定。天意如此岂得意，白头偕老到七旬。

结婚之前，陆孝彭写了一封信寄给玛格丽特，他告诉她，不要再等他了，他马上要成家了。陆孝彭明明知道，这封信也一样会泥牛入海，但他似乎在提醒自己一些什么……

陆孝彭把玛格丽特的照片和过去珍藏的信件都放进皮箱内，他想把玛格丽特永远珍藏在心底。然而，事与愿违，他仍然思念玛格丽特，想得太甚了，便独自一人发痴，或是在风雨中奔跑，或是拼命地工作，以减轻心灵的创伤。

事实上，在与徐思瑜婚后的很长一段时间里，陆孝彭依然无法从玛格丽特的感情世界里走出来。这段传奇的异国恋情在陆孝彭的内心里以伤感的基调一直延续，随着时间的流逝，陆孝彭对玛格丽特的爱恋逐渐转变成为一种深深的歉疚感，沉沉地积压在他心头几十年。“香车已订三生约，世事相违万里烟”、“四十八年亦难忘，愧对英女疚在心。”这都是陆孝彭对玛格丽特的愧疚之情的真实写照。

1950年9月陆孝彭与徐思瑜结婚照片

红酥手，黄藤酒，满城春色宫墙柳。东风恶，欢情薄。一怀愁绪，几年离索。错、错、错！

春如旧，人空瘦，泪痕红邑鲛绡透。桃花落，闲池阁。山盟虽在，锦书难托。莫、莫、莫！

这首清丽缠绵的《钗头凤》是陆孝彭的最爱。陆孝彭平生最爱陆游的诗，这不仅因为陆游的爱国诗句雄浑豪放，更因为陆游与唐琬经历过一段千古绝唱的爱情悲剧，这段感情带来的伤痛终其一生。或许，从陆游的诗句中，陆孝彭能够感受到一种痛彻心扉的共鸣吧！

与玛格丽特的这段感情从骨子里影响了陆孝彭的生活和性格，在感情上，他变得有些孤僻。据陆孝彭的同事说，陆孝彭从来不主动与女同事说话，对于汇报工作的女同事，他总是不看着对方，并请人转述，这种习惯持续了好多年，直到“文化大革命”以后，才慢慢改变了。

“我同你一起上天！”

陆孝彭和徐思瑜婚后不久，便去了北京南苑飞机修理厂。

南苑曾是元、明、清三代皇家苑囿。到了近现代，却与航空结下了不解之缘。在《中国大百科全书》“航空航天”卷中第590页到592页登载了南苑飞机修理厂研制飞机的照片，并配说明如下：

1910年8月，清朝政府拨款在北京南苑庑甸毅军操场建筑厂棚，由刘佐战和李宝焌试制飞机一架。这是中国官方首次筹办航空企业。刘佐战和李宝焌是我国建立航空工厂和制造飞机的先行者。1914年南苑航校修理厂厂长潘世忠自行设计制造了80马力推进式飞机一架，称为“枪车”，这是中国最早自制的武装飞机。1924年9月，直奉战争后，东北军阀张作霖入关，在北京成立大元帅府，把在南苑机场存放的飞机全部运往东北。所余零部件由冯玉祥接管，后运往河南洛阳存放。

1937年7月28日，日本侵略军占领了南苑机场，这里成了日军侵略中国的航空基地。1945年8月15日日本投降后，由国民党军方接管，成为国民党华北空军司令部和空军第二供应分理处驻地。

1948年冬，中国人民解放军接收工作组进驻南苑机场，并由张开快和老航校的部分学生组建了南苑飞机修理厂，定名为华北军区航空处南苑修理厂，从此南苑大院获得了新生。在不到一年的时间里，该厂就修理好35架飞机，其中有11架参加了新中国开国大典的阅兵式。一百年来，南苑大院在风雨中走来，如今，当年的飞机修造厂已发展成为中国运载火箭技术研究院所属的火箭总装厂。

从修理飞机到制造飞机，从在风雨沧桑中蹒跚发展，到在新中国的热土上昂首阔步，这个百年老厂几经沉浮，艰苦创业，救国兴邦，承载国运。

1950年6月25日，朝鲜战争爆发。2天后美国海空军武装入侵朝鲜，第七舰队直抵台湾海峡。9月15日，4万美军在朝鲜仁川实施大规模登陆，15天后，战火已烧到鸭绿江边。10月19日，在司令员兼政治委员彭德怀的率领下，25万中国人民志愿军部队跨过鸭绿江，开赴朝鲜战场，揭开了抗美援朝战争的序幕。

1951年3月，朝鲜天空第一次出现了中国人民志愿军年轻的战鹰。中国航空博物馆有数据记载：战争期间，中国志愿军空军先后派出战斗机部队10个师和轰炸机部队2个师入朝作战。仅作战初期就投入各型作战飞机近200架。一时之间，大批参战受伤的飞机急待修复，全国各大飞机修理厂立即投入战斗。然而，当时刚刚解放，接管国民党政府的6家航空修理厂近似作坊，且设备陈旧，厂房简陋，严重缺乏技术人员。

陆孝彭和徐思瑜就是在这种背景下走进南苑飞机修理厂的。

初到南苑，陆孝彭看到的是惨不忍睹的景象：五六个机库，到处堆积的机床、器材和工具。飞机一架架停放在露天场地上，东倒西歪，残缺不全，一架拉-9整个都趴下了，机翼也变形了。当时，南苑修理厂的姚厂长指着一架美国运输机 C－46 说，这是国民党留下的，当时来不及修好撤走，放在这里已经四五年了。由于严重缺乏航空技术人员，且已出现两次重大质量事故，面对大量飞机的涌入，南苑飞机修理厂束手无策。

就在陆孝彭报到的同时，2 架雅克－11 战斗机又被送进工厂。

自学习航空以来，陆孝彭从来没有想过自己会修理飞机，头脑中根本没有这个概念。修理与设计，这中间隔了多远？没有修理飞机的经验，能否设计出可靠性和维护性能优良的飞机呢？他也从来没有思考过这些问题。然而，在这特殊的时代背景下，急需的却是飞机修理师，而不是飞机设计师。这些飞机都是要参加战斗的，人命关天，陆孝彭告诉自己，当前首先要解决的是，静下心来，虚心学习大修技术，修好这些飞机。至于设计飞机，以后再说吧！

陆孝彭顾不上多想，便投入到工作中。当时条件非常艰苦：没有备件，到残破的飞机上去找；没有工具，家里的工具都贡献出来；没有设备，大家动手制造。

由于时间紧迫，加上缺乏雅克－11 战斗机技术储备，姚厂长向上级打报告，请求派苏联专家援助，很快，两名苏联专家便到了南苑。

苏联专家带来了图样和技术资料，选了一架待修的飞机开始工作，陆孝彭跟着他们学习。

苏联专家给陆孝彭留下了非常深刻的印象，后来，他在回忆中说道：

第一天见到苏联专家，他们便告诉我，第二天上机修理，准备工作都做好了，就等着我。我好奇，为什么要等我呢。翻译告诉我，苏联专家说，因为我懂飞机结构和制造，他们需要副手。

当时，北京的天已经非常冷了，零下二三十摄氏度。我是南方人，受不了那个寒冷的气候，经常会走神。这个时候，专家就会毫不客气地随手拿起什么工具磕我的腿，用眼睛瞪着我，要我全神贯注看着他们怎么做的，非常严厉。有时候，动作不利索了，他们就会叽里呱啦喊个不停。

不过，这些专家的工作态度让我敬佩。起初，我是带着手套干活的。后来，专家将我的手套扯掉扔了，他说，在精密仪器上作业，手套碍事。从此以后，我也不戴手套，不戴皮帽，不管多冷的天，也不戴。我记得，钻进机头检修机舱是个苦活，由于机头管道太窄，身材瘦小的人爬进去还行，但两个苏联专家都是大高个子，爬进去很费劲，不过，他们每次都能爬进去。后来才知道，为了能顺利钻进去，他们之前就饿了几天肚子，工作时，又把厚衣服都脱掉了，就这样夹在里面，常常一干就是几个小时。

这让我很感动，直到现在，我还挺怀念他们的，他们是我的良师益友，帮我打了底子，这种严格的工作作风对我后来设计飞机大有裨益。

3个月后，第一架雅克－11飞机修好了。苏联试飞员检查一遍后说，行了。一试飞，各项技术指标都合格，飞机很快就被空军接走了。不久，苏联专家也收拾图样资料，走了。离开之前，苏联专家指名要陆孝彭负责维修另外一架雅克－11。当时所有人都表示担心，但苏联专家坚持说："陆孝彭，他行！他是这个……"专家在厂长面前晃动着他的大拇指。

当人们把苏联专家的话传到陆孝彭耳朵时，他已经在飞机上干开了。当时的现实是：整个修理厂只有6名技术员，还有一些日伪时期留下来的老工人，其他复员军人都是刚刚从部队上下来的，陆孝彭的压力非常大。

陆孝彭带着技术员和工人，全身心投入到这架飞机的修理任务之中。

在这期间，陆孝彭不断地遭到质疑，每当遇到难题时，总有人提出："不行就请苏联专家来吧！"

20世纪50年代初，国家做出了依靠苏联援助建设自己的航空工业的重大决策。1951年10月30日中苏两国正式签署协定，苏方答应援建我国6个修理厂及其所需技术资料、设备、材料、配件等，并派遣专家、顾问来我国，支援总金额为3000万旧卢布。当时，苏联对中国航空工业的援助，对于中国航空工业的创建起到了至关重要的作用。一时之间，大量苏联技术专家涌向中国，在群众之中树立了较高的威信。

然而，对于民族自尊心很强的陆孝彭来说，这样的质疑声显得异常的刺耳。一架需要大修的飞机，可能发动机系统、操纵系统、燃油系统、机翼都是千疮百孔，不可救药的。但真正让陆孝彭感受到不可救药的是人的思维习惯，妄自菲薄的自卑和“等靠要”的依赖思想，拥有这种思想的人，腋窝下永远柱着一支“洋拐杖”。殊不知，一个民族要建立真正强大的航空工业，自力更生，自强不息是不得不选择的唯一途径。

南苑的经历，使陆孝彭立志彻底甩掉“洋拐杖”，自力更生，奋发图强。后来，强5研制过程中遭遇了无数的困难，但陆孝彭始终贯彻“自力更生，奋发图强”的精神，锲而不舍，百折不挠。

3个月后，这架拿过大顶、座舱损毁严重的飞机终于被陆孝彭修好了。修好的飞机被拉到起飞线，苏联试飞员也来了。这个试飞员走到飞机边，绕着飞机走了几圈，然后问道：

“苏联专家来检验过吗?”

陆孝彭说：“这架大修飞机，技术上由我全权负责。”

试飞员不再做声，只是围着飞机打转，神态疑惑。

良久，试飞员才上了飞机，大家都有些担心，陆孝彭也屏气凝神。

座舱里传来摆弄仪器的声音，接着发动机起动，发出了轰鸣声。陆孝彭正等待着飞机起飞，没想到，试飞员竟然熄了火，从座舱里爬了出来，对着姚厂长和陆孝彭叽里呱啦一阵喊叫，似乎很生气，然后登上吉普车扬长而去。翻译说，苏联试飞员在骂人，他说飞机不能飞，他要求苏联专家重修。

苏联试飞员的举动让大家又气愤又沮丧。陆孝彭不服气，他在图样上从各个角度对飞机的修理情况进行了分析，又请了机械师来重新检查飞机，并写出书面报告，交给姚厂长，保证试飞不会出事。

鉴于苏联试飞员不肯飞，工厂通过空军请了中国自己的试飞员来。飞行员仔细检查了一遍，又查看了修理记录，对姚厂长说：“这架飞机没什么问题，符合试飞条件，我同意试飞。但是就怕有什么不测，另外，我对这种飞机还不是很熟悉……”站在一旁的陆孝彭理解试飞员的顾虑，他对试飞员说：“我是大修这架飞机的工程师，这样吧，我同你一起上天!”

就这样，陆孝彭第一次登上了中国试飞员驾驶的飞机。随着绿色信号弹升空，发动机开始发动，滑跑，起飞……

当飞机离开地面的一瞬间，陆孝彭有一种不可名状的感觉。试飞员飞得很顺手，越飞越有兴致，索性飞起特技来，俯冲、爬升、横滚……引擎轰鸣的声音如同嘹亮的战歌，响彻云霄。

坐在后舱的陆孝彭可苦了，他感觉身体被死死地压在座椅上，五脏六腑似乎都错了位，翻江倒海，巨大的压力使他喘不过气来，头晕目眩，几乎昏厥。

飞机在一片欢呼声中凯旋，试飞员兴奋地跳出座舱，陆孝彭已经没有力气走出来，还坐在座舱里。试飞员重新登上梯子，扶起陆孝彭。

一下飞机，试飞员便紧紧地握住陆孝彭的手……

不久，陆孝彭又接到 C－46 运输机的修理任务。摆在陆孝彭面前唯一的资料是一本航空工业局送来的外场说明书，简单笼统。陆孝彭组织几名技术员先将英文说明书翻译过来，接着便办起了边学边干的学习班。陆孝彭不仅带着工人干，还带着他们学。从材料性能、热处理、铆接、操作等，技术员和工人们干劲都很大。几个月后，C－46 运输机这个庞然大物便修理好了。

通过与基层深入接触，陆孝彭深刻认识到，工人的创造力是无穷的。很多年后，陆孝彭仍然记得，车间一个叫崔忠的老工人自己发明制作了一个液压试验台，使附件检修质量有了保证。工人们还修复了一台破旧不堪的，日伪留下的磁力探伤仪，能探明钢质零件上的微小裂纹。

熟悉强 5 研制历史的细心读者可能会发现，当年强 5 仅剩下 14 人的研制小组时，陆孝彭也开设了一个学习班，他带领着另外 13 个人边干边学，坚持了一年多，正是这种坚持，使得强 5 重获新生。大概，开设强 5 研制小组学习班的灵感便来源于南苑飞机修理厂吧！

在南苑的几年时间里，陆孝彭和他的战友们成功修复了雅克－11、拉－9、C－46 运输机、伊尔－12 以及米格－15 等各型飞机。一架架飞机被他们接收，又一架架地重返蓝天，有力地支援了朝鲜前沿的空战。

关于这一段，陆孝彭有诗篇《忆昔之十五（南苑）》为证：

忆昔南苑修群机，年方而立血气盛。轻燕援朝试特技，巨鹏入藏靖边城。

四十云烟空回首，竟宵话旧忆故人。忍看旧识半成鬼，唯有余生报国恩。

陆孝彭善于从每一个实践过程中学习，这是难能可贵的。在北京修理飞机的几年时间里，随着修理飞机数量和种类的增加，陆孝彭仔细琢磨了各种型号在结构、动力、机翼、操纵、武器等装备上的区别，比较这些结构和装备的优劣。在国外留学时，他所接触的多为欧美飞机，而在修理厂，他对苏联飞机有了更多的了解。通过分析不同国家的飞机设计原理，陆孝彭学会了别人先进的设计思想和技术。通过对比不同飞机的性能，陆孝彭知道了使用不同的技术能达到不同的设计效果。消化吸收别人的经验和成果，然后深入思考、研究、梳理、整合，并为己所用，这是陆孝彭拥有较强学习能力的表现。

有一种人，天生就有一种能力，影响和感染别人，陆孝彭大概就属于这类人。原本上级对南苑飞机修理厂不抱希望，计划改为一所航校，规划图也做好了，筹备组也已经进驻工厂了。但因为陆孝彭的出现，南苑飞机修理厂凋敝的现状迅速得到改善，捷报频传。上级对南苑修理厂也刮目相看了，指示航校筹备组另迁别处，修理厂不但要保留，还要扩大规模。陆孝彭也深得姚厂长的重视和信任，被任命为设计技术科代理科长，离开车间，到厂部工作。

可好景不长，没多久，姚厂长调走了，来了新的厂长。新厂长以前干了多年的地下工作，生性多疑。随后，陆孝彭在南苑飞机修理厂便经历了一系列不愉快的事情。如果说在留宁小组学习时要求写自传让陆孝彭觉得头疼，那么在南苑飞机修理厂呆的最后一段时间所遭受的盘问与误解，则让陆孝彭深感痛苦和受伤害。陆孝彭对记者讲起过这段往事：

我到飞机修理厂之前，工人们不知道什么叫热处理，包括很多工艺和技术都不知道。于是，我根据在英国格洛斯特飞机制造厂的经验、技术资料和所见所闻，教会了工人一些基本的操作工艺，制订了严格的操作规程。但后来，我到厂部工作后，车间的规章制度开始松懈了。

有一次，工人师傅冲洗从运输机上卸下来的油箱。洗油箱正常的操作程序是把油箱吊起来晃动，用汽油冲洗，几个工人来回晃动油箱，5 天才能完成。我干这个活时总是在野外进行，这样汽油能及时散发掉。但因为那天正好刮大风，尘土飞扬，工人师傅便把油箱搬到车间里冲洗。结果，事故发生了，由于屋内的电闸不是防火开关，电开关一拉，电火花便引发了小爆炸，屋毁人亡，死伤两人。

发生爆炸可是不得了的事情，在中国当时的时代背景下，多半会让人联想到政治事件。我作为代理技术科长当然有责任。这件事情发生后，我便感受到了来自新厂长异样的眼光。不久，担负工厂保卫工作的副厂长便找我个别谈话，问了我很多在英国和美国的事情。

这之后不久，又发生了一件事。一架米格－15飞机修好后，发现机翼上有一处塌陷。围绕能不能飞的问题，两个苏联专家发生了争执：工厂总顾问说无关大局，可以飞；检验专家则不肯放飞。原本，米格－15飞机不属于我管辖的事情，但苏联专家偏偏就找到了我，问我能不能飞。我检查飞机以后，认为问题不大，可以飞，便坦率地说了我的意见。结果，试飞时，飞机抖得厉害，拉起时机翼蒙皮起皱。尽管后来航空工业局调查的结果是，试飞员超过了规定的速度。但不久后，我又被单独谈话。

一次次的谈话让陆孝彭越来越难以承受，他在国外的经历也一次次被揪出来旧事重提。陆孝彭不理解这是为什么？他记得很清楚，他进厂时，姚厂长曾亲口对他说：你陆孝彭对海外关系这一段不要背什么思想包袱，上头是信任你的，我们也信任你，不然也不会把你放到保密工厂来，也不会让你主管飞机修理。姚厂长的话似乎还在耳边回荡，可新厂长一上任，情况就完全不一样了，陆孝彭接受不了。

就这样，陆孝彭“代理科长”的头衔直到他离开南苑飞机修理厂也没有转正，陆孝彭并不在意这个头衔，而在意所遭受的不公和不信任，对于自尊心甚强的知识分子来说，这无疑是一种巨大的精神折磨。陆孝彭萌生了逃离的念头。

除了工作上的不顺心，南苑也给陆孝彭夫妇留下了痛苦的记忆。

在北京的几年间，陆孝彭和徐思瑜先后有了3个孩子，大女儿陆群和二女儿陆晓苏因无人照料，便送至幼儿园长托班，只有周末才接回家。那一年冬天，晓苏感染上了麻疹，幼儿园的阿姨以为是感冒，结果晓苏高烧不退，阿姨这才慌了手脚，连忙送往医院。当时，陆孝彭夫妇俩都忙着工作，无暇顾及孩子，也没有察觉到晓苏的先兆。

当陆孝彭昼夜不停地趴在C－46运输机上研究修理方案时，女儿陆晓苏幼小的生命停止了心跳……得知消息的陆孝彭赶到医院时，晓苏已经离他们而去了……

在陆孝彭的情感债上，他又给自己记下了重重的一笔……

歼教1：100天内飞上蓝天

1954年4月21日彭德怀、李富春要求航空工业在年内实现由修理到制造的过渡。就在72天后的一个下午，一架崭新的飞机矫健地飞上蓝天。这架飞机，就是洪都仿制的苏联雅克－18螺旋桨教练机，也是新中国制造的第一架飞机——初教5飞机。同年8月1日，毛主席给洪都全体职工发来了嘉勉信，祝贺新中国第一架飞机胜利上天，称“这在建立我国的飞机制造业和增强国防力量上都是一个良好的开端”。

新中国制造的第一架飞机——初教5飞机

初教5，是中国航空工业从修理走向制造的里程碑。

但是，中国航空工业要建成独立自主的体系，要自立于世界航空工业之林，就必须设计自己的飞机，建立起自己的航空科研体系。

1956年初，在周恩来总理的亲自领导下，国务院按照“重点发展，迎头赶上”的方针，采取“以任务为经，以学科为纬，以任务带学科”的原则，对12年自然科学发展远景进行了综合规划，这也是新中国的第一个科学技术发展规划。在这个规划的带动下，航空工业局决定全力仿制第一架喷气式战斗机歼5，与此同时，以歼5为原准机，自行设计飞机歼教1，实现从修理到仿制再到自行设计的三大步跨越。

1956年8月2日，航空工业局下达命令，分别在112厂和410厂建立飞机设计室和发动机设计室，任命徐舜寿为飞机设计室主任设计师，叶正大、黄志千为副主任设计师。徐舜寿在中央大学时比陆孝彭高三届，后来，两人一同出国留学，都是比较熟悉的朋友。当得知陆孝彭在南苑飞机修理厂的处境后，徐舜寿力邀他北上沈阳，到飞机设计室并肩作战。陆孝彭没有丝毫犹豫，很快便北上沈阳。

到达沈阳后，陆孝彭才知道，有志于投身航空的有志之士已经从全国各地汇聚到这里，精英璀璨，人才辈出。据说，不少曾是县团级干部的技术人员自愿来设计室当设计员。大家有一个共同的信念，就是设计中国自己的飞机。

两院院士顾诵芬后来回忆了当时徐舜寿、黄志千、陆孝彭、顾诵芬、程不时等航空精英汇聚沈阳的情景：

一过国庆节，黄志千率我和程不时先行赴沈阳报到。

到达沈阳后，我们住进了112厂的招待所。112厂招待所的位置在工厂大门左侧，是一座小楼。当时，112厂完成了喷气式飞机歼5（米格-17）的仿制，来工厂参观、考察的领导和各方面人员很多，所以厂里将这些原来是厂领导住的房子改建成了一个条件相对好一点的招待所。

我们在小招待所里住了几个月。当时条件很差，招待所里连热水都没有。黄志千买了一个热水壶，我买了一把柴刀，自己劈柴，用房子里配设的煤炉子烧水，解决我们几个人用热水的问题。

徐舜寿患有严重的椎间盘突出症。大约在我们到沈阳两周以后，他不顾孩子幼小，抛开在北京的舒适生活条件，来到沈阳。为避免由于安排家属等事务性工作影响组建设计室，徐舜寿和黄志千都是只身来到沈阳的。

徐舜寿来了以后，与我们住在一栋房子里，他和黄志千一人一个单间，我和程不时住一大间，后来陆孝彭同志来了，也住在这个大间里。那时大家热情很高，徐舜寿有了什么新的想法，马上就找我们几个人一起讨论。

虽然艰苦，但112厂的副食店里供应还是不错的。我记得每到星期天，厂里食堂中午不开火，我们就到那里去买吃的。有一种是用油纸包着的枕头面包，很松软，是真有奶油在里面的。徐舜寿赞不绝口，说在北京也买不到这样的面包呢！

到沈阳以后，徐舜寿和黄志千、叶正大立即动手，开始人员调配和机构设置工作，很快向航空工业局提出了飞机设计室各专业设置和人员配备的规划方案。

当时建设计室虽有局领导的支持，但在条件上是十分困难的，不像航空工业建工厂和建第四设计院那样，苏联派来各方面专家并带来成套资料。对于建飞机设计室，苏联方面并不热心，航空工业局苏联总顾问的态度是让我们干着看，并不要求有什么成就。空军方面也不指望要我国自己设计的飞机。在这种形势下要创建自行设计飞机的事业，就只能成功不能失败。

新建起的一个机构，办公、科研和生活的条件建设都要从零开始。飞机设计室的办公地点在112厂技术大楼三楼，只有临时挤出的几间办公室，非常拥挤。当时规定，从外地调来的人员一律不准带家属，都住单身宿舍，吃集体食堂。当时沈阳的生活供应与北京和南方一些城市相比还是较差的。但一些年龄较大、已经成家的同志都能以工作为重，忍受夫妻两地分居等生活上暂时的不便而毫无怨言。

1957年，为了解决办公室的不足，112厂将厂部大楼后的一排弃置多年的平房加以修缮后作为设计室的办公场所。有了这样的条件，飞机设计室才得以正式开展工作。

飞机设计室的机构是在主任设计师下设立了各专业组。开始总体和气动为一个专业组，陆孝彭为组长，随着工作深入，总体和气动分成了两个组，陆孝彭被任命为歼教1主管设计师。关于歼教1的研制经历，陆孝彭在《自述》中这样写道：

1956年中央决定开始自行设计新飞机，在112厂成立第一设计室，自行设计喷气式教练机歼教1。通过一年多的方案论证和木质样机评审，军委于1958年初下达型号研制任务，要求在100天内完成生产图样设计、原型机生产和首飞上天，任命我为歼教1主管设计师，主管全机设计工作，要我保证设计质量，并规定每张生产图上必须有我的签字，车间才能投产。这副千斤重担压在我肩上，使我产生了强烈的光荣感和紧迫感。当时正处在大跃进年代，我们牺牲了全部节假日，春节也不休息，夜以继日，紧张而又愉快地工作，按期发出全部生产图，车间生产也很顺利，真的在100天内飞上蓝天。工厂召开了盛大的庆祝会，全机静力试验也恰好通过了100%加载试验，使我们全体设计人员充满了喜悦和自豪。我深深地理解到精神力量的巨大作用，没有毛泽东思想的鼓舞，很难想象能在短短100天内完成新机型的试制任务的。

歼教1飞机总装完成，庆祝出厂

虽然这段文字简短概括，但仍然能从中感受到一种积极向上，乐观豪迈的精神状态。可以想象得到陆孝彭当时的心情：自从回国后，陆孝彭先后辗转多处，先是修建机场，后又修理飞机，设计飞机的梦想一搁就是近10年，如今终于如人所愿，真正走上了设计岗位，而且是设计新中国自己的飞机，这是多么令人振奋的事情啊！

当时面临着不少困难。第一设计室组建时，几乎都是年轻人，有仿制或修理经验的，算是较好的，有相当一部分同志是刚刚从学校里出来的。整个设计室只有徐舜寿、黄志千和陆孝彭有飞机设计经验，但要找出一个熟悉飞机研制全过程的人，一个也没有。于是，所有人都是探索着前进。

顾诵芬当时具体负责歼教1飞机的气动设计，他后来回忆了当时所面临的技术困难：

整个飞机的气动设计，在学校学的都是螺旋桨飞机的，对于喷气式飞机的设计，根本就没有概念，只能学习，找来苏联的教科书和我毕业时刚出版的Perkins的《飞机空气动力学》（该书后由西北工业大学戴昌辉教授翻译出版）看。但苏联当时出版的教科书，讲喷气式飞机的也不多，尤其对如何设计喷气式飞机，讲的都不细，所以困难很多。希望有老专家来带，但根本没有，只能自己硬撑着，手头更没有得心应手的资料。

事实上，顾诵芬所遇到的问题并不是个案，在设计歼教1的过程中，大家也都遇到过这样的问题。为了及时处理重大技术问题，徐舜寿等人在设计室里组织了一个技术委员会。

《中国飞机设计的一代宗师——徐舜寿》一书中是这样记述技术委员会的：

112厂设计室时期，徐舜寿吸收苏联的经验，在室组织了技术委员会。技术委员会是他一直推行和采用的一种技术民主、博采众长、科学决策的方法与组织形式。

技术委员会由正、副主任设计师（徐舜寿、黄志千、叶正大）、主管设计师陆孝彭及总体、气动、强度、机身、机翼等5个专业组长共9人组成，每周召开一两次会议，讨论解决一些设计中的重大问题，其目的是集思广益，使设计协调合理。同时，通过参加会议，各专业的领头人可以了解飞机的整体布局，提高设计协调能力。

在歼教1的设计过程中，技术委员会的形式使整个设计队伍素质得到了提高，并培养了设计人员既独立思考，又集思广益的能力。这样一种发扬技术民主、培养和锻炼队伍的方法，大家反映很好。

陆孝彭果敢决策，把握全局。作为技术主管，对于各个分系统、结构部件或设备所提出的设计方案，陆孝彭需要作全盘论证。在处理不同学科之间的关系时，他除了能看到问题表面所存在的矛盾以外，还可以通过类比性思维，对“冰山水面以下的部分”有所感觉，抓住问题要害，提出启发性的解决办法。

陆孝彭富于创造，大胆突破。他不仅善于从实践中吸取经验教训，同时也非常注重采纳大胆的、有想法的优秀设计方案。在设计方案中，他不甘于仅仅采用一些较为成熟的技术，稳步发展，而是寻求新的突破，挑战新技术。

事实上，在当时的时代背景下，陆孝彭除了做出正确的技术决策外，还要坚持正确的技术决策不受政治的干扰。原112厂飞机设计室重量控制组组长金刚裕曾经回忆起参与歼教1设计时的情景：

记得歼教1进入结构设计阶段，那时，我已经被打成了右派分子，但还担任重量控制组组长，按规定每张结构设计图样都是要我会签的。记得有一位设计员，在机身梁的设计上，采用通过加强框时将梁分段，而用接头、螺栓连接起来的方案，4条梁共计8个接头、20多个螺栓，还有钢铆钉等，比在框上做下陷，让梁直接通过，增加的重量约2千克，同时，还存在螺栓松脱的隐患（我曾是112厂设计科负责米格-17飞机前机身大梁及框架的主管设计员），我善意地提出改进设计建议，但他不接受，还强调强度组都签字了，你算什么，凭什么不给签字，而后还大骂右派分子捣蛋、搞破坏，我只好去请求黄副主任，正好徐主任在场，当我说明情况后，凭感觉我觉得他们俩人都是支持我的。当时，黄副主任大概考虑到我的艰难处境，为了息事宁人，为难地叫我不要和他争了。我争辩说，一张图样增加2千克重量，让他通过，还要重量控制组何用？如果因为我是右派，不称职，可免去我重量组长职务。徐主任一直在旁边听着，做出了决定，叫我去找歼教飞机主管设计师陆孝彭，因为结构图样由他最后审核签字。陆工听了双方陈述后说：这个建议很好么！一张图样，能减轻那么多重量，有什么不好，这和右派有什么相干！在那个所谓打落水狗，对被打倒人否定一切的年代，徐主任和陆工，凭着一个正直科技人员的良知，敢于支持右派的合理建议，这需要有多少勇气，要付出什么样的代价啊！

2003年，《航空知识》杂志在歼教1上天45周年之际，刊登了胡除生、冯家斌共同撰写的《新中国第一架自行研制的喷气式飞机——歼教1上天的前前后后》一文，文章这样写道：

1956年8月，航空工业局发出了关于成立飞机、发动机设计室的命令。9月，四局又决定从局机关和各飞机工厂的设计科抽调技术干部35人到设计室。当时建立设计室的骨干都是各厂设计科长，老一代的有陆孝彭、沈尔康，稍后一些的有屠基达，后来的有林家骅等。陆孝彭刚来时未带家属，先管总体和气动组，自己亲手作总体布置。

……

在空气动力和总体组内，主要研究了机翼后掠角和发动机进气方式，我们有意选用英、美飞机通用的两侧进气方式，而不沿袭苏联飞机传统的机头进气布置，是有长远考虑的。因为从长远看，机头部分是适宜于安装雷达天线的部位，而雷达对于现代作战飞机是至关紧要的。教练机虽然不必安装复杂的雷达，但是掌握这种两侧进气的设计技术，对将来设计高性能的军用机很有用处。另外，经过性能和稳定性估算，初步确定了主要参数和载荷情况。到12月底，歼教1飞机的三面图和总体布置图大致就绪，重量、重心性能估算完毕后，就整理成文件送到空军司令部和二机部批准。

……

自1957年9月样机审查委员会第一次审查、决定若干重大更改起，直到12月初第二次样机审查小组同意更改后的样机为止，是歼教1型飞机审批、更改、定型阶段。在这一阶段，陆孝彭被任命为歼教1飞机的主管工程师，另外北航派来1位讲师和5位助教实习，和大家一块工作。

那是一段非常艰苦的日子，陆孝彭和大家一起投入到设计之中，每天上班号吹响之前，大家已经伏案工作了，中午只用十几分钟吃饭，晚上，设计室的灯光总是亮到 10 点以后。

歼教 1 主要设计人员，左一陆孝彭、左二叶正大、左三徐舜寿、右二顾诵芬、右三程不时

据屠基达院士在他的自传《淡墨集》里回忆：

1958 年初的春节，大家是在全体义务加班突击发歼教 1 图样中度过的，徐主任（徐舜寿）对大家说，这是陆工（陆孝彭）的创意，提出：打破常规过春节，早送银燕上青天。

“飞豹”总设计师陈一坚院士在《我和“飞豹”》一书中也回忆道：

当时条件非常艰苦，我们三四个组都在一个大房间里，密密麻麻的，一个人一张桌子一把椅子就完了……当时参加这一型号飞机研制的 108 人都憋足了一口气，非要造出自己的飞机不可，所以人们管我们叫“梁山 108 好汉”。在 112 厂一排简陋的小平房里，全体设计人员昼夜苦干 50 天，于 1958 年 3 月末完成了生产图样。

设计完成后，歼教 1 很快投产了。1958 年 7 月 26 日，歼教 1 飞机由空军飞行员于振武驾驶首飞成功，从图样发完到首飞上天不超过100天，从开始设计到首飞成功，歼教1飞机也只用了1年零9个月时间，其速度之快，在国内外实属罕见。

飞机设计师程不时在他的自传《天高歌长》中回忆了歼教1首飞当天的情景：

1958年7月，歼教1完成了试飞前的一切准备，距离王西萍局长来工厂动员又正好100天。这是歼教1历史上第二个100天。

7月26日那一天，全体机务人员在检查完飞机后，一反工厂试飞站平时比较随便的工作习惯，在飞机旁列队立正。组长跑到身穿皮飞行服的试飞员面前，猛然立定，举手敬礼，报告“准备完毕，飞机良好。”这个场面是很感人的。

1958年7月26日，歼教1飞机由空军飞行员于振武驾驶首飞成功

飞机的表面喷着银白色的罩光漆，使飞机成为一架名副其实的“银燕”。于振武来到登机梯前，看着这架崭新的从来没有人飞过的飞机，不自觉地用脚在地上擦了擦底上的土，才攀梯登上飞机。

指挥台升起一颗绿色的信号弹。这是对歼教1放飞的信号，是对我们这支航空设计队伍的成绩初次考核的信号，也是祖国航空设计事业起跑的信号。在这个历史性时刻，我感到喉头发梗，眼睛直冒泪花。

歼教1在跑道上加速向前冲去，轻盈地飞上了蓝天。只见它逐渐积累高度，形状也迅速变小，它灵活地转了一个弯，保持在人们的视线内。

当时许多设计人员和工人都在跑道边观看，紧张的心情立即释放出来，迸发出一片掌声和欢呼声，在空旷的机场上汇成巨雷般的轰响。

……

按照初次飞行的规定，歼教1绕场一周，便下滑进入着陆航线。毕竟这是中国的第一架喷气飞机的胜利航行。飞机安全着陆后，设计室主任徐舜寿和试飞员于振武热情拥抱，人们把于振武抛了起来。

新中国第一架自行设计的飞机胜利试飞的消息，当即报告了周总理。当时甚至打算在国庆节飞过天安门。但经过对环境条件的通盘考虑之后认为，当时还不宜公开。周总理说，告诉这架飞机的设计人员，要他们做无名英雄。新华社为这架飞机首飞成功发了一条内部消息……

8 月 4 日，军委副主席叶剑英、空军司令员刘亚楼专程到沈阳参加报捷庆祝大会，观看了飞行表演，并对歼教 1 的设计与制造给予了肯定和赞许。

叶剑英观看歼教 1 飞行

今天，当我们回首往事，总结历史时，歼教 1 飞机突破机头进气形式，在国内首创两侧进气的设计方案具有非常重大而现实的历史意义。

歼教 1 采用推力为 1500～1600 千克力的涡喷发动机、最大速度为 700～800 千米/小时、航程约 1000 千米、升限为 12000 米以上，采用两侧进气、全金属、前三点起落架、双座、后掠翼的总体方案。这样的总体方案一举抛弃“米格机”

机头进气布局，这样的设计在20世纪50年代的中国是需要勇气的。

设计歼教1时，112厂刚刚仿制成功苏联的“米格-17”喷气战斗机，工厂上上下下都对“米格型”飞机非常熟悉。然而，作为主管设计师的陆孝彭带领着设计人员全力突破，拒绝歼教1成为米格机的仿制品，有意识地采用了由中国设计人员对全系统进行集成、独立做出“工程综合”的设计路线，这一举动，开创了中国真正意义上的自行设计飞机的时代。而两侧进气布局可以在机头安装大型的雷达或电子设备，这对后来国产战斗机、强击机的发展有着重要意义。

从歼教1的设计方案可以看出，陆孝彭以及歼教1设计团队心中潜藏的那一份甩掉“洋拐杖”，设计属于中国的飞机的渴望是如此的强烈。而歼教1的成功不仅积累了一架新机研制全过程的资料和宝贵经验，而且培养了一批飞机设计师，如强5飞机总设计师陆孝彭，歼8总设计师顾诵芬，气动弹性专家管德，歼7改进型总设计师屠基达，“飞豹”总设计师陈一坚以及“运十”的副总设计师程不时等。

陆孝彭在诗篇《忆昔之三（雏燕）》中也肯定了这一点：

忆昔松辽摆战场，军令如山不可违。百日须成万张纸，十句定教雏燕飞。

静试一声刚满百，誉满中华数第一。赢得知交满天下，各领风骚建伟业。

第四章　十年铸剑　“九死一生”

“只要祖国需要，我就能搞出来。”

战争的需要，促进了武器装备的发展；武器装备的发展，又导致新的作战方法的出现。飞机家族中的新成员——强击机正是在这种矛盾的运动中应运而生的。

交战双方转入阵地战阶段后，空中侦察活动开始日益频繁。当飞行员侦察发现敌方某一目标后，立刻报告给指挥官，指挥官再下令地面炮兵或步兵实施攻击，这是20世纪初的作战流程。然而，久而久之，人们发现，这种做法不仅很容易错失战机，而且常常因为对方坚固的工事而收效甚微。于是，有人提出，为了有效支援地面部队的作战，飞机仅仅用于空中侦察无法满足作战需求，应该把侦察和攻击结合起来，飞机一旦发现目标，就立即发起攻击。1916年，在第一次世界大战的索姆河战役中，英法联军首次采用了空中强击活动。实践表明，空中强击对于打击那些未遭地面炮火杀伤的目标以及支援步兵突击或反突击，均起到重要的作用。在以后的战役中，交战双方军事航空部队均较多地使用强击的战斗方式直接支援地面部队作战。在这种情况下，一种全新的机种——强击机便诞生了。

战争的需要催生了战争武器，人们很快开始把目光聚集于专用强击机的研究。1918年投入作战使用的“容克”J-1型飞机被认为是世界上最早的、设计比较成功的专用强击机。强击机和强击战术的出现，最终导致了诸兵种合同作战这一崭新作战样式的形成。

在第二次世界大战中，强击机再次大显神威，其中，最著名的是苏联被誉为“空中反坦克手”的伊尔－2强击机。强击机在第二次世界大战中的出色表现促使各个军事强国在战后争相研制强击机，美国研制了以A开头的A－4、A－6、A－7、A－10等一系列成熟的强击机，苏联除了早期的伊尔强击机外，最为成熟的是苏－25系列，还有英国的“掠夺者”、法国的“超军旗”、英法合作的“美洲虎”和德法联合研制的“阿尔法喷气”等。随着喷气发动机成为飞机的主要动力，自然而然，强击机也进入了喷气时代。

对于国际发展潮流，中国并非熟视无睹，但真正让中国正式启动强击机研制计划的现实背景，应该是1954—1955年解放舟山群岛的战争。

东海风光，寥廓蓝天，涛涛碧浪。看骑鲸蹈海，风驰虎跃；雄鹰猎猎，雷击龙翔；雄师易统，戎机难觅，陆海空直捣金汤，锐难当。望大陈列岛，火海汪洋。料得帅骇军慌，凭一纸空文岂能防。忆昔诺曼底，西西里岛，冲绳大战，何需鼓簧。“固若磐石”，陡崖峭壁，首战奏凯震八荒。英雄赞，似西湖竞渡，初试锋芒。

这首《沁园春·一江山登陆战即景》词，是当年亲自组织指挥中国人民解放军首次陆海空联合渡海登陆作战——一江山之战的张爱萍将军，在战斗胜利后即兴而作。读着这雄浑激昂的词句，当年我陆海空三军将士乘风破浪，劈荆斩棘，奋勇杀敌的壮观情景，仿佛闪现眼前。

战争中，刚刚组建的中国人民解放军空军利用引进苏联的伊尔－10强击机，成功拉开了轰炸大陈岛的序幕。在首次轰炸中，伊尔－10负责压制地面高炮阵地，投弹命中率高达90%，为后续的图－2轰炸机打开了空中通道。

伊尔－10强击机在这场战争中发挥了重要的作用，也正是这场战争，直接催生了中国强击机的研制计划。在当时的世界背景下，美国和苏联是超级大国，其强击机的发展也处于第一梯队，在各个领域全面领先。英法德等国处于第二梯队，虽然在发展上落后于美苏，但在分系统上有自身的特点，总体技术水平较高。中国是唯一发展强击机的第三世界国家，由于各种条件的限制，技术水平不高，但也处处体现了中国人的聪明才智，总体来说适应了当时中国和第三世界对强击机的需求。可以说，通过研制属于中国人自己的强击机，中国牢牢地把握住了世界航空发展的潮流。今天看来，这一点着实不易。

1958年3月，空军提出，迫切需要一种比较先进的强击机。沈阳的第一飞机设计室据此开始搜集资料，进行研究，拟定了超声速喷气式强击机的初步设想，并把这种飞机定名为“雄鹰302”，代号为106号机（1964年11月被正式命名为强5）。

《中国飞机设计的一代宗师——徐舜寿》一书记录了当时强5飞机的方案（论证）设计过程：

1958年初，徐舜寿决定在总体组开展超声速战斗机的方案研究。他责成总体组的程不时和叶正明各搞一个方案。

4月，苏联雅克夫列夫设计局派主管设计师马尔达文来112厂审查歼教1型飞机图样。马尔达文是一位知识面很宽、很有经验的飞机总体设计师，后来成为垂直起降飞机雅克-38的总设计师。他审查歼教1飞机2万多张图样，看了3天，发现了垂直尾翼的载荷传递不到机身问题。大家对他很钦佩。

对于中国人设计超声速飞机，他很支持，也非常热情，提过一个建议，用单台Рд-9ь发动机（米格-19飞机用的）设计一架马赫数1.4的轻型（4吨左右）三角机翼的全天候超声速战斗机，并给出了该机的战术指标。

叶正明就在这个基础上，考虑了一个轻型战斗机的方案，用一台Рд-9ь发动机，机翼为采用大量蜂窝结构的三角翼，飞机做得很轻，这个方案被称为“东风104”。

这时，米格-19的图样已到沈阳，程不时提出了将米格-19改成两侧进气的方案，被命名为“东风106”。

6月，徐舜寿在设计室组织对两个方案进行了内部评审。他强调，飞机设计不能脱离实际太远，“东风104”方案采用的新工艺、新技术太多，短期内是实现不了的；“东风106”的方案以米格-19为基础，较为现实可行，可以进行下去。

后来，设计室在“东风104”的基础上设计了“东风107”。

1958年8月，航空工业局召开了一次研究发展战略的重要会议。根据空战中战斗机和强击机的不同用途，伊尔-10在舟山群岛解放战争中发挥的重要作用以及国际空军飞机装备发展规律，会议决定把一套战斗机设计生产体系一分为二，转变为战斗机和强击机两套设计生产体系，并行不悖，并驾齐驱。同时，具体部署了“东风106”（强击机）和“东风107”（战斗机）的设计研制工作。“东风107”仍然留在沈阳第一设计室和112厂，“东风106”则由洪都研制，并要求洪都在3年时间里，由螺旋桨飞机制造厂转变为喷气式飞机制造厂。

一种是高空高速的战斗机，一种是低空超声速的强击机，此前，当徐舜寿征求陆孝彭的意见时，陆孝彭选择了强击机。尽管我们无从得知陆孝彭当时选择强击机的具体想法是什么，但从后来“东风107”项目停止和强5大获成功的最终结果来看，不能不感叹他的智慧与眼光。

事实上，陆孝彭很早就开始关注强击机了。《中国飞机设计的一代宗师——徐舜寿》上有这样一段文字：

陆孝彭一直关心我国强击机的发展。1954年，他曾提出过将米格－15“比斯”改为强击机的设想。在接受“雄鹰302”任务以后，他对原“东风106”的设计方案进行了调整，增大了机翼面积，增加了弹舱等适应强击机需要的措施。

强5飞机在沈阳开始了可行性研讨，陆孝彭全面投入新机的总体设计方案。不久，陆孝彭被任命为强5的主管设计师。随后，洪都派设计室主任高镇宁、何文治等14名设计人员，在飞机制造厂厂长冯安国、副总工程师冯旭的带领下，到达沈阳，南京航空学院（现南京航空航天大学）派讲师乔无期等人共同参与设计工作。在了解了强击机的初步设计方案和对部队的调查情况后，他们开始参与强击机的方案性草图设计，与陆孝彭并肩作战。

强5木质样机

很快，在112厂的帮助下，制成了一架强5全尺寸木质样机。经沈阳军区领导审阅后，运到北京，由空军、航空工业部门组成的样机鉴定委员会在空军副司令常乾坤的主持下，对飞机设计方案和样机进行审定。最后，军委副总参谋长陈赓大将听取了汇报和审定意见，同意进行研制。至此，强5正式拉开设计试制的帷幕……

随后，强5的设计研制工作转到南昌的洪都继续进行。为了工作方便，1958年，陆孝彭举家南迁，他被“借调”到南昌，继续强5设计工作。

通过与陆孝彭的合作，冯安国、高镇宁等人对陆孝彭的印象非常深刻。他们找到了航空工业局副局长徐昌裕，一磨就是几个小时，恳求调陆孝彭到南昌。最后，徐昌裕终于答应同徐舜寿商量商量。徐舜寿爱才如命，自然不同意，但看在徐昌裕的面子上，最后才同意借调给洪都。

但是，谁也想不到，陆孝彭这一“借”，便是40余载（1959年底，经上级批准，陆孝彭正式调到洪都，担任设计室副主任）。当然，当时包括陆孝彭在内，都不知道，强5会在后来遭受那么多的磨难，研制周期一拖再拖，更没有人想到，陆孝彭会因强5而与洪都结下一段不解之缘。在此后的40多年里，陆孝彭与这个企业同呼吸，共命运，为之鞠躬尽瘁，为之奔走呼号，并找到了自己事业与精神的安身立命之所，将悲喜苦乐都留在这片热土之上……

据屠基达院士回忆：

徐主任对陆孝彭是非常看重的。他先后安排陆孝彭担任歼教1和强5的主管设计师。后来，陆孝彭随强5任务一起转到洪都，我知道，徐主任是有意安排的，就是要给他创造充分发挥智慧和才能的机会。在对陆孝彭的使用、安排方面，徐主任功不可没。

事实上，陆孝彭早在10多年前就已经与洪都结下过一段情缘，那时候，他还是刚从大学毕业不久的年轻小伙子，而如今，再到洪都，他已经年近40岁。原来，洪都的前身是中央南昌飞机制造厂，抗日战争爆发后，该厂迁往四川南川县，改名为国民党空军第二飞机制造厂，也就是陆孝彭出国前所工作过的飞机制造厂。关于这个飞机制造厂抗日战争以前的事，在第二章已有提及，不再赘述。

1947年底，该厂迁回南昌。1948年12月，时任厂长马德树召集员工撤迁台湾，并搬走了部分精密工具及试验仪器。新中国成立后，1951年，根据航空工业布局，将华东空军原第22厂由南京迁到南昌，与中南空军移交的南昌航空站合并之后，在原国民党空军第二飞机制造厂和航空研究院旧址上进行修复扩建，成为后来的洪都。

洪都位于江西省南昌市南端，距市中心约5公里。工厂正式成立前仅有职工34人，破旧设备30余台，1座“八角亭”式厂房（如今还有保留）、1座器材库房、1座两层的办公楼、部分机棚、1条1500米长的碎石跑道和1个飞行指挥塔台，多已损坏严重。厂区外道路泥泞，水电不通，杂草丛生，一片荒凉，洪都就是在这样的基础上开始修建的，并成为新中国航空工业创建初期最先建立起来的3个主飞机厂之一。

洪都建厂初期全貌和车间外景

厂史上记载了洪都从荒地上开创航空事业，并在短时间内从修理厂过渡为飞机制造厂的过程：

当时，新厂区的饮水取自土井，电力仅满足原航空站照明，铁路运输距车站很远。先期到达的20余人住竹棚、睡地铺、吃井水、用塘水，生活很艰苦。

大家都感到自己是祖国航空工业的创造者，为工厂的建设出力是理所当然的，也是光荣的。因而，没有人计较自己是技术人员，是什么干部，是高级技工，也没有人计较有没有津贴，有没有加班费，一心想的是怎样把分配给自己的任务完成，再多做些工作，使工厂快些恢复生产。

……

1951年9月21日，还未完成厂区建设，工厂便迎来了空军第一批待修的雅克－18型飞机8架，就这样，工厂只能一边进行修建，一边在十分简陋的条件下开始修理飞机。第一架飞机的修理是1951年10月1日开工的，到年底，工厂共修好雅克－18飞机38架，其中，交付部队19架。

……

从1952年以后，部队送修的飞机的损坏程度日趋严重。所以，除了修理的飞机型号增多之外，修理的内容范围也随之扩大。原来只作清理、调整的，现在要分解修理。原来可挖补或修配的，现在要更换新件。航空工业局针对这种情况，结合飞机工厂的发展方向，在春节前夕，向工厂提出了“从1952年起应开始研究及准备如何制造配件，以逐步走向全机制造”的要求。

经过几年的建设，洪都逐步褪去萧瑟，呈现生机，工厂规模扩大了，设备扩充了，人员配足了，并在短时间内完成了从修理过渡到制造的大步跨越。

1954年，新中国仿制的第一架飞机——初教5（仿制苏联雅克－18飞机）从这里飞上蓝天。毛主席发来嘉勉信：“这在建立我国的飞机制造业和增强国防力量上都是一个良好的开端。”对洪都人来说，这是一件无比骄傲和自豪的大事。通过前期1000多架修理飞机的经验积累和初教5、安－2运输机的仿制经历，全厂职工对停留在活塞式飞机和长期仿制人家产品感到不满足。洪都积聚了充足的能量要放手大干，自力更生，奋发图强。

值得一提的是：洪都在自身建设的同时，从1953年开始，无私地帮助和援建了许多兄弟厂，支援了不少地方工业，为中国航空工业发展壮大和地方工业的建设作出了突出贡献。第一个五年计划期间，洪都先后调出1801名职工支援现在名为南方航空工业（集团）有限公司、西安远东公司、庆安集团有限公司、秦岭航空电器公司、华兴航空机轮公司等工厂的建设。1958—1962年，又输送了3685名职工分别给现在的成都飞机工业（集团）有限责任公司、东方仪器厂、兰州飞行控制有限责任公司、昌河飞机工业（集团）有限责任公司、西安航空发动机（集团）有限公司等工厂。其中，以支援成都飞机工业（集团）有限责任公司建设、成套调出干部、技职人员和工人最多，累计支援2450人，且是按系统，分部门配套进行支援的。此外，还援建了石家庄522厂，洪都所有涉及运5飞机的图样资料、型架等设备全部转移，还去了一批干部、设计和技术人员。直到今天，在与许多兄弟厂交往时，仍有人称洪都为“老大哥”！事实上，这个时候的洪都，处于急速上升时期，全厂上下，无不为企业的突破式发展而倾力奉献。

规模不断扩张，需要更多的任务来支撑发展，厂史上阐述了初教6飞机和强5飞机落户洪都的企业背景：

洪都在“一五”期间虽然取得一些成就，但1958年到来之际，却面临着这样的局面：雅克－18型初级教练机在1957年底前已生产交付了276架，部队使用已渐趋饱和；刚仿制成功的安－2型运输机原定指标5年总产量仅100架；空海军需要的维修配件、通用副油箱以及摩托车等任务也不多，工厂的生产能力尚有多余；广大职工在新机试制前后工作量比较集中，技术、业务得到锻炼，水平提高较快，现在却眼看将没有足够的工作可做。这样的前景，全厂上下，当然无不希望尽快得到改变。

……

从1958年初到8·15会议的短短8个月时间中，洪都积极争取过4种新飞机的研、仿制任务，希望为航空工业多做贡献，最后在一机部和航空工业局的安排和支持下，确定承担初级教练机和超声速强击机两种新飞机的自行设计研制任务。从此，工厂的发展由仿制进入了自行设计的崭新阶段。

初教6和强5飞机先后落户工厂，给洪都带来了新的生机，使洪都从研制螺旋桨飞机迅速跨入研制喷气式飞机的行列之中，这是一个质的飞跃。对设计人员来说，更是一个全新的课题，为了支持新型号研制，洪都引进了大批年轻的设计员，同时，从上海紧急调集了大批知青，培养工人队伍，强5的上马使洪都的规模迅速扩大。

新机研制任务重，技术跨度大，难度骤然增加，可全国的航空高端技术人才却纷纷涌向沈阳，面对这样的局面，冯安国、高镇宁等人求才爱才之心甚切，无怪乎他们千方百计想把陆孝彭调到南昌！

陆孝彭到达南昌时，洪都在原来设计科的基础上，刚刚组建设计室，高镇宁任主任，但设计力量薄弱仍是一个比较突出的问题。100 多名设计人员中，70% 为进厂不久的中专毕业生，全室平均年龄为 23.5 岁，大多数人不但没有搞过飞机设计，就连喷气式飞机是什么样都不知道。

飞机设计是集体创造性活动，没有人怎么干？

陆孝彭确实感觉到压力很大，这种压力不仅仅来自喷气式飞机设计本身的难度，更在于设计力量的薄弱。鉴于这样的实际情况，陆孝彭认为："我们是搞螺旋桨教练机的，要搞喷气式强击机，跨度太大，应该在米格－19 喷气式战斗机的基础上改。"于是，根据他的建议，报局里批准，工厂又开始米格－19的仿制工作。

米格－19 战斗机

为了进一步加强设计力量，旧时好友高永寿此时在南京航空学院任教，陆孝彭便从他那里借来一批应届毕业生。又请求航空工业局安排引进几架米格－19。与此同时，在陆孝彭的影响下，设计室调整了力量，除了留下少数设计人员负责其他飞机的研制、仿制任务外，集中大部分力量熟悉、消化米格－19 的图样资料，编成有关设计的原始资料，并要求做到"知其然而知其所以然"，通过实战练兵，才使设计队伍的设计水平在短时间内有了较大的提升。

就这样，强 5 在设计人员的边学边干中开始起步了……

幻想实践家：美国脑袋，苏联屁股

在强5飞机刚刚问世的时候，有些人带有讽刺地说强5是“二毛子”，因为采用了美式的机头和苏式的机身，是个混血儿。而我们说，“强5是最具有中国特色的作战飞机。”这是一句带有历史背景气息的中肯的评价。据说，外国人在很长一段时间内，习惯把中国天上飞的战斗机称为米格几型机，唯独强5诞生后，外国人改口直呼强5。

在当时尚不具备条件的情况下，强5为什么会从一开始就走上自行研制的道路，又为什么会独具中国特色？事实上，这里面既有主观因素，也存在客观原因。

20世纪50年代末，当中国正在酝酿强击机的研制时，苏联已经将注意力转移到了远程突防的战斗轰炸机上，取消了强击航空兵，取而代之的是战斗轰炸航空兵。这一做法对中国最直接的影响是，中国新型喷气式强击机只能走自行研制之路了，这是现实的客观原因。

主观因素则是，陆孝彭坚持了自己的观点：中国要造属于自己的飞机！陆孝彭不愿意永远拄着“洋拐杖”前进，他要造世界上最优秀的强击机——在陆孝彭的眼中，科学无国界，技术无意识形态，科学是全世界、全人类的共同财富，无论是苏联的，还是美国的，只要是科学的、先进的技术，只要是有利于设计制造优秀的飞机，都应该运用于实践。

品历史需要结合时代背景，这是一句至理名言。在今天，陆孝彭这种跨越国界的科学态度在改革开放30余年的中国已形成共识，并无不妥。然而，在20世纪50年代的中国，这样的思维和观念则是非常另类，非常不合适宜，甚至是“大逆不道”的，拥有这样的观念需要勇气，而将这种观念付诸实践更是需要胆识和魄力的。

了解陆孝彭的人都说：“陆孝彭是这样一种人，只要他觉得是值得做的，他就一定要做，并且一定要做到底。”他成功地践行了这种观念，并外化于形，最终形成了强5的设计方案。

当时，虽然军方提出了研制强击机的要求，却并没有提出具体的战术技术指标，于是，陆孝彭等人只好下部队调查研究，并根据与国外攻击机的分析比较，来确定强5的设计方案。在洪都的厂史上关于强5的设计指导思想有这样一段文字记载：

我国幅员辽阔、海岸线长，是陆军大国。强击机的主要使命是支援陆军作战，利用炸弹、火箭和机炮等火力，攻击敌方炮兵阵地、坦克群、机场设施、交通枢纽、滩头阵地，以及近海舰艇。由于现代化防空体系的完善，特别是雷达等电子设备的广泛应用，要发挥强击机的战斗效能，必须占领低空，从敌人的雷达盲区高速接近目标，出其不意地进行袭击。因此，设计的飞机首先要有良好的低空性能；还应有较强的武器装备和攻击火力，能够执行俯冲或水平等多种方式的攻击和原子弹的甩投；具有较大的飞行速度和一定的格斗自卫能力；有适当的航程和续航时间；有较好的起飞着陆性能；在要害部位要适当装甲，以防轻武器的射击。这些认识和考虑粗略地勾划了强5飞机的作战使命、作战方式和战术性能的要求，也就成为始终贯彻于强5研制过程中的设计指导思想。

深入调查是确定强5飞机设计指导思想的重要依据。陆孝彭在接受采访时也肯定了这一点：

到部队进行调查后发现，一是要求飞机的低空视界要好，米格-19是机头进气，强5则采用了两侧进气，当时这种进气形式在国内作战飞机上还没有；二是飞行员只有一个，又要空中作战，又要对地攻击，于是，设计了一个空地两用的瞄准具，既可以对空又可以对地，而且很准。

在参考苏联的米格-19飞机的基础上，陆孝彭和设计团队采取了与米格飞机不同的总体布局形式。首次在中国作战飞机设计上采用了锥形机头和机身两侧进气。当时，除了公开发行的书刊上有一些美、英等国的飞机图片外，设计人员几乎没有任何有关这种布局设计的资料，只能参照歼教1飞机的设计，较好地解决了一些结构和布局之间的问题。锥形机头设计扩大了飞行员视界，有利于低空飞行时搜索瞄准地面目标，为水平轰炸创造条件，同时，也为安装雷达和其他电子设备提供有利位置和空间。而采用机身两侧进气，缩短了进气道长度，提高了进气效率。关于强 5 的气动布局，当年强 5 的 14 人研制小组成员之一、后来任强 5M 型飞机总设计师的雍正球回忆说：

强 5 飞机风洞模型

总体气动设计是开展飞机设计的先行官。当时，设计队伍里没有一个人是学总体气动布局专业的，都是由飞机设计专业改过来的。

1958 年在筹建气动组时，只有 10 余位刚从大学毕业分配来厂的学生，他们刚走向社会，都有一颗火热的心，可是摆在他们面前的却是荆棘丛生的道路，一道道难关需要跨越。首先是任务重，时间紧，人手少，使尽全部精力还嫌不够。10 来个人肩负着全机的飞行性能操纵稳定、气动载荷、气动弹性进气道等计算，以及风洞试验，飞行试验等多项任务，每人都需独当一面甚至身兼数职。他们刚参加工作，没有经验，很多任务不知如何下手，但他们却从不推卸任务，而是自己去查找资料，琢磨解决办法，并计算多种同类飞机，验证计算方法，几乎每天都得工作到深夜，直到任务完成。其次，计算工具落后。当时，唯一的计算工具是计算尺，不但速度慢，而且精度差，成本成本地计算，千方百计地提高计算精度，直到满足使用要求。三是资料奇缺。国内资料几乎没有，俄文资料极少，仅有的是美国航空咨询委员会（NACA）的一些技术报告之类的原文资料。但是大家在大学里学的是俄语，很难读懂英文资料，为了提高阅读能力，尽管每天晚上加班，第二天仍然提前半小时上班，学习英文。我们就是用这种坚韧不拔的精神，在干中学习，在实践中提高，不到两年时间，完成各类计算报告 200 多份，保证了研制工作顺利进行。

1958 年底，低速风洞试验后发现平尾与机翼的相对位置不妥，在大迎角飞行时，飞机有不稳定现象，因为调整总体气动布局涉及的面很广，不但影响研制进度，而且已完成的3000多项飞机零件及有关工艺装备可能报废，全厂职工和领导虽然对设计遇到的挫折抱着理解和谅解的心情，可是作为当时的设计者来说却有说不出的难过，心情特别沉重。这次结果给设计员们的打击相当大。要调整新的布局，设计进度至少要推迟一个季度，压力非常大。

但面对无情的现实，只有硬着头皮，进行设计更改。选择多种平尾位置方案进行计算和风洞试验，在当时国内所有可能进行风洞试验的地方进行风洞试验，一方面试验中选择，一方面考核重复性和试验误差。最终以试验为依据，结合飞机实际，分析对比，选定低平尾方案，即平尾位于机翼弦平面上方485毫米处。试飞结果表明，选定的布局方案在各种飞行状态下，飞机有良好的飞行品质，特别是有较好的低空飞行性能。在强5原型机研制中共完成各类风洞试验万余次，可以说这些试验都是在极其艰苦的条件下完成的。50年代，国内除了北京大学、哈尔滨军事工程学院有小口径低速教学风洞外，还没有能用于型号飞机试验的风洞设备。高速风洞正在建设中。1960年北京701所连续跨声速风洞（HK-1）建成，首次型号试验就是强5飞机模型。1961年沈阳627所超声速风洞（AT-1）建成，首次型号试验也是强5飞机模型。万事开头难，在开创中每走一步，都必须付出艰辛的劳动，都需要勇气和智慧。风洞建成初期，设施不配套，除了需要处理涌现出来的大量技术问题外，还需要自己创造试验条件。比如701所的HK-1风洞，是用3台发动机（Φk-1A）驱动的，每次试验需要大量的航空煤油，风洞单位一时不能提供，需要用户自备。这是一个极大的难题，我们在北京，人地生疏，到哪里去弄航空煤油呢？但是为了尽快试验，也只得千方百计地寻找油源，并解决运输问题。我们首先向北京空军后勤部借用油罐车，到相距几十公里外的403油库去拉油，设计员押车，白天跟随油车，来回几十趟运油，晚上分析处理技术问题，一天下来，真是精疲力竭。可是每当试验成功，获得成千上万个试验数据，设计计算获得依据，从而想到自己设计的飞机又向成功迈进了一步的时候，胜利的喜悦，把疲劳抹得干干净净。

强5大胆应用跨声速面积律理论，设计了蜂腰状机身。这一设计，降低了跨声速阻力，对改善飞机在跨声速范围内的飞机性能起了决定性作用。当时，这种技术在国外刚刚应用到飞机设计中，强5率先在国内应用了这一新技术。

强5的低空性能是陆孝彭最为骄傲的设计之一，他曾多次在接受采访时表达他的感受。事实上，强5设计之初，陆孝彭就在低空性能上下了不少功夫。他后来这样回忆：

后来发现，米格－19机翼翼尖低空飞行时摆动厉害，变形很大，飞机不稳定。于是，组织人员将这一问题进行改进，进行弹性剪裁，使机翼变形缩小一半，把刚度分布均匀。改进成功后，强5低空飞行很稳，这个性能在世界上也算先进。

陆孝彭等人通过加大气动翼面来增强低空飞行稳定性。强5选取面积较大、单位面积载荷较低、后掠角稍小的后掠机翼，以提高升力和稳定性；同时，采用面积较大的垂直尾翼，以增加侧向稳定性；适当加大水平尾翼的尾臂，以提高飞机的纵向稳定性。

强5采用了结构新颖的座舱盖。绕后转轴向上自动开启的活动座舱盖，不仅满足了强5飞机机身上大脊背流线型要求，而且结构简单合理。后来，强5的14人研制小组成员之一郭士杰回忆说：

当时，这在国内是没有的，后来，看了很多国外资料，在对美国F－4B飞机残骸的活动舱盖开启系统进行研究时得到启发，提出了强5活动舱盖开启时由两个手柄分别操纵解除座舱气密、打开座舱锁和开启活动舱盖三个动作改为由一个手柄操作，使三个动作按程序自动完成的方案。这个方案先在01架上试装，通过不断的试验，最终才成功。后来在试生产批飞机上实现了这一设计改进，不仅简化了开启活动舱盖的操作动作，同时，又使座舱锁从原来的8把减少到4把，使整个系统比以前更加简单。由于这套系统的优点比较明显，后来，为国内其他飞机所采用，这一设计项目也在1978年获得江西省科技大会的科技成果奖。

关于这一创造性设计，强5飞机14人研制小组成员丁宝贵在回忆性文章

《自力更生 勇于创新——回忆我国第一个向后翻启座舱盖的诞生经历》中记录了这一段历史：

1958年8月，我们在冯旭、高镇宁的带领下，来到了112厂，接收“雄鹰302”号机的设计任务。我们听取了112厂的介绍，并在他们的帮助下，开始了强5飞机的初步设计和打样工作。当时可以说，我们洪都绝大多数人没有亲眼见过喷气式飞机是个什么样子。我们一方面虚心向112厂学习（因为当时全国只有112厂一家在仿制苏联的米格喷气战斗机），一方面搜集资料。当时，国内只有米格-15、乌米格-15、米格-15“比斯”、米格-17飞机，而米格-19飞机刚刚引进，强5飞机的原准机就选择了米格-19飞机。在112厂日夜工作期间，当时在112厂第一设计室工作的陆孝彭被指定参与强5飞机设计，并于1958年年底正式调入洪都担任强5飞机主管设计师，协助高镇宁工作。我们在他们的带领下，在112厂大力协助下，于1958年10月制造出了全尺寸的木质样机。沈空的领导和部分飞行员参观了强5木质样机，有的飞行员提出强5飞机的座舱盖太大、太重，像个“小汽艇”，要打开座舱盖，当时测定需要95千克力，一般飞行员打不开，要求必须改。

为什么强5飞机的座舱盖最初设计成像个“小汽艇”？这也不奇怪，在沈阳短短的几个月内，虽然有高镇宁、陆孝彭以及南京航空学院、北京航空学院和西北工业大学的老师帮助指导，但都没有打破苏联飞机的框框，沿袭了米格飞机向后推拉的座舱盖，没有根据强击机的特点来设计。强击机要对地攻击，要求飞行员的前视角要大，强5飞机的前视角为13.5度，而米格飞机是中高空拦击机，前视角4度即满足了要求，因此，强5飞机的机头必须做成锥体或把飞行员的座舱前移很多才能满足要求。根据强5飞机的布局，座舱不可能前移，同时为了与锥形机头平滑过渡，座舱盖就与飞机背鳍形成了一条直线，如果按米格飞机座舱盖向后推拉，势必要

强5飞机座舱盖

切掉大片的飞机背鳍，也就是说大片的背鳍就成了座舱盖的一部分，把它翻过来看，就像个“小汽艇”了。要改，怎么改？这对高空组的同志来说压力太大了。沿袭苏联米格飞机的路是行不通了，我们必须走自己的路，必须突破米格－19原准机的框架，自行体系。

从沈阳回到南昌后，高空组的同志决心丢掉拐棍自己走，重新构思。全体同志分工协作搜集资料，翻阅国内外杂志。这时已是1959年初了，强5飞机详细设计工作已全面铺开，但座舱盖的设计尚无从下手，当时真是叫天天不应，叫地地不灵。高镇宁、陆孝彭和厂里的一些领导都来看望我们，鼓励我们，这大大地增强了我们的士气。高空组的同志们研究认为：强5飞机的座舱盖只有两条路可走，一个是设计成侧向翻起的座舱盖，这方面有乌米格飞机可以借鉴，另一个是设计成向后翻起的座舱盖，但没有任何资料和实物可借鉴。经过大家充分讨论，一致同意走自己的路，把强5飞机的座舱盖设计成向后翻起的座舱盖。但这种想法当时我们没敢向高镇宁、陆孝彭汇报，因为是否能成功尚无把握。

我们几个人来到保卫处西边污水沟东岸，开始用土堆出一个强5飞机前机身7－14框上半框全尺寸泥胎，在泥胎上画出飞机水平基准线和座舱口框切割线，按照飞机理论图，首先将前风挡修出来，我们确定8－10框为固定座舱盖，10－13斜框为活动座舱盖，座舱盖转轴定在14框上。根据这一决定，我们又在图面上进行协调，来确定活动舱盖与前固定舱盖和后13斜框的切割线，既要保证活动舱盖在开或关的时候有一定的间隙（对前、后弧框而言），又要保证在开或关的过程中活动舱盖与前固定舱盖和后13斜框没有任何一点咬合。这样从泥胎到图面，再从图面到泥胎反复进行了半个多月，强5飞机向后翻启的活动座舱盖的大体结构框架基本形成。此时，我们向高镇宁、陆孝彭等领导进行了详细汇报，他们看了我们的泥胎，又看了我们的协调图，充分肯定了我们的成绩，并开玩笑地说：“这半个月来，你们神出鬼没，时而浑身是泥，时而在办公室画图，但却完成了一件大工程，这是一个创举，是团结奋斗的硕果。”并立即决定由64车间按我们的要求做了一个强5飞机座舱盖的标准模胎，我们又根据标准模胎确定了座舱盖的主要尺寸，进行了详细的设计，由郭玉杰同志牵头设计固定座舱盖和机身锁系统，由王广福同志牵头设计活动舱盖和后转轴锁系统，在南京航院来实习的同学协助下，苦干了半年，整套座舱盖系统图样全面完成了。经过试造和多次修改完善，我国第一个具有独特机构的向后翻启的座舱盖终于诞生了。它结构轻巧、安全可靠，一个动作可自动完成座舱开锁，向后开启，一个动作就可以自动关闭座舱盖、自动上锁，并具有多种保险，非常牢靠。

这一技术被先后推广到歼7和歼8飞机上。

此外，强5创新性地采用了空间转轴来实现前起落架上收后保持机身的流线外形。设计人员巧妙利用特定空间角度的一根转轴，简单地完成了前起落架向前收起、旋转后，平置于座舱地板下，从而有效地保持气动外形的流畅，这一设计也为后来国内飞机设计开辟了新思路。但事实上，当时，这一创新也是历经曲折。陆孝彭曾接受采访时回忆：

在试飞过程中，发现起飞着陆摆动不稳。后来，听了专家的建议，将前轮的载荷加大，后移，正好在座舱底下，又不能鼓包，于是，将前轮旋转，这个问题解决得很好，从来没有发生过一次故障。主管系统的陈正庆等人还用解析的方法推导了一整套确定转轴角度和起落架空间运动位置的计算方法，为强5的起落架设计提供了可靠的计算依据。

关于强5的设计，多年后，每当陆孝彭回忆时，仍然对他毕生最为成功的作品感叹良多。在他的《忆昔之八十二（雄鹰参数)》中我们能感受到这份自豪与骄傲：

忆昔雄鹰参数佳，必然偶然自相成。机头锥形视野广，单座射击投弹准。

弹性剪裁刚度好，两侧进气立意新。其中亦有偶然性，后掠双五最安定。

“科学原则什么时候都不能丢！”

半个多世纪后的今天，强 5 的设计已经得到了世人的认可，强 5 飞机也以其顽强的生命力历经风雨几十年，创造着中国航空史上的传奇。然而，今天，当我们一路探寻强 5 的设计研制历程，却越发感受到强 5 兴衰成败背后所承载的历史厚重感，感受到老一辈航空人肩负使命蹒跚前行的艰难与执着。

毋庸置疑，强 5 的设计是成功的。然而，当年，设计方案一出来，强 5 就遭受了难以想象的非议和发难。一些看惯了机头进气米格飞机的人总觉得不顺眼，认为强 5 是“美国脑袋苏联屁股”不伦不类，还有人提出这样的置疑：“美国是帝国主义啊，他们的飞机我们能学吗?”另外一些人喜欢用战斗机的性能指标来要求强 5，认为强 5 要速度没速度，要高度没高度，水平太低，是否需要研制，值得考虑。还有一部分人认为，米格 - 19 已经登峰造极了，想超越它是不可能的，陆孝彭是不自量力。

对于这些，陆孝彭用一个科学工作者应该具备的品质回答了他们——用事实说话。强 5 从一开始就是强击机，而不是战斗机，它的设计指导思想是明确的，它的需求是迫切的，它的存在是有意义的。

面对各种质疑声，洪都党委和强 5 设计人员始终坚持了正确的设计指导思想。

飞机设计，这是一个感性与理性交织、科学与艺术相融、理想与现实汇聚的职业，它既承载着生命的严肃，又寄托着放飞蓝天的浪漫情怀；它既要服务于现实，又要富有艺术的创造性。缺乏创造性的设计，飞机也是没有生命力的，而真正的创造力来源于现实的土壤，来源于科学。强 5 的设计方案来源于中国空军的现实需求，这也是强 5 成为“最具有中国特色的作战飞机”的最直接原因。而始终如一地坚持科学真理，则成为强 5 在那个年代里留给后人弥足珍贵的精神品质，就是对今天的科技工作者来说，这也仍然值得敬佩与学习。

1958—1960 年间，在中华大地上蔓延着一股狂热的、盲目的、严重脱离实际的浮夸风，口号声浪一阵高过一阵，人们的热情被空前的激发，转化为行动上的蛮干。

1958 年 3 月，航空工业局制定了 15 年发展纲要，提出奋起直追，力争 15 年内接近国际先进水平的奋斗目标。同年 7 月 26 日，我国自行设计的喷气飞机歼教 1 首飞成功，受到鼓舞的毛泽东同志在中央政治局扩大会议上讲：每个公社都将公路修通，修一条宽一点的洋灰路和柏油路，不种树，可以落飞机，就是飞机场。将来每个省都搞一二百架飞机，每个乡平均2 架，大省自己搞飞机工厂。此言一出，立刻成为“大跃进”中全民办航空的滥觞。

一时间，航空工厂、航空院校甚至非航空系统都开始自己上项目造飞机，型号之多令人眼花缭乱。当时的报纸上纷纷传来各型飞机首飞成功的消息，而飞机的战术指标更是节节攀升，马赫数从 1. 5 升至 2 再到 3……

在今天看来，这是不可思议的，但这就是历史——过去的事实。

在这样的时代背景下，中国航空工业发展史被深深打下了“大跃进”的烙印：质量的下降，质量整风运动，紧接着多个型号项目停止，等等，留下了多少让人垂首顿足的遗憾，当然，这是后话了。

然而，熟悉强 5 的人会发现，尽管强 5 的研制历程曲折艰难，但受“大跃进”的影响却并不深，这应该归功于陆孝彭，归功于陆孝彭所带领的技术团队对科学真理的坚持。

在科学事业上，陆孝彭是一个时刻保持冷静头脑的人，在全民族的头脑都在发热的时候，保持清醒冷静的头脑显得尤为可贵。在强 5 研制阶段，陆孝彭已经形成了自己的处事风格，他不因“大跃进”的狂热而盲目跟进，也不因强 5 的一纸终止令而屈服退缩，他就像一个执著的朝圣者，永远怀揣着对科学的虔诚与忠实，朝着一个方向前进，任何困苦险阻都无法阻扰他，任何功名利禄都无法牵绊他，不达目的不罢休。

新中国航空工业刚刚起步，刚刚掌握的高亚声速飞机设计技术就被遗弃，马上向超声速飞机进军，这在陆孝彭眼中是很难理解的事情。他认为，当时，仿制米格 - 19 飞机还没有过关；设计人员还没有超声速气动力学的理论基础；

国内还没有可供设计用的超声速风洞；在结构设计上，还不能进行有限元的应力分析；在气动弹性方面，还不知道如何进行压缩性修正；在材料上，还没有高强度材料和钛合金；在工艺上，还不会制造整体壁板和蜂窝构件；液压泵只能达到130个大气压，等等。这些都是当时面临的现实，因此，他认为新机指标不能定得过高。

然而，他的声音是微弱的，阻挡不了热火朝天、“超英赶美”的形势。更何况，国家需要，他责无旁贷，义无反顾。但作为强5的主管设计师，他却无法容忍违背科学规律的事情发生。“科学原则什么时候都不能丢!”这就是陆孝彭的坚守。

当时，“大跃进”势头正猛，形势逼人，加上很多人在过去几年仿制工作基础上形成的“仿制思想”，认为只要突击把图样画出来，就可以和仿制那样进行试制，飞机就可以上天试飞，新机就可以得到鉴定。对像强5这样比较复杂的超声速喷气式飞机研制所必须遵循的规律却缺乏认识。因此，热情似火的人们提出了“奋战一年，飞机上天，向国庆10周年献礼”的口号。在口号的煽动下，很快，主要的风洞试验和系统试验还没做完，技术图样就交到了陆孝彭手中。

陆孝彭一边认真审查图样，一边要求抓紧继续做风洞试验，最后保证了待试验结果出来后才正式发出图样。果不其然，低速风洞试验显示，机翼翼型、方向舵面积、平尾位置和飞机重心等都不能满足要求，原总体方案需进行调整。于是，全体设计人员又日以继夜，连续作战，放弃了春节假期，苦干75天，在1959年2月底，发出了全套生产图样。随后，试制的生产准备和部分零件制造逐步展开。

实践检验真理。随着试制工作的推进，越来越多的图样被指出有问题。不得已，洪都随即进行了2个月的图样和模线的复查工作。这一查，发现了各种各样的问题：有的是外形尺寸不对，有的是强度不够，有的是操纵系统不协调；部分材料、新成件的供应问题得不到落实；还有新结构在工艺上无法过关……

鉴于强5设计图样存在的问题较多，陆孝彭和设计团队再次面对现实，实事求是地进行一次范围较大的设计更改，热火朝天的强5生产线不得不暂时停止下来，而此时，车间已经完成了300余项零部件，约600项工艺装备。

协商解决问题

这次设计上的反复使刚刚成长起来的设计队伍遭受了一些挫折，但大家并没有泄气，反而达成共识，自行设计并非易事，须得有心理准备。同时，他们也深刻体会到了，自身知识经验的不足和资料规范的匮乏，自发地掀起了一个持续较长时间的学习浪潮。

当时，苏联专家斯米尔诺夫来到洪都，以安东诺夫总设计师代表的身份帮助工厂设计科工作。经苏联政府批准，赠送给工厂一些设计资料，如《陆上飞机强度规范》、《设计员指南》、《安－10飞机技术说明书》和“小蜜蜂”飞机的部分图样等，这对当时资料规范匮乏的工厂开展自行设计提供了很大的帮助。大家抢着时间学习强度规范，学习俄文等，为推进强5的研制工作积累了技术力量。

紧接着，第一轮大范围的设计修改展开了。在这次修改中，大家除了对复查图样和模线时发现的差错逐项进行更改外，变动最大的是舍弃了大量当时无法定型的新型机载设备和新材料、新成件和新结构。这在洪都厂史里有具体记载：

原来由六院推荐的新型高强度合金钢GC－4不能生产供应，决定全部改用国内已经能够稳定供应的30CrMnSiNi2A合金钢。由于二者的极限强度不同，大量的图样需要更改，起落架也要重新设计。

原设计采用的防撞雷达、激光测距仪、射击轰炸瞄准具、自动驾驶仪以及零高度弹射座椅等新型机载设备，虽然对提高强击机性能来说是很需要的，但是国内都要从头开始研制，就当时国内的技术水平看，非但不可能满足飞机试制的进度，而且很难在几年内研制成功。因而决定忍痛放弃防撞雷达激光测距仪和自动驾驭仪的方案。

对于强击机绝不可缺少的射击轰炸瞄准具和零高度弹射座椅，工厂一方面报请上级领导部门，要求抓紧安排研制，另一方面暂时选装米格－19飞机的射击瞄准具（不能进行轰炸瞄准）和装用自行研制的一般弹射座椅供试制飞机试飞，先考核飞机的部分性能，待以后新设备研制成功，再进行换装。

根据设计计算，液压系统需要用160千克/厘米^{2}压力的液压油泵，也因为油泵厂一时不能解决而决定暂时勉强以米格－19飞机的135千克/厘米^{2}压力的油泵代用。

飞机的垂直尾翼采用了毛料长4400毫米、宽1200毫米的铝合金整体壁板，具有高度为20毫米的辐射状筋条，加工和成形的方法都要从头研制试验；副翼采用了铝箔蜂窝，它的制作、胶合和检验等一系列工艺问题短期内也难于解决。工厂一方面责令厂工艺试验室抓紧研制，另一方面，决定另外设计一套采用铆接结构的垂尾和副翼图样。

通过这些措施，解决了新机研制和新材料、新成件、新结构之间的矛盾，对新机的性能暂时退了一小步，但是顺应当时国情，实事求是，使整机研制从必将出现的无可奈何的等待中向前推进了一大步。

事实上，对陆孝彭来说，这是一个痛苦的过程。作为主管设计师，陆孝彭不愿意看到强5富于创造性的设计受相关产业整体落后现状的影响而化为泡影。但他也清楚地认识到，强5要活，就必须如此，别无它法。后来，强5选定的291项成件中只有42项是强5设计要求所必须新设计试制的新品，其余多为国内其他机种已使用过的成熟产品。

强5电子设备落后主要是受当时我国电子工业基础落后所限。而电子系统的落后又直接导致了不能使用先进的武器系统，长期以来，强 5 一直以无制导的炸弹和火箭弹为武器，只能以临空轰炸或用火箭弹进行较为精确的打击，原因便在于此。强 5 的这种现状直到几十年后才得到部分解决，当然，这是后话了。

在随后的日子里，强 5 设计又进行了 3 次较大的修改。

1959 年 6 月，在徐舜寿陪同下，苏联专家谢苗诺夫来洪都对强 5 飞机图样进行了 10 多天的审查。K－8 系列飞机总设计师、中国工程院院士石屏回忆说：

苏联专家谢苗诺夫非常认真，他站着看图样，看了 10 多天，看完后，这位老人语重心长地说："我不放心，我睡不着觉啊！"当时，他首先便指出两个较严重的问题。一是机身机翼对接的问题，他建议改用米格－19 的"元宝"式接头，其实，当时，洪都不是不想用这种接头，但由于国内没有万吨水压机，现有工艺做不出这种接头，必须到国外采购。二是发动机装不进去。存在这两个重大的问题，设计发图必须重新来过。后来，国内吹风结果又显示，强 5 的高平尾有问题。事实上，当时国内吹风水平也很弱，但到国外采购，到苏联做风洞试验，这些在当时都是想都不敢想的事情，不敢花钱，总是想着法子省钱。就这样，设计就暂时停了下来。

这次，谢苗诺夫提出 18 项结构方面的建议和 260 条意见。根据这些意见和建议，对设计进行了修改。

1959 年 9 月，正当设计更改即将结束时，跨声速风洞试验结果传到洪都，发现飞机高速飞行时有纵向不安定现象，随即再次修改设计，提高机翼位置，减小机翼、尾翼相对距离。10 月重新进行风洞试验，结果满意。

1959 年 11 月，苏联流体动力研究院回复了关于强 5 飞机设计的咨询意见，肯定了设计方案，认为可以作为强击机使用，并提出了 4 项重要建议。1960 年 2 月，又获苏联专家 18 项口头建议。接着，谢苗诺夫又到洪都再次审阅图样，提出意见。于是，又一次进行设计更改，提高了飞机的刚度和地面滑行稳定性。超声速风洞试验结果表明，情况基本良好。至此，强 5 飞机的总体布局才算最后确定。

回首强5设计的那些日子，年轻的设计员们也不知是怎么熬过来的，用“夜以继日”、“挑灯夜战”这样的词都无法表达人们当时的热情与干劲。由于时间紧，设计人员一旦上了图板，就轻易不下“火线”。由于长期伏案工作，小腹抵在桌沿上趴着画图，许多人的软腹部都像有一个硬块似的“板结”。连春节法定的3天假期，大家都是趴在设计桌上度过的。作为主管设计师，又是设计室副主任，陆孝彭的任务之一就是常常督促设计师们在工间休息时下楼去做广播体操。当时工作强度非常大，当年负责强5强度计算的石屏院士回忆时这样说：

我负责的是强5机身机翼对接接头、对接框、机身中部壁板以及航炮的强度计算。当时，计算的工作量很大，每天加班。由于机身中部的切面经常更改，强度计算也要相应地跟上，更换一次切面，就要重新计算一次，有的甚至要计算10多次。

强度计算这项工作成天与一部手摇计算机（全室共用）、一把计算尺、一个算盘打交道。成千上万的数据需要反复计算，要核实。一旦有差错，就算是一个小小的差错，往往前面的工作都会白做。一天下来，桌上就会堆上一沓厚厚的计算稿纸，而真正有用的，或许只是一张纸、一个数据，这项工作对人的意志和耐心不能不说是一个很大的考验。

参加强5研制的职工加班加点工作

然而，陆孝彭所花费的时间和付出的心血，比任何一位设计人员都要多，他额头的皱纹年年递增，原本一头浓密的头发也开始脱落，并过早“谢顶”。几万份图样，几万个数据，他一份份审查，一个个校阅。有时，为了一个数据，他埋头反复考虑，不得出正确的结论不肯罢休。助手们见他辛苦，主动提出代他计算复核，他不答应：“我自己不校阅一遍放不下心。”强5要完成守疆卫土的使命，成为技术性能优越的优秀机种，没有科学的态度怎么能行？昼夜不停地工作，使陆孝彭明显消瘦下来，看到他如此拼命，助手们心疼他，把灯关了，强制“押送”他回家。他无可奈何地跟着走了，可心里还在想未完成的图样。走到半路，又折回去，伏在设计桌上继续工作。

几经反复，设计终于获认可，陆孝彭和设计人员心底的兴奋难以形容。他们不顾劳苦，劲头十足地继续奋战了70天，终于在1960年5月1日之前第二次发出了全套共2万余幅图样，260余份气动性能和强度计算报告。

飞机部件制造车间

尽管完成设计，发出图样只是走完了新机研制的第一步，但这些在强5设计中逐渐成长起来的年轻设计员们仍然为强5感到高兴。1960年，劳动节过后，强5进入了试制阶段。短短几个月，工厂便完成了大量的模线和样板，12月底，3架试验样机的零部件已完成了80.5%，还完成了966项工艺装备。刚刚把初教6飞机送上蓝天的洪都人，正血脉喷张，活力四射，他们翘首期待了一年多的强5终于进入了生产线。他们称强5是为国家“争气”、为工厂“争气”的“争气机”。

当时，既没有大型高效的金属切削机床，也没有大的钣金成形设备，零部件制造进度缓慢，甚至很多零件都是用传统手工操作出来的。

试验设备更是缺乏。为了强5研制，工厂自筹资金，建成了静力试验厂房和当时国内第一个起落架落震试验台，建成了冲压加工厂房、火箭座椅弹射试验台等。干部职工义务劳动3个月，完成了能够满足喷气式飞机起降要求的跑道扩建工作。设计人员与车间工人一起设计制造了我国第一个手摇绞车框架式三轴飞机燃油地面试验转台，能从各个角度进行全尺寸的系统模拟试验。各种自行改造的机床设备在洪都人的手中焕发了青春。据老一辈洪都人回忆：

强5研制一开始，工厂便想到了，工艺试验工作的重点要转到新机试制新结构的加工和一些工艺关键的解决上来。强5采用了有辐射状筋条的铝合金整体壁板和铝箔蜂窝结构。这些新结构当时在国内是首创，加工制作工艺都需要从头开始摸索。后来，在航空工业局工艺所的配合帮助下，工厂工艺试验部门承担了这两项新结构的研制任务。

经过努力，工艺方案是出来了，可没有相应的加工机床。没办法，就拿旧设备进行改造，最终选择了机修车间一台精度稍高的4米龙门刨床，把它改装成可以自动走斜线的龙门铣床，再到台面上装上自行设计制造的，用来固定工件的真空平台，就这样，加工出了合格的整体壁板，装在强5原型机的垂直尾翼上。

铝箔蜂窝也是在大量手工操作的情况下，利用简单工装夹具，经过多次试验后试制成功的，最后，铆接成2副强5原型机的副翼。

不过，这两种新结构虽然试制成功了，但采用的工艺却都是探索性的，以工厂当时的情况，并不具备达到正常生产的程序。因为，要真正实现程序化生产，必须研制一整套实用的生产性专用机床和解决必要的测试手段。工厂鉴于短期内难以解决问题，不得不在飞机上改用了常规的铆接结构，放弃了这两项新的结构。

尽管如此，但这毕竟是首次出现在我国航空工业的新结构，强5的试制为后来作了技术储备，也使洪都意识到，工艺试验工作除了紧密结合当前生产以解决工艺关键问题、提高生产效率和产品质量，努力降低产品成本之外，对一些方向性的新结构和新工艺也要结合工厂的发展，安排预研，才不至于应用时临渴掘井，难以满足新机研制需要。

然而，正当大家以无比激动的心情等待着新飞机的“出炉”时，让他们想不到的是，他们等来的，却是强 5 的一纸终止令……

万言书求来“见缝插针”

持续了 3 年的“大跃进”终于迎来了“火山大爆发”！

1960 年 11 月 20 日，军委副主席、国务院副总理兼国防工委主任贺龙，总参谋长罗瑞卿，空军司令员刘亚楼等领导，在三机部部长张连奎和沈阳市委书记焦若愚等人的陪同下视察 112 厂。当贺龙亲眼看到厂区停放的数百架由于存在严重的质量问题而不能出厂的新飞机，并得知 3 年来工厂没有向部队提供过一架合格飞机的事实时，十分震怒，大发雷霆，当场对工厂领导提出了严厉的批评。

事实上，112 厂并不是个案，在“大跃进”和左倾错误的影响下，全行业普遍存在由于指标过高，要求过急，搞快速试制，快速施工，导致航空产品质量严重下降，大批飞机不能出厂交付，基本建设存在严重问题的现象。

1960 年 12 月 8 日至 1961 年 1 月 6 日，国防工业委员会在北京召开了国防工业三级干部会议，部署了在全行业开展质量整风运动，要求整顿质量，搞优质飞机要“一刀两断”，不要“藕断丝连”。具体到洪都，则要求把初教 6 型飞机的试制列为全部，全局“重中之重”，其他试制任务为重点让路或暂停。这就意味着强 5 也要为初教 6 让路。

此前工厂已成立了强 5 试制领导小组，其中，领导小组由总工程师苏敏领导，副总工程师冯旭、设计室主任高镇宁、副主任陆孝彭、副总工艺师朱银大及副生产长姚一球等均为组员。国防工业三级干部会议过后，强 5 试制领导小组撤销，原班人马转向初教 6 试制，强 5 的试制工作由米格 - 19 专线兼管，各有关科室和车间也都按照全厂工作重点的转移在人员安排上进行了相应调整。此外，原来研制 3 架强 5 试验样机的计划压缩到只进行 01 架所缺零件的补齐和部件的初装铆接，以期先完成新机的静力试验。

随后，洪都党委又决定单独成立强5铆接车间，这样，可以使铆接车间集中力量进行初教6的试造和其他任务，而强5也可以免受或少受冲击。这个车间里，保留有继续专门负责强5试制的设计、工艺、生产和检验部门人员，他们集中在现场，处理日常工作。

原本以为可以尽量保住强5的研制，然而，屋漏偏遭连夜雨。当时，正值国民经济遭遇困难时期，党中央国务院对整个国民经济提出“调整、巩固、充实、提高”八字方针，国防工业委员会从大局出发，下令各大飞机厂正在研制的20多个新型号相继停止。

1961年7月，国防工业委员会召开工作会议，决定“自行设计的强5飞机是否试制，待观察半年后再定”。然而，从1961年四季度开始，生产计划中不再出现“雄鹰302”字样，强5的试制任务彻底取消了！

本来强5已经开始上架铆接了，热闹的试制厂房突然一下子冷清下来。铆接车间人员大部分被调走，不少人留恋地眼望着型架耸立的肃静厂房，黯然离去。

对于强5出现的变故，起初，厂里对陆孝彭是保密的，怕他承受不了。直到车间的人都走光了，再也瞒不住了，冯安国厂长才不得不如实告诉他。

关于这一段历史，冯安国曾回忆：

强5的停止对陆孝彭的打击非常大，他开始变得沉默寡言了，他的热情、神采奕奕和诙谐也全都消失得无影无踪，似乎一下子苍老了许多，让人看了很难受。陆孝彭总是把自己闷在办公室和家里，我们都怕他闷出病来。有一次，我想去找他谈一谈，看他趴在桌上写写画画，我拿过图样一看，原来，他还在修改设计。那一刻，我心里一酸，又感动又难过。

记者采访陆孝彭时，每每问及当他得知强5项目停止后是什么感受，他总是表情凝重，思索良久，最终不语。客观的说，强5项目的停止没有个人恩怨的因素，纯粹是不能“具体问题具体分析”而“一刀切”的后果。然而，从陆总的诗句中，我们可以试着下一个结论：对于这场整风运动，陆孝彭一直是耿耿于怀的。

我们不是陆孝彭，也不是强5的总设计师，因此，我们无法体验强5项目停止时，作为总设计师陆孝彭的切身感受。但是，我们可以试着理解他，理解他的耿耿于怀，理解他的苦闷。因为，对飞机设计师来说，没有比自己设计的飞机被迫停止更为悲剧的了。

当然，陆孝彭并没有被打倒，他的内心是强大的，无论遇到多大的困难与挫折，他都能重新站起来。

试制队伍都不甘心强5项目的停止，于是，陆孝彭奋笔疾书，一口气写了上万字的报告，力陈坚持的理由，成功的把握，停止的损失，建议工厂抽出一部分人坚持试制生产，请求上级批准强5继续研制。虽然笔者并没有看见这饱含深情的“万言书”，但每当想象陆孝彭奋笔疾书的情景，笔者总会有一股热流涌遍全身。

一架飞机从方案设计到最终飞上蓝天，这其中无论是需求认证，还是具体设计，亦或是生产试造，都是一个系统工程。一个型号的开始或是停止，从某种意义上来说，它代表着时代的意志、国家的意志、组织的意志，绝少因为个人的意志而改变。面对这些，个人只有无条件服从，无论是开始还是停止。然而，陆孝彭却做出了“离经叛道”的事情。当矛盾出现时，陆孝彭以一名科技工作者的身份，用个人行动改变了一个看似已经成为“铁的事实”的决定，也改变了一个型号的命运。或许，陆孝彭的最伟大之处不在于强5，也不在于他身上各色各样的头衔，而在于他始终坚持了一名科技工作者的操守，几十年如一日。

对于陆孝彭的坚持，高镇宁、冯旭等不少人也表示支持。鉴于此，根据冯安国厂长的提议，工厂党委采取了不是办法的办法，做出了“见缝插针”研制强5的决定，从此，拉开了14人研制我国超声速喷气式强击机的传奇历史的序幕。

陆孝彭兼任试造车间副主任。到这时，工厂各生产技术科室中除了指定个别人员兼管强5少量零星业务外，已不再有强5试制专职人员了。设计室也只能在不影响初教6的前提下，对外不公开地继续进行一些设计和计算工作。

事实上，当时这仅剩的13个人，也是陆孝彭千方百计争取留下来的。樊洁保是14人研制小组成员、铆工，也是1985年被评为强5及其改型机国家科技进步特等奖有功人员中唯一的工人，他回忆说：

1958年厂里开始搞强5飞机，1960年5月进入试制阶段，也就是这时候起，我跟强5结下了不解之缘。那时人们都很卖力，全厂上下都在层层动员，都把强5作为自己的“争气机”，干劲特别高。通过大家努力，短短几个月，3架飞机的零件制造已完成了80%，机身、前机身也已基本装好，大家觉得强5成功在望了。就在这时，上面来了精神，强5项目停止了，不搞了。当时初教6生产很忙，强5试制车间的职工都陆陆续续接到了调令，安排去搞初教6的副油箱。没几天，车间的人基本上都走光了。这天我也接到通知，下午到副油箱那边去报到。这时，陆孝彭找到了我，他说：“你先不要去。”我说：“不行啊，调令都来了。”陆孝彭急了，“你先等我一下，我去找冯安国厂长。”就急冲冲跑开了。当天上午，陆孝彭就找到了冯安国厂长，批了字，留下了最后4个铆工参加强5的装配。由于陆孝彭、高镇宁、冯旭等同志的努力，厂党委最后决定成立14人的试制小组，采取“见缝插针”的形式继续进行强5的试制。第二天，陆孝彭就召集了另外13人开了个会，讨论方案，我提出，虽然我们有设计、工艺人员、还有工人，但只有14个人，就应该打破分工界线，大家团在一起干。最后通过讨论，大家意见一致，提出了“三结合”，即设计、工艺、工人三结合的办法。于是当天下午，大家都跟着我学打铆钉，由于机翼比较厚，不易打凹，我们就在机翼上开始了铆接练兵，陆孝彭等设计人员和工艺员都学得非常认真，很快就学会了基本的铆接技术。

14人研制小组中的设计员白佐周也回忆了这一过程：

1961年，由于“天灾人祸”，国民经济处于困难时期，在研型号相继停止，强5飞机研制计划也被撤消。工厂把强5试制技术队伍和生产力量都转到初教6和丰收2批生产战线，强5濒临夭折，人们以惋惜的心情眼睁睁看着这种局面的到来。然而，平时不多言的陆孝彭再也坐不住了，他频繁地写报告，找厂长，找党委书记，请求留下少量人员，不叫工段，叫小组也行，终于得到厂领导同意。在他的带领下，技术员上午打铆钉，下午进行一个小时的理论课学习。他虽年纪较大也抽空做力所能及的劳动，而后到车间跑零件。有个镁合金机炮架长期缺件，影响前机身架内总装进行，设计员陪他每天下午顶着烈日步行20多分钟跑铸造车间一次。半个月之后，毛坯铸出后，热处理的炉子坏了，找工人商量焊了一个金属箱子，将零件装箱密封进炉加温。热处理解决了，机加车间镁合金工段撤消了，没人给加工，就找初装车间钳工加工，劳保防护用品自己掏钱买。技术员在他的这种决心和毅力感染下，没有粮食补贴，照样忍饥挨饿坚持上岗劳动，跑零件，自己动手做零件。十几个人一个铆钉一个铆钉地打，一个零件一个零件地装，大家坚持着、忍耐着，工夫不负有心人，大家终于看到了轮廓中的强5雄姿，也得到上级领导的认可肯定，从而使研制形势获得转机。

从此，这14个人在强5线上坚持了一年多的“见缝插针”。鉴于这一段历史的特殊性，后面将辟单节讲述，这里就不细述了。

强5的试制工作步履维艰，面临着许多难以想象的困难。据一位老设计人员回忆，在飞机结构初装过程中出现了一个又一个难题，很快陷入了困境。

零件装配不协调是出现最多的技术问题。一张故障单开出去，回来的结论常常是“零件符合样板，样板符合模线”——找不到故障原因。要不就是十天半个月没有回音，致使这类技术问题极难查清。按照当时的规定，不查清原因，零件不能装配，工人只好停工等待。后来，为了赶进度，设计员打破分工界限，由图样到模线、样板、模具等逐个环节细查，一查到底，这才使这一难题有所缓解。

1959年初，洪都在进行强5设计的同时，就进行着试制的各项准备工作。首先，根据仿制安-2和米格-19型飞机的经验，确定利用模线样板和局部标准件作为工艺协调的基准；通过划线钻孔台，作为基准孔，利用型架装配机来协调制造各种装配型架和工艺装备；并且在装配零件上尽量采用装配孔和导孔的方法，以便于零件在装配时定位。其次，在工作安排上，尽最大可能采取平行交叉作业，以求缩短整个试制周期。例如，设计图样的协调与模线绘制工作同时并进；不需要工艺装备的零部件试制与工艺装备的制造工作同时并进等。

每当记者问陆孝彭，当年最大的困难是什么？陆孝彭总会说：“最大的困难是停止，没有计划，没有经费。”

事实上，矛盾伴随着强5研制的每一个环节，从设计到零件制造再到装配。

前面我们讲过，上级原本是计划以强5研制为牵引，使洪都由螺旋桨飞机制造厂转变为喷气式飞机制造厂，可结果，强5项目停止了，计划取消了。对军工产品来说，没有计划，就没有国家投资，没有投资就无法上技改、上设备。

要经费没经费，要设备没设备，要人员没人员，在“地下”继续研制的强5，可想而知，矛盾层出不穷！在这样严峻的形势下，陆孝彭却毫无畏惧，他充分发挥大家的聪明才智，“没有条件，创造条件也要上”，为强5重获新生赢得了宝贵的时间。

“拼将白发添双鬓，定教雄鹰展翅飞。”

常感于14人研制世界先进喷气式强击机的传奇，因此，笔者特意单独辟出一节来写写强5这一段特别的历史，写写这个14人研制小组，写写这一曲荡气回肠的史歌。

除陆孝彭外，14人还包括设计员白佐周、郭玉杰、孟凡巨、许焕荣、胡文生，工艺员杨保绪、李玺年，铆工樊洁保、杨黑仔、李新保、朱意诚，调度员李其明，资料员小钟等①。

如今，这14个人，多数已经作古，有的已经调离工厂，有的退休在家，但他们的名字都载入了史册，在此，特向曾经为强5的诞生而默默奉献的人们表示最崇高的敬意！根据这些人所留下的回忆记录和采访内容，笔者期望尽量还原这段真实的历史。

“见缝插针”以后，试制小组成员交叉工作，设计员把办公桌搬到了车间，技术员既当设计员，又当工艺员，既是调度员，又是铆接工人。尽管工厂没有计划进度要求，但陆孝彭等人深感责任重大，也非常珍惜这得来不易的机会，竭尽全力保住强5。铆工太少，无处求援，陆孝彭带头向铆工樊洁保拜师，组织

① 据洪都厂史上记载为13人研制小组，组员为主管设计师陆孝彭，设计员白佐周、郭玉杰、孟凡臣、许焕荣、胡文生、苏恩福，工艺员杨保绪、李玺年，铆工樊洁保、杨黑仔、李新保、朱意诚。本书按陆孝彭曾在接受记者采访时的“14人研制小组”说法。

大家学习铆接技术。于是，设计员和工艺员全都上岗顶班干活，钻进气道打铆钉，爬上飞机装零件，跑车间加工零件……后来，大家转为上午劳动，下午学习，陆孝彭给大家讲课。一个月最多休息一天，晚上也是在加班中度过。

零件供应基本断绝了，零件车间把未交付的成品、半成品一股脑儿堆在库房角落里，设计员就在小山堆里找零件，经检查合格的就拿回去装配，未完工的半成品也拿回去，能锉修的就自己动手加工，零件机加的就到修造组用自制的土铣床加工。吊车坏了找人修，翻砂用的一项大工装出现故障，试制小组的同志就用板车拉回来，樊洁保师傅自己动手排除。有时候，遇上铆接装配急需的零件，陆孝彭等人就到车间求援，甚至守在机床旁边，等待加工完毕，推着板车把零件运回。每取回一个零件，大家如获至宝，高兴得不得了。最紧张的时候，遇到停电，型架装配机床开不动了，工人们就用手摇微动装置，每摇一圈，床面移动0.04毫米，移动2米多的距离进行第一对接头浇注，工人们摇过了5万多圈，一个个累得汗流浃背，手酸腰软。

细心的读者会发现，强5研制之时，中华大地上先是兴起“总路线、大跃进、人民公社”三面红旗的经济政治运动，紧接着是三年严重的经济困难时期，当时是非常窘迫的。强5试制小组没有工作服，就打报告找领导批借旧背带裤，有一体形高大的设计员借不到大号背带裤，就用绳子绑在身上，下面露出半截腿凑合着穿。在困难时期，粮食定量供应，每人每月只有3两油、2两糖，技术岗位设计员粮食定量最低，只有26斤，本来就吃不饱，加上打铆钉、跑零件等重体力活，肚子更空，常常是饿得难受！工人们有时候会省一点粮票给设计员。当时，初教6副油箱装配线上的铆工有奖金，条件相对较好。但强5装配线上4名铆工，什么都没有，属于“三无”人员——无加班费、无加班饭、无补休。对于铆装工人无私奉献的品行和丰富的工作经验，陆孝彭给予了很高的评价：

当时，老师傅樊洁保是生产总指挥，他怎么安排，大家就怎么做，效果很好。有一次，镁合金机炮架的热处理很难，镁合金一进电炉里就烧掉了，于是，樊洁保师傅想了个办法，焊接一个铝盒子，将镁合金放在里面，这样便烧不到了，到了温度就拿出来，剪开，放在水里，通过这种方法解决了大型镁合金铸件的热处理问题。樊师傅有着非常丰富的经验，且一心为工作，不计较个人利益，我很佩服。

樊洁保师傅后来也回忆起陆孝彭所说的这件事：

当时要求很严，也成立了党支部，每个星期都要开会。我们大部分都是党员和团员，大家各抒己见，指出缺点，互相促进。每个月都要出一期板报，提出完成任务竞赛方案和质量整顿方案，宣传“愚公移山”精神和“一不怕苦，二不怕死”精神。陆孝彭对我们的要求很严，哪怕谁提前了2分钟洗手，他都会提出批评。

我觉得“三结合”就是好。如果不搞三结合，那时候强5根本就搞不出来。强5项目停止之前，试制遇到了问题都要跑到80号大楼（办公大楼）去找工艺员、找陆孝彭，就是很大的座舱罩也是抬到大楼去解决。成立试制小组后，大家都在现场解决问题，集思广益，当场拍板，大大提高了效率。当时，每天都会遇到十几个问题，零件加工问题、铆装问题、质量问题、材料问题等，都是通过“三结合”来解决的。那时，我脑袋里天天都在想问题，连吃饭睡觉都在想解决办法。记得有一次陆孝彭找到我，高强度镁合金机炮架遇到了热处理问题，要求均匀受热进行淬火，并且必须快速冷却。按当时的热处理设备不能达到均匀受热的要求，我就将机炮架放在一个用铝板焊成的密闭容器内进行加温，然后用铁皮剪仅用了不到一分钟时间就将容器剪开，及时进行冷却，结果强度完全达到了预期的效果。陆孝彭高兴得不得了。驾驶舱内没有成件到位，牵涉到配重问题，我就用一块铁皮做成一个盒子，上面留一个小洞，放在磅秤上，往里面灌铅，达到所需重量后再进行封口，完全符合设计要求。

樊师傅和陆孝彭在艰难的岁月中建立了非常深厚的感情。樊师傅1985年退休，退休的时候是8级工。陆孝彭一直关心樊师傅，听说他身体不好，陆孝彭花了400多元钱买了一双长青鞋送给他。就在陆孝彭去世前不久，两人在洪都正好碰上，后来樊师傅在回忆文章中这样写道：

陆总80岁了，身体不太好，听说他现在正在设计一种飞机，如果有可能进入试制的话，叫我有空去看一看。我说好哇，我愿意跟着你干，不要一分钱工资，就当是发挥一下余热吧！

陆孝彭去世时，在骨灰安放仪式上，已是须发皆白的樊师傅对着陆孝彭的遗像泣不成声，累劝不止，他抚胸哭诉："陆总啊，几个月前你还对我说，你的新机型快搞出来了，您不是叫我有空去看看，帮忙出点子打打铆钉吗？你怎么就走了呢？我还想跟着您干呢……"

强5项目停止后，陆孝彭真实的心理状态我们已经无法完全把握，但从陆孝彭1961年除夕夜所作的一首《述怀》可以窥见一二：

新岁未临旧岁离，华灯明灭晚烟低。拼将白发添双鬓，定教雄鹰展翅飞。

转眼因循四十年，自惭思想滞未前。务将毛选殷勤读，争取红专志气先。

书记谆谆教诲深，和风细雨最宜人。语语深长犹在耳，心心为党奉此生。

"拼将白发添双鬓，定教雄鹰展翅飞。"表达了陆孝彭为强5鞠躬尽瘁、死而后已的决心。后来任强5M型飞机总设计师的雍正球回忆说：

陆总是技术主管，他呕心沥血，很认真，很负责，每天加班至深夜，没有早于12点下班的。对于关键、重点设计，他都会自己重新再算一遍。应该说，每个系统，都有具体负责人，他如果不放心，完全可以找各个系统、各个专业组的负责人，但他不，他一定要自己亲自算，能做到这一点，很不容易。我记得，计算强5气动载荷时，大家反复计算，反复对比，也难免会出现差错，但陆总对我们的数据，从来都要复核，无论多复杂，正是他的这份认真与严谨，保证了我们发出的文件都是正确的。因为设计都是依据原始数据进行的，一旦出错，后果不堪设想……

强5的设计，并不是每一个技术都出自陆总的创意，但陆总负责技术抓总，他思想开放、宽容，能够接受大家的意见和建议，同时，最关键的是，在设计上，他不保守，他不会说，这个技术别人没用过、不成熟，用比较成熟的技术吧，他从来不会这样。只要是他认为可行的新技术、新思路，他一定会坚持下去，而且他会反复论证，权衡利弊。

陆总在技术上很有魄力。当时作战飞机采用两侧进气在国内是没有的，风险大，争议也大，进气是决定飞机成败的决定性因素，很关键。但大家都不懂这个两侧进气是怎么回事，当时就靠着查看国外的一些技术刊物，但我们之前学的都是俄语，不会英文，看不懂英美的刊物。于是，在陆总的带领下，除了完成工作外，大家每天早晚学习英语，他既是我们的领导，也是我们的恩师。

在14人中，陆孝彭是大家的主心骨。他经常会和大家一起打铆钉，拿笔和图样的手常常被打得鲜血直流。在当时那种艰苦的环境下，这14个人都不知道为何能自觉地坚持下来，但他们在接受采访时，不约而同地表示，是因为有了陆孝彭，他身先士卒，率先垂范，有一种强烈的感召力，他用行动感染着试制小组的每一个人。大家惊奇地发现，陆孝彭似乎有一种“扭转乾坤”的本领，他没有动人的口号，也无需使用手腕，却能激发大家的热情，让大家甘心情愿跟着他拼命。大家也怀着美好的愿望，希望强5成功，希望陆孝彭的心血不会白流，因为他为强5付出太多了，特别是一些老工人，非常怜惜他！

后来，当大家回忆起往事时，都不由自主地肯定了陆孝彭中流砥柱的作用。郭玉杰回忆说：

陆孝彭是杰出的技术领导者，他的技术思路非常清晰，每当我们遇到技术问题不知怎么办时，都向他请教。他会给我们指出很明确的路，他能把各个专业、各个系统的技术都摸透，这一点，很让人佩服。

关键时刻总要陆孝彭出面。在装配阶段，有一个机炮架零件，毛坯是镁合金铸件，外廓尺寸较大，由于多种原因没有开工铸造，设计员无力解决这个问题。当时正值8月，南昌骄阳似火。陆孝彭在设计员的陪同下，每天顶着烈日步行到相关车间求助，从铸造、机械加工到热处理，一个个车间、一道道工序跟着零件跑，随时随地解决发生的问题。

思考中的陆孝彭

还有一次，一个急需的零件完成后，守在机床边的陆孝彭等不及搬运工来，借来板车，搬上零件，瘦弱的他拉起板车就向试制车间飞跑。人们看到这一幕，十分惊讶。若干年后，当飞行员驾驶着强5翱翔蓝天的时候，人们是否能想到，主管设计师陆孝彭曾经用板车艰难地将强5的羽翼渐渐培育丰满……

樊洁保也曾这样回忆道：

陆孝彭一心扑在事业上。设计没有图样、刀片、擦子等工具，他就自己掏出10块钱，叫他们去买。那时的10元可不是小数。做抛舱试验的时候，由于领不到蒙布，陆孝彭就跑回家将自己家10斤重的被子扛过来充当蒙布，做破坏试验。

除了陆孝彭的指导作用，让14个人不约而同地称道的是一种精神。他们在后来的回忆中纷纷表示："在那样艰苦的年代，如果没有精神作支撑，我们不可能坚持下去，强5也不可能成功。""当时主要有一种精神，不仅是我们14个人有，全厂都有，雄心壮志，自力更生，奋发图强。"

当时，工厂各车间，初教6试制任务压倒一切，其他生产任务也很重，而强5试制没有列入计划，但对于强5试制小组提出的要求，绝大部分车间都千方百计挤出点滴余力予以安排，大家都为强5飞机在行将装配的前夕遭到如此不幸而惋惜，同时，又因为只能为之做出心有余而力不足的支持而感到遗憾。也有不少人利用业余时间参与进来，搞劳动竞赛，赛质量、赛安全。尽管"见缝插针"这个阶段只有14个人完全参与强5的研制，但事实上，他们背后有着强大的精神作后盾，这种精神是勤劳的洪都人共同赋予他们的。强5每走的一步，都牵动着上万名洪都职工的心。可以说，强5是属于陆孝彭的，也是属于每一个洪都人的。

强5留下了宝贵的精神财富，在研制过程中，铸就了"自强自立，求实创新，百折不挠，团结奋进，献身航空，勇攀高峰"的"强5精神"，而陆孝彭正是"强5精神"的优秀代表。事实上，直到今天，陆孝彭的某些精神品质，仍然对洪都、对洪都飞机设计研究所有着深远的影响，关于这一点，以后还将作进一步的阐述。

陆孝彭的大女儿陆群回忆强5研制时的情景曾说道：

搞强5时，爸爸常睡的那一边床头的漆都给磨掉了。爸爸总是靠在床上算东西，思考到很晚。

2000年，在陆孝彭去世后不久，女儿陆群曾撰写《总是出差的爸爸》一文，怀念父亲。文中提到陆孝彭为了专心研制强5，把身边的小孩子全部送到南京岳父岳母家的一段往事，文章朴实真切，感人至深，从侧面反映了陆孝彭为研制强5牺牲亲情的无奈之举，现将此文刊登如下：

每当我凝望着父亲彩色的肖像，总觉得鼻子酸酸的，眼泪从不争气的眼眶使劲地想流出来。爸爸离开我们已经好几个月了，我总觉得他是去出长长的差了。

小时候，我们家住在北京南苑东高地老飞机场的四合院里，正好是爸爸他们新调研的叫伊丽十号（伊尔－10）的小型飞机问世，我的出生是喜上加喜，爸爸毫不犹豫地也给我起了个与飞机一样的名字，也许是这个原因，爸爸一直对我疼爱有加。妈妈说，爸爸看书的时候总爱把我放在他的大腿上，经常是屎拉在他的裤子上也不知道。记得那时候我的童年快活极了。爸爸在工作之余有广泛的爱好，他喜欢打篮球、乒乓球、游泳、拉琴、唱歌……还喜欢给我们这些孩子照相，一有空他总会带着我们到郊外和朋友家里玩，终于有一天，爸爸对我说：“爸爸很忙，要去出差，你和妹妹、弟弟先到南京外婆家去住一阵吧！爸爸和妈妈出完差就会来接你们。”我当时满心欢喜，心想到外婆家去玩也不挺不错，反正爸爸很快就会来接我们的。这样，爸爸妈妈匆匆忙忙地就将6岁的我、3岁的妹妹和18个月的弟弟送到了外婆家。我后来才知道，他们是到南昌来搞强5飞机了。可是很快我的新鲜感就没有了，外婆家孩子多，吃东西一个人一小盘，穿的衣服也是小的接大的，可谓新老大、旧老二、缝缝补补又老三。记得爸爸给我和妹妹每人买了一件红灯心绒外衣，每年到过年才拿出来穿一下，一直到穿小了还是大半新的。我想爸爸这差怎么出得这么长，他答应过很快就来接我们的。过了大半年，我已经上了学，戴上了红领巾，爸爸和妈妈终于来了，他们风尘仆仆。只是妈妈怀里又多了一个可爱的小弟弟，他黑黑的皮肤，大大的眼睛，才出生50天就笑得很甜，听外公说本来爸爸因工作太忙没有时间带，决定不要这个孩子，是外公说他来带，我才有了这个小弟弟。接下来几天，我听到妈妈和外公在谈为弟弟请奶妈的事，我很开心。我想，爸爸来接我了，我可以跟他们走了，只要能和他们在一起就行。

就在爸爸妈妈来的第四天，妈妈早早地就哄我和弟弟、妹妹睡觉了。我睡得正香，忽然觉得脸上冰冷的，我还以为下雨了，睁开眼睛一看，爸爸妈妈拿着行李，站在我们床前，妈妈不停地擦眼泪，我急了，一下子爬起来，拉着爸爸的胳膊说：爸爸，我的衣服和书包捡好了没有。爸爸摸着我的头说，爸爸和妈妈工作很忙，还要去出差，没有时间管你们，你在外婆家再住一阵子吧，爸爸一忙完就会来接你们，你一定要听外公外婆的话。我马上大哭起来，一定要跟他们走，弟弟、妹妹也给我哭醒了，他们也跟着哭起来。外公强行把我与爸爸分开，看着爸爸和妈妈一步三回头的身影，我们姐弟难过得号啕大哭。接下来，我是每年都盼着能回到爸爸和妈妈的身边，而我每年都被告知爸爸很忙，没有空接我们。只是每年外公都带我们去照相馆照一张4个孩子的合影寄到南昌。我当时想，爸爸他出差的时间也太长了，怎么不抽个空来看看我们呢？他是不是不喜欢我们了，而我不知道当时，爸爸他们为了把强5飞机早日搞出来，加班加点，正忙得废寝忘食，哪有时间考虑自己的家和孩子。

终于我上四年级了，外公对我说："你爸爸写信来了，说你已经长大了，能够自己料理自己了，让我送你去南昌。"我这下高兴极了。跟着外公坐轮船又坐汽车，好不容易来到了南昌，老远就看到爸爸和妈妈的身影，我飞一样地向前跑，爸爸把我一下子搂到怀里，在我的脸上亲了个遍，嘴里还说："几年不见，都长这么高了，爸爸都快认不出来了。"当时，我觉得自己非常幸福，但是还是很不放心，抬头问爸爸："你不会再出差了吧！"爸爸笑着说："不会了，不会了，今后你就在爸爸和妈妈的身边。"

在以后的日子里，爸爸和妈妈依旧是很忙，他们总是加班，有一阵子，我和妹妹只有早上才看得到他们。爸爸有时也会出差，不过那都是一些短差，爸爸妈妈没有时间管我们，记得11岁我就学会生炉子、煮稀饭、炒青菜，尽管烧得很难吃，但总是能得到爸爸的表扬和鼓励。爸爸对我们要求很严，他一再教育我们要好好学习，报效祖国，要做好人，公私分明，尊老爱幼。我觉得他既是言传，更是身教，他在我的眼里是严父，更是慈父。

现在，爸爸走了，永远地走了。我深深地想念他，怀念他。我猜想，爸爸他一定又是去出一次更长更长的差了。

陆群原名叫陆伊丽，陆孝彭并没有想到，他给女儿取的这个名字后来会给她带来麻烦。“文化大革命”期间，有人说这是个洋名字，并拿她的名字大做文章，使陆伊丽吃了不少亏。后来，她便自己改名叫陆群。

给女儿取一个同飞机一样的名字，这只是一个细节，但从这个细节，却能读懂陆孝彭……

一根钢索　毁尽五年心血

就这样，尽管强5试制车间传出的铆枪声总是稀稀拉拉的，但却一直没停过，铆钉一颗颗地在铆接，雄鹰的羽毛一根根地在生长，终于，奇迹出现了：机翼组装完成了，前机身组装成形，后机身组装成形，水平尾翼，垂直尾翼……人们从这14个人的坚毅与执著中看到了希望，工厂重新抽调了一批铆工补充到强5装配线上来，进行后续工作。

历经近两年的“地下”工作，这14个人终于迎来了黎明前的曙光……

1962年11月，三机部副部长兼航空工业局局长薛少卿偕同国防部六院院长唐延杰等到洪都检查工作，当得知洪都“见缝插针”坚持试制强5，且第一架静力试验用机的零件已经完成99%，主要部件大多已在装配架内进行铆装，完成全机初装工作量的50%时，他们欣喜地观看了半成品，并被他们坚强的意志所感动，当天便联名将所见所闻报告了贺龙元帅、聂荣臻元帅、空军司令员刘亚楼、政委吴法宪和三机部部长孙志远。

当然，研制军工产品是严肃的事情，不能单凭“感动”二字行事。唐延杰表示：“空军原有搞强击机的意图，但是否强5机即可满足空军的战术技术要求？这还要把强5机的试验计算结果与空军的要求进行比较分析，才能确定。”他建议，先把强5机静力试验与高速风洞未完成项目结束，落实数据；然后再研究战术技术要求问题。同时，强 5 机的静力试验与风洞试验同意列为六院科研项目，所需费用可由六院解决。

消息一经传出，迅速引起强烈的反响……

不久，三机部同意在 1963 年安排强 5 第一架飞机静力试验任务，试验及试验件制造所需费用共计 22 万元由航空工业局拨付。从此，强 5 研制出现了转机，终于从“地下”转入“地上”，研制进度大大提速。

总装车间的强 5 飞机

1963 年 6 月，第一架静力试验用机终于总装完毕，这是一个激动人心的时刻，在洪都厂史上专门用一段充满温情的文字记载了当时的情景：

总装完的 01 架强 5 飞机停放在厂房中央，夕阳的余辉穿过大门，透过顶窗，照耀在它身上。下班后，厂房静悄悄，陆孝彭等人怀着激动的心情，围着飞机，这儿瞧瞧，那儿摸摸，爱怜的目光，轻柔的抚触，诉说着 5 年来的衷情。他们又登上工作梯，从不同角度俯瞰飞机全貌，仔细观察，热烈讨论。默祷它日后的健康成长。天黑了，大家还恋恋不舍，深恐一夜恶梦又把“骄子”抢走。

第二天清早，工厂中不少职工也闻讯陆续赶来，看看曾经拿它作为为国、为厂“争气”的第一架“争气机”，看一看在“见缝插针”的困境中，曾经为之出过力、流过汗的新出世的“老朋友”。在大家的簇拥下，飞机推出铆装车间，推向研制工作的新阶段——静力试验。

当时的场面非常宏大，没有人动员，也没有人组织，人们都是自发赶来的，陆孝彭不禁感慨万端，他深切感受到了自己存在的价值，感受到了强 5 存在的价值，也为这 5 年来所付出的艰辛感到一丝欣慰。这一幕深深地印刻在了陆孝彭的脑海里，陆孝彭在《自述》中提及这一幕场景：

当我们敲锣打鼓，将这架飞机推往强度试验厂房时，道路两旁挤满了闻讯自动赶来观看的工人群众，向我们热烈鼓掌，这幅动人的场面，至今犹牢记难忘。

很多年以后，陆孝彭对当时的情景仍然历历在目，并记录在诗抄《忆昔之六十八（雄鹰)》中：

忆昔雄鹰创业艰，既无计划又无钱。良工四辈皆吾师，授徒七人众志坚。

见缝插针岂良策，艰苦奋斗传美篇。二载机成戴红彩，夹道欢迎尽开颜。

飞机被推到一个大厂房内，自 1963 年 7 月开始，强 5 进入到试验阶段。

这个大厂房是洪都人自己创建的强度试验厂房。此前，随着规模的扩大和研制型号越来越多，洪都便开始着手创建一个能够满足自己生产科研发展需要的强度试验厂房。经过不断地摸索学习，终于建立了这个砖木结构的静力试验专用厂房，配备了相应的设备，静力试验手段也初具规模。在这个试验厂房里，洪都人完成了仿制米格 – 19 飞机的静力试验任务，为强 5 的试验作了充分的技术储备。

此外，强 5 其他试验条件也准备充分。洪都人在初教 6 原型机所使用的落震试验台的基础上，于 1960 年设计制成了电气液压自动化的落震试验台，这种试验台当时在国内也属于首创，为以后其他飞机工厂所参考采用，为强 5 的起落架试验提供了充分的条件。

在一个月时间里，强 5 全机刚度试验的 36 种试验情况全部完成，到 1963 年 10 月，除方向舵一根操纵拉杆的强度稍有不足之外，其他所有试验得出的数据均满足设计指标要求。

1963 年 10 月 26 日，强 5 即将进行最后一项静力试验——全机悬空加载试验。

所谓静力试验，实质上就是强度试验。世界上任何一架新飞机飞上蓝天之前都必须经受这一道关口。就是在地面模拟飞机在高速飞行过程中的受力强度，即空中载荷乘以一个安全系数加以试验，来检验飞机在空中的受力情况。通常飞机在空中的最大载荷是飞机处于俯冲拉起状态时的载荷，此时的过载为8。也就是说，飞机在这个时刻所受到的力比飞机本身的重量大8倍，安全系数是1.5，因此，飞机要有能够承受过载12的强度才算合乎要求。在进行强度试验时，通常把加载到67%时与过载8的力量相等，加载至100%时，刚好为过载12，这是飞机设计中的一大难关——飞机强度过大，势必过重，影响飞机性能；如果飞机过轻，强度则不够。在这个问题上，各国均有各自的设计观念与理论依据，一般要求95%至105%最好，如果达到115%强度就会过强。

强5全机静力试验

试验当天，空军副司令员曹里怀、常乾坤、国防部六院院长唐延杰，还有全国人大代表参观团团长王弼及其带领的参观团成员、省市领导等100余人在看台上落座，加上参试人员，整个试验大厅盛况空前。一次静力试验的参观阵容如此宏大，大概在中国航空历史上都是少见的。

陆孝彭和试验车间吴主任坐在中心控制台上指挥。飞机被无数钢索胶带扯拉着悬吊在半空中，准备工作已经做好，设计数据，建造工艺，试验手段，仪器设备……陆孝彭不敢有丝毫的放松，尽管他对雄鹰有信心，然而，这毕竟是决定强5生死存亡的一次非常重要的试验，陆孝彭仍然紧张，心提到嗓子眼了。

随着“加载开始”一声令下，一根根钢索将飞机拽得“扎、扎”作响，稍显下垂的机翼慢慢摆平，上翘，再上翘……人们的心随着载荷的增加而逐渐绷紧，硕大的厂房内，鸦雀无声，大家不约而同地屏气凝神，盯着半空中的飞机，偶尔传出试验指挥员洪亮的口令声，在厂房内回荡，各加载点和观察点的报数声一次又一次地冲击着厂房中凝固的空气。

“40%、50%……”

陆孝彭示意，吴主任再一次命令：“加载到60%！”

仪表上的指针又动了动，飞机发出的“扎扎”声越来越大，胶带颤动，钢索震抖。

陆孝彭瞪大了眼睛，神情异常投入，他示意继续加载。

“加载到75%……”

随着载荷的增加，胶带和钢索撕扯飞机的声音显得有些刺耳，现场气氛显得更加紧张。这个时候的陆孝彭反倒不紧张了，人们从他严肃专注的神情里看出他内心的果敢与坚毅。他继续示意吴主任。

“加载到80%……”

这时，突然出现一声不正常的声响，厂房里顿时唏嘘声不止，平静下来后，继续加载。

“加载到85%……”

然而，就在试验员的手刚刚扭动加力旋钮时，突然，一声巨响，紧接着，山崩地裂一般，悬在半空中的飞机瞬间遭受破坏！

现场参观人员和试验人员一时之间目瞪口呆。此次试验本就是破坏试验，对于飞机的毁坏，大家心里都有一定的准备，但是，所有人心里目标锁定的都是100%的载荷，因此，对于这提前到来的一幕，大家猝不及防。陆孝彭惊呆了！所有人都惊呆了！斜挂在空中的两段残骸在痛苦地呻吟，扩音喇叭在滋滋地作响，人们的表情显得惊恐与呆滞。

良久，曹里怀、常乾坤、唐延杰、王弼……一个个怅然若失，沉默不语地离开了，大家心情都很沉重。

陆孝彭无法控制住自己，两行热泪无声涌出……14 人研制小组里，有人失声痛哭，有人暗自垂泪。

厂房外原本等着敲锣打鼓庆贺试验成功的人们听到消息后，自动散去了。很快消息传遍整个工厂，车间干活的工人停下了手头的活，有的唉声叹气，有的议论纷纷，有的同情，有的失望，有的埋怨……

强 5 飞机全机静力试验破坏以后的情形

1963 年 10 月 26 日，这是让陆孝彭永生难忘的一个日子，一个黑色的日子！

陆孝彭在《忆昔之十七（静试）》里回忆道：

忆昔静试不满百，钢索崩裂机翼折。孙曹连袂来洪都，痛陈得失忘旰食。

重制新机重试验，孙公豪迈定良策。南苑奋翮报孙公，数载疑案终大白。

在分析试验失败的原因时，有人对强 5 的设计提出质疑，还有人将这一质量事故归结为政治事件，一时之间，人心惶惶。对此，陆孝彭据理力争，这不可能是政治事件，也不是设计问题。他相信自己的设计，歼教 1 的全机强度试验是自己负责的，直到 100% 才断裂。强 5 的计算更精确，更缜密，不可能是设计上出了问题。然而，面对“试验失败”这个铁一般的事实，陆孝彭无法给出合理的解释。但他心底里不甘心，他要找出试验失败的原因。

这时，副主管设计师陈正庆的一句话引起了陆孝彭的注意：“我看见在机身断裂之前，机身腹部下面的钢索先断了。”

陆孝彭突然想起来：试验前，由于缺料，一根模拟发动机惯性载荷的直径 16 毫米的加载钢索用两根 8 毫米的钢索替代了，当时，问了不少单位，都没有，后来，迫于试验节点，经过请示，就替换了。难道是这两根钢索出了问题？

陆孝彭立即带着大家来到试验台架前，很快就找到了那两根残断的钢索。钢索是从中间部位断开的，断口处如同糟烂的麻绳头。经过检测计算，如果按钢索在 80% 即断裂计算，钢索一断，严重破坏了飞机前后分担平衡加载的状态，此时，飞机腰部承受的弯矩力已经远远超出 100%，致使机身承受弯曲力矩瞬时超载而提前破坏。

后来，不少人问及此事时，陆孝彭总是痛心疾首。当时，他是知道替换钢索的事情的，但并未太留意，然而，更糟糕的事情是这两根 8 毫米的钢索本身存在编织质量问题，经过仔细检查，其中一根钢索编织质量不好，也许这才是事故发生的真正原因。

那天，当静力试验分析结果得到论证时，已经是晚上 9 点多，冯安国厂长和陆孝彭带着事故结果匆忙赶到厂内招待所向曹里怀副司令员汇报。此前，曹副司令员发出话来，问题找不出来，他不会离开洪都。

听了汇报，曹里怀平静地说：“科

强 5 飞机程序控制自由飞尾旋模型试验

学试验嘛，有成功，也会有失败！”他鼓励大家好好总结经验，继续干，不要因为静力试验的失败而灰心，并承诺02、03架飞机的成件中与米格－19相同部分空军仍然会提供。这样的话语，在强5研制遭受挫折的关键时刻，起到了难以估量的振奋作用，显得尤为可贵。

对于这次静力试验，陆孝彭很长一段时间都忐忑不安，但他并没有仅仅停留在忐忑不安上，而是仔细分析这次试验的数据。尽管试验提前破坏，但有心之人仍然能从中发现一些问题。陆孝彭发现，飞机机翼的扭转刚度不够。随后，他主张立即修改设计，加强机翼根部的结构，并且改变了机翼前后蒙皮的厚度，使机翼刚心前移。也正是这次设计修改，彻底解决了强5机翼刚度问题，使飞机在低空大速度飞行时机翼仍能保持较好的气动外形。

尽管通过试验得到了更完善的修改，但一根钢索，毁尽5年心血！每每想起，陆孝彭都会深深的自责。

拓凤鸣：“晚半分钟，就下不来了！”

01架强5静力试验失败以后，洪都开始组织力量着手整理生产图样和工艺资料，清点和鉴别已经完成的02、03架飞机的近万项零件和毛坯，修理和补充部分工艺装备。与此同时，安排尽快修复01架的工作，目的是将飞机所用的设备和成附件先在01架上进行预装配，借以提早发现问题，并选取导管和电缆的标准实样，为02、03架原型机的总装工作做准备。

试验失败后的一个多月以后，第三机械工业部部长孙志远、空军曹里怀和六院唐延杰一同来到洪都。一见面，曹里怀便对冯安国厂长说：“我没有食言吧，一定要叫陆孝彭好好向孙部长汇报，越具体越详细越好。”这是决定强5命运的又一个转折点！

汇报被安排在被损坏的强5飞机旁边，这是一幅多么别具意味的画面啊！

陆孝彭对着强5飞机，从设计指导思想到技术要求，从研制中遇到的问题到静力试验失败的原因等，一口气讲了3个小时。

孙部长全神贯注、饶有兴趣地听着，时而插话，时而提问。到了中午吃饭时间，孙部长指着陆孝彭说：“他还没讲完，下午让他接着讲。”下午，陆孝彭又接着讲了1个多小时才汇报完毕。

孙部长很高兴，他说：“陆总，你讲得很好，有试制强5的坎坷，有大量的数据资料，有成功的经验，有失败的教训，像这样一架自行设计的超声速强击机能获今天这样的成绩不简单啊，真是来之不易。我们空军需要这样的强击机，我们三机部也需要，总之，是祖国需要它，我们不能放弃它。现在，就像我们走路登山爬到了半山腰，我们要鼓把劲爬到山顶，而不应该半途而废，功亏一篑！”

随后，孙志远在洪都中层以上干部会上不仅没有批评静力试验的失败，反而表扬了工厂在极端困难的时刻坚持了强5的科研试制，他要求工厂进一步加强领导，继续进行试制，要钻得深、摸得透，情况了解清楚，工作做得扎实，凡是必要的试验都要进行，使工作立足于最可靠的基础之上。

1964年6月，空军司令员刘亚楼、政委吴法宪和副司令员曹里怀就强5飞机的试制问题向罗瑞卿总参谋长提出报告，报告在简单介绍了当前世界各国使用强击机的情况、空军的需要以及强5飞机的情况后说：

我们的意见：强5飞机虽然还不是一种理想的强击机，现在还存在一些问题，但这种飞机的设计、试制已有一定的基础，材料大多能立足国内，而且即将试制可供飞行的飞机2架。现在从强5着手，比重新设计试制其他强击机要快一些。我们有了这种原型机，在这种还不够理想的飞机基础上，今后进一步改进，就比较方便了，而且，这项工作对锻炼技术队伍，积累设计经验和资料都有好处。因此，我们根据总参谋长“不要放弃这种飞机”的指示，支持洪都进行的研制工作。希望工厂按原计划在首先完成安－2、初教6等飞机和零备件生产任务的前提下，投入很小的力量，在今年内把飞机研制出来，争取明年试飞一下。在试飞成功后，再进一步考虑研究改进，通过艰苦摸索，使我国能够自己设计出一种适应抗登陆作战和在战场上支援陆军的理想的强击机来！

1964 年 7 月，罗瑞卿总参谋长批准了这个报告。从此，强 5 飞机的研制工作重新得到正式承认，而这距离强 5 项目停止已经足足 3 年的时间！

事实上，对于强 5，当时在空军及第三机械工业部引起了强烈的反响。早在进行全机静力试验之前，空军副司令员曹里怀就表示过："即使不能用，也要搞出来！"1964 年强 5 飞机 02 架首飞前，第三机械工业部副部长刘鼎到洪都，更是态度鲜明地表示："自己设计的有些问题，要修改，这个不奇怪。试验过程中也一定会发现些问题，进度变化是可能的。但不要因为有其他外部干扰而影响进度……对强 5 要不惜牺牲自己的名誉，不惜自己的喜怒哀乐，这是最高的政治觉悟，是最高尚的品质。现在正是考验我们，是我们用力的时候。任何冷言冷语，歪风邪气和动摇我们意志的事情，我们都要紧紧抓住，死死不放……"这掷地有声的话语，在那个艰难的年代里，给了陆孝彭以及强 5 研制线上的人们无限的感动和支持，使他们一次次振作精神，勇往直前。

濒临绝境的强 5 又恢复了元气，工厂迅速重新组织生产线，抽调精兵强将，增加经费，添置仪器设备。很快，强 5 飞机 02 架就在一片欢呼声中完成总装，随后，做了大量的地面试验，都得到了满意的结果。紧接着，在工厂跑道上进行了首次滑行。

1965 年 5 月 1 日，强 5 飞机 02 架原型机运抵樟树基地，研制工作进入一个新的阶段——飞行试验。

前面我们提过，为了满足喷气式强击机的起降要求，洪都干部职工义务劳动 3 个月，完成了跑道扩建的工作。可为什么强 5 要舍近求远，到离南昌 100 多公里的樟树某空军基地进行试飞试验呢？

这是因为强 5 重量大，空机重量达 6.4 吨，洪都的飞机跑道不够长，又是第一次试飞，不少人担心飞机飞不起来。事实上，据樊洁保师傅回忆，早在强 5"见缝插针"时就有人提出疑问，这个飞机好几吨重，能飞上天吗？这个疑问一直萦绕在不少人的心头，如今，真正要试飞了，自然就成了关注的重点！

针对这一情况，1960 年，洪都和当时的航空工业局就考虑过强 5 原型机的试飞问题，认为在第一次上天之前应该先进行预起飞。

所谓预起飞，就是飞机在跑道上高速滑行，然后腾空1米左右，立即着陆。希望在短暂的留空时间（约20秒）里，考察飞机的留空状态。鉴于洪都跑道无法满足预起飞时既起飞又着陆的需要，因此，最终转至离南昌较近的樟树机场。

根据试飞工作需要，空军派出了商宗尧和拓凤鸣两名飞行员，并任命某高级飞行训练学校的参谋长邸宝善担任首飞指挥员。陆孝彭任技术组组长，与部分人员代表工厂常驻基地，全面掌握、组织和安排有关工作。在这个期间，围绕强5首飞的问题，新一轮的争论又展开了……

按原计划，飞机要进行预起飞，但在计算预起飞需要的跑道长度时，发现越算越细，问题也越算越多，跑道长度也越算越不够。先后花了一个月时间，结果还是拿不定主意。有人认为，预起飞是必要的安全措施，跑道长度不够，应该设法加长；有人认为跑道长度除按计算需要外，还要有充分的余量，否则预起飞反而不安全；有人认为加长跑道，短期内难以做到，而根据飞机、场地及试飞人员的情况，可以突破新机试飞必须先做预起飞的禁区，直接上天。一时之间，众说纷纭，意见不一。试飞领导小组决定落实一下预起飞的飞行操作流程，再听听试飞员的意见，因而向空军部队借来了1架米格-15型飞机。

就在这个关键时刻，空军副司令员曹里怀和三机部副部长刘鼎来到基地。他们观看了米格-15的预起飞。尽管成功了，但米格-15飞机还是冲到了跑道的顶端。一看这个情况，大家更忧心：米格-15毕竟是老资格的飞机，飞行员操作也较顺手，在这种情况下，仍然冲到跑道顶端，而强5是新机，飞行员也是第一次飞强5，在现有条件下，能顺利完成预起飞吗？人们的疑问仍然没有解开。

6月1日，由曹副司令员和刘副部长共同主持召开了一个会议，专门研究强5是否进行预起飞的问题。会上，曹里怀要陆孝彭发表意见，这时，大家都把期待的目光投向了他，陆孝彭顿时感受到了强大的压力。

起初，陆孝彭是倾向预起飞的，毕竟这是符合科学规律的。如果不做预起飞，飞机上天后才发现问题，那就根本没有补救的机会，一旦机毁人亡了……

陆孝彭不敢往下想，他不能让强5冒这个险！

但后来看了米格-15的预起飞后，陆孝彭越来越不放心，预起飞的操纵较为复杂，跑道本身并未留有余量，加上，当时正值江西的雨季，连日的阴雨使跑道较平常要滑润，降落减速时冲出跑道的可能性很大，安全无法保证。这个时候，陆孝彭才觉得，如果进行预起飞，那是让强5去冒险！

于是，陆孝彭主张，取消预起飞，直接起飞！他表示，飞机在研制过程中，进行过大量的风洞试验，说明飞机的气动布局良好；在10余次地面高速滑行中，飞机平稳，各系统工作可靠；试飞员拓凤鸣技术好，经验丰富，通过理论学习，座舱实习和地面滑行，对飞机已有比较全面的了解，飞机和人都是可靠的，应该尝试着突破新机预起飞的禁区。

根据陆孝彭等人的意见，最终，曹里怀决定："不搞预起飞，多滑行几次，把任务交给拓凤鸣同志去执行，邸宝善同志指挥。"

就这样，首飞的日子定在了1965年6月4日。然而，这次飞行不仅面临着强5突破试飞禁区的挑战，还有更为残酷的天气因素，使得强5的首飞成为了一次异常特殊的冒险经历。多年后，有记者在沈阳采访到了当年强5的试飞员拓凤鸣，他向记者讲述了强5当时惊险的首飞历程：

强5的进气道和以前的飞机有很大的区别，它是两侧进气，而歼6等飞机都是机头进气的，而且，强5飞机重量大，比歼6重1吨多。所以飞机又长又高，外形上完全是自行设计的。

飞机制造出来后，因为重量大，能否直接起飞，在当时研究争论了很久。洪都负责领导整个试飞组织工作，试飞指挥工作则由六院八所（科研所）负责。起初，科研所主张不直接起飞，要搞预起飞，要了解飞机的情况，掌握飞行参数，因为他们想获取飞行参数，拿到一手资料。但工厂坚持直接起飞，根据计算，飞机可以直接上。因为这个，争论了很久，相持不下。

后来，曹里怀副司令员来了，曹说，不听你们的，听飞行员的，飞行员说怎么飞，就怎么飞。我说，可以直接起飞。之所以这么说，是因为我听他们讨论过，也听人家介绍过情况，而且在跑道上滑行情况很好，我心里有数。

首飞的日子定在6月4日。这天天气不好，南方夏天的天气，说下雨就下雨。一直不敢放飞，想等等看天气能否好转。等到上午12点多，天气越来越坏了。看着云压过来，指挥员邸宝善就说，不飞了。这句话一出口就捅了马蜂窝了。曹里怀听说不飞了，立马跑到指挥台，严厉地训斥邸宝善，足足有20来分钟，当时现场有很多人，都听着曹里怀训斥，不敢出声，邸宝善站着不敢动，老老实实听着。曹副司令员坚持要飞，后来，他看着我，他说，你是飞行员，你来定，飞还是不飞？当时，我很尴尬，这么多领导在，却把这个事交给我，让我来做决定，确实很为难。

当时，测云高为1600米，我说，飞吧！就这样，天气很复杂，气氛也很紧张，强5就是在这种情况下首飞的。

强5飞机待命起飞

飞机上去后，一切都正常，规定是转3圈。结果，转了2圈后，雨开始下大了，雨水啪啪打着前风挡。我看不行了，赶紧收放起落架，收放襟翼，试试飞机的性能，就准备着陆。进入着陆航线时，跑道已经模糊一片。下来时，雨水很大，1000米的能见度都不到了，雨水打得前面已经基本看不清跑道了，还好，落地时飞机很正常。落地后，雨水太大了，我在飞机里都出不来。

着陆时的云高只有200～300米的样子。如果飞机再晚半分钟，可能就真下不来了，根本就看不清跑道了。因为是首飞，当时油加得少，别的机场也去不了。如果下不来，后果就很严重，可能机毁人亡。当时，那种险情，很多人都心惊肉跳的。我也后怕，这不是一般的危险。这个飞机造出来太不容易了，我心里想，千万不能出事。

当时的感受很复杂，终于飞上了自行设计、自己制造的飞机，作为飞行员来说，很高兴，很自豪。但直到今天，每每想起，我仍然后怕。这是我一生的飞行生涯中，遇到的最危险的一次。首飞成功后，由于雨下得太大了，大家并没有像一般的首飞成功后那样，相互拥抱，相互聚在一起，有的之前就走了，有的都在避雨，根本活动不了。

“晚半分钟，就下不来了！”这样的话，从一个技术纯熟，有着丰富飞行经验的老飞行员口中说出来，这不能不让人感受到当时强5和拓风鸣所处的险境。历经长达7年的艰辛支撑与全心付出，强5终于首飞成功了！或许，与很多新机首飞成功的热闹场面相比，强5似乎显得落寞而孤寂了很多。这个命运多舛的“新生儿”似乎注定了走一条坎坷而曲折的道路，然而，也正是这一次次的磨砺，塑造了强5坚毅而果敢的品性，这样的品性让它在后来的岁月里飞得更高，飞得更远，具有更加顽强的生命力！

这张珍贵的照片记录了强5首飞时的情景

首飞成功了，飞机一下来，尽管天气不好，活动不便，但大家内心里都很激动。见证了强5首飞的参研人员雍正球回忆首飞时陆孝彭的表现：

强5一下来，陆孝彭便激动得眼泪止不住地往外流，我们都挺理解他的。

那天晚上，在樟树搞了个庆祝宴会，二十几桌，还放了烟花，大家相互庆贺，相互倾诉，场面令人感慨。大家都喝了不少酒，陆总平时不喝酒的，那天晚上，他也喝了不少。

陆孝彭在《忆昔之十六（樟树）》中写下了强5在樟树首飞及后来试飞情况的感受：

忆昔雄鹰到樟树，暮春烟雨入翠微。首飞何须分真假，超音屏息听惊雷。

双炮齐射惊险象，火箭连飞丘成灰。年终定型何太急，有劳曹帅大笔挥。

对于曹里怀副司令员，陆孝彭在《忆昔之七十六（里怀）》中表达了对他的敬佩与尊重：

忆昔里怀主空军，三到洪都探雄鹰。静试不成更勉励，雨中首飞指挥定。

设计定型不过岁，文革援我出囚禁。赤胆忠心为革命，功成身退后世敬。

设计定型，离实战有多远

对于一架新机来说，首飞是关键的一步，但也只是一小步而已，离设计定型、批生产、达到实战要求，到底还有多远的距离，或许看了强5的研制经历，您就会知道了！

首飞成功两天后，强5进行了第二个起落的飞行，随后召开了试飞工作会议，会议决定：第一阶段基本性能和战斗性能试飞在樟树基地进行；第二阶段科研试验性试飞在六院八所进行，并调整了试飞领导小组，陆孝彭仍任技术组组长。

在接下来一个多月的试飞过程中，强5暴露出设计上存在操纵杆力重、全罗盘盲区大、输油泵信号灯指示不正确等问题。于是，试飞领导小组决定停飞一个月，集中解决试飞暴露的问题。同时，等待03架飞机补做全机静力试验的结果，为下一个试飞科目——突破声障，提供安全可靠的技术支持。

就在决定停飞的第二天，强5飞机03架进行了静力试验。一年多以前，01架静力试验的情景仍然萦绕在不少人的心头，因此，对于这次试验，洪都职工给予了较高的关注与期望。

这一次，强5没有让人们失望，飞机在加载至94.1%设计载荷时，机翼在主梁与前梁相交处折断。由于原设计载荷是按1.5倍声速计算的，若按飞机设计速度为声速1.2倍计算，则破坏时已达到99.2%设计载荷，何况设计时，另有1.5安全系数，所以实际使用上飞机强度已经具有一定的裕度，如果再把规定的允许过载从8降到7.5，则飞机的飞行安全是完全可以保证的。

随着试飞工作的深入开展，问题也不断地暴露出来，大家将注意力都集中到如何解决这些问题上来。面对出现的一个又一个新问题，陆孝彭和他的设计团队进行了不少尝试与创新。

飞机在飞行过程中，燃油的逐渐消耗会引起飞机重心的变化，如何减小这种影响，是强5设计团队当时考虑的一个重点。当时，行业内普遍采取的是由储油箱按一定程序先后供油给发动机“程序供油”的方案，然而，强5却另辟蹊径，采取了由各储油箱按一定流量比例输油给主油箱的“比例输油”方案，当时，这种比例输油的形式在国内飞机上还是第一次采用。

强5从开始设计到飞机试飞，在系统设计上也还没有完全落实，为了验证并指导设计，早在开始设计时，就提出了进行燃油系统地面模拟试验的安排。1960年，洪都设计人员陈正庆、赫大光和王世昌等在没有资料、实物可以借鉴的情况下，设计了一个单点球形支座、以摇臂吊车为转动动力的“原始型”试验台。但由于制造安装过程中发现铸件质量不好，加上试验场地、露天作业等很多问题，最后不得不放弃了这个方案。

1964年，设计人员在吸取1960年经验的基础上，又设计了一个框架式三轴转台，采取手摇绞车使转台俯仰或倾斜，进行全尺寸的系统模拟试验，在工厂非标准设备、型架、油箱导管和特设车间的努力下，转台在1964年底制造安装并调试完成。于是就一个个姿态、一个个角度，用手摇绞车来改变位置，先后进行了500多次试验，并依靠人工计数，一共测得了上万个数据。

1965年5月以后，试验还在进行，眼看着樟树基地的02架强5飞机马上就要试飞了，从事试验工作的人员越发感到肩负的重任和时间的紧迫，他们不顾连续数月试验带来的疲劳，根据试飞科目的先后安排试验，把测得的数据及时提供给试飞技术小组，保证了试飞工作顺利进行。同年7月，飞机停飞后，他们继续努力，加紧了试验。通过在这个比较粗糙的设备上8个月的认真试验，发现并解决了系统输油失调、耗油次序混乱和信号指示不准确等较大问题，指导并验证了系统的设计改进工作，最终使飞机在作战飞行的时间里由于燃油消耗引起的飞机重心变化不超过平均气动弦长的0.5%。

强5飞机燃油模拟试验装置

经过8个月的实践，虽然在设备设计制造、测试手段或试验方法上，仍然存在不少问题，需要改进。但是，我国第一个飞机燃油系统地面模拟试验台就是这样诞生的，而我国第一次飞机燃油系统的地面模拟试验就是强5飞机做的。由此，作为起点，以后有了比较先进的试验设备和比较完善的试验方法。

在停飞的一个月时间里，针对试飞暴露的问题，进行了必要的更改，并完成了对飞机的改装工作。这些日子里，技术人员从方案讨论、设计制图、零件制造到装配试验一直跟踪到底；工人们日夜三班，赶制零件、改装飞机；汽车、摩托车不分昼夜、风雨无阻地穿梭于南昌和樟树之间，运送人员、零件和设备，有时甚至还出动了安－2飞机。

随后，陆孝彭在樟树呆了一年多时间，集中跟踪强5试飞，当时，雍正球也在樟树跟飞，他见证了这段时间陆孝彭的工作状态，他在接受采访时回忆道：

首飞过后，我和陆总在樟树一起呆了一年，跟踪强5试飞。这一年里，他心情很好，大概是因为强5终于出来了。那时候，强5每天都要飞，发现故障的时候，要连夜排故，必须保证第二天的飞行。闲一点的时候，他就会游泳、打乒乓球、唱歌、跳舞、下棋，什么都能来。夏天的时候，我们去游泳，那是池塘的水，不太干净，没想到，他也跟我们一起游泳。那段时间，我才发现，他的性格其实蛮开朗的。

1965年8月，强5首次突破声障，进入超声速领域！

1965年9月2日下午，天空万里无云，强5飞机按计划在8000米高度进行空中机炮射击试验。14时30分，意外情况发生了，左右机炮同时短速射4发炮弹，飞机突然剧烈抖动，随后，左发动机停车，右发动机喘振，飞机高度急剧下降。

试飞员拓凤鸣立即向地面指挥报告，顿时，指挥塔里死一般寂静，大家的神经都绷紧了。在地面指挥员邸宝善的指令下，拓凤鸣沉着镇静，一直保持飞机处在平稳飞行状态。尽管如此，几吨重的飞机在空中失去动力，这样的情景让人想一想心都会颤抖！飞机如铁托一样在半空中下坠。不一会，飞机便下降到5000米，这时，地面指挥员发出指令，拓凤鸣重新起动发动机，终于，左发动机起动了，然而，右发动机仍然没有动静。高度继续下降，到4500米时，再次起动，这次，右发动机终于起动了。这惊险的一幕揪住了所有人的心，当强5安然返回地面，绷紧神经的人们终于长舒一口气。

得知这一消息，陆孝彭心急如焚，飞机一着陆，他就找到试飞员，详细询问了飞行情况，随后，又组织专家一起分析原因。经过认真分析，终于找到了空中停车的原因。原来，强5飞机的机炮位置靠近机头，正好处在发动机进气道前方。两门机炮连续射击时，烟雾进入进气道，瞬间氧气不足，导致发动机燃烧室的余气系数超出稳定工作范围，最终造成了熄火停车。针对这一故障原因，火炮专家出身、有着丰富军工经验的刘鼎副部长指出，机炮没有安装消烟装置，会对发动机产生不利影响，他建议安装消烟装置，并立即电告有关单位制作消烟装置。

就这样，工厂做出决定，02 架飞机继续进行其他科目试飞任务，在即将总装完工的04 架飞机上，把机炮从机头两侧移至左右机翼根部，并加装炮口装置。改装后的04 架飞机从1965 年11 月23 日起参加试飞。随后的射击试验证明，改装后的04 架强5 飞机试飞效果良好。随后，飞机又进行了发射火箭弹，投掷副油箱等试验，全部成功。

强5 的04 架原型机，机头两侧机炮已移至机翼翼根

历时6 个多月，强5 完成了第一阶段的试飞。1965 年12 月，强5 飞机几经风雨，终于迎来了初步设计定型。定型委员会主任委员曹里怀、副主任委员常乾坤、刘鼎主持会议，对强5 飞机的设计、试制和试飞等情况进行了审查和讨论，最终通过了“关于强5 型飞机初步设计定型的报告”，报告中既肯定了取得的成绩，也指出了存在的主要问题，对强5 的自行设计给予了极大的支持。

紧接着，强5 飞机02 架于1966 年年初转场至北京南苑机场。3 月3 日，国防工办副主任赵尔陆、李如洪及国防工业部的负责人在三机部副部长刘鼎的陪同下来到机场，观看了强5 的飞行表演。赵尔陆详细询问了飞机的性能特点和

1965 年 12 月，强 5 飞机初步设计定型，会议由刘鼎（右）主持，曹里怀（左上）和常乾坤（左下）在强 5 飞机初步设计定型报告上签字

设计人员的情况，并问在场的洪都飞机设计所副所长陆孝彭①："你们下一架预备设计什么飞机？"陆孝彭当即答道："准备再设计一架更好的强击机！"

3 月 10 日，陆孝彭和飞行员，还有航空工业部的领导们一大清早就等候在南苑机场入口处两侧。听说中央领导人要来观看强 5 飞行表演，陆孝彭心里有些激动，又不免有些紧张，他不知道是哪位首长要来，不时把目光投向道路远方，不时还抬头看看天空——早晨的云雾还未散开，天气预报，这天要到下午才能转晴。

不久，一长串黑色轿车从水泥道上驶过来，车停下后，一个熟悉的身影从车上下来，陆孝彭一眼便认出他，是时任中央军委副主席的叶剑英元帅！他一边走，一边向欢迎他的人群招手致意，走到人群中间，与人们一一握手，紧随其后的有总政治部主任肖华，总参谋部代总参谋长杨成武，副总参谋长张爱萍、李天佑、王新亭，以及大军区首长陈锡联、杨得志、张国华、秦基伟、杜平等。这时，三机部部长孙志远把陆孝彭介绍给叶帅："这就是强 5 飞机的主管设计师陆孝彭同志。"

元帅把手伸过来，与陆孝彭握手："你好，我见过你，好像是在观看歼教 1

---

① 1965 年 9 月，洪都在原设计室的基础上成立了设计所，高镇宁和陆孝彭任副所长，高镇宁主持工作。

飞机试飞的时候……”

陆孝彭很意外，也很激动：“首长记性真好……”他没想到，叶帅还记得当年的情形。当时，歼教1首飞成功后，叶帅紧紧握住了陆孝彭等人的手。在首飞庆功会上，叶帅问徐舜寿、黄志千和陆孝彭：“你们能搞战斗机和强击机吗？”此后不久，“东风106”（强击机）和“东风107”（战斗机）的研制工作便提上了议事日程。

叶剑英让陆孝彭坐在他身边。试飞表演开始了，叶帅边看试飞边问飞机的情况，陆孝彭认真地为叶剑英元帅做解说。对于与叶帅的这次亲密接触，陆孝彭记忆深刻，他曾回忆说：

飞行结束后，叶帅向飞机走去，元帅踏上梯子，探头往驾驶舱里看了看，下了梯子，又绕着飞机走了几圈，一边观看飞机，一边提问题，我都一一作答。后来，叶帅请我和飞行员等一道合影留念。随后，叶帅指着飞机说：“这个飞机要不要的问题，有过争论，好多同志提出不要。今天大家看了，认为还是要。这个飞机是自己设计的，是好的。你们是成功了，现在的问题是研究改进，更好发挥它的作用。改进的任务也是你们的。”临走时，叶帅还说：“你们把飞机搞出来了，谢谢你们！各军区同志谢谢你们！”

1966年3月，叶剑英（前排右七）
在北京南苑机场观看强5飞行表演（前排右六为陆孝彭）

观看表演期间，叶剑英还表示，强5先生产10架送空军试用。对叶剑英元帅，陆孝彭是怀着深情的。1994年春，广州城郊红花岗苍松翠柏，绿叶婆娑，烈士纪念碑巍峨挺立在山坡之上雾蔼之中，已经是白发苍苍的陆孝彭怀抱着鲜花，怀着景仰的心情与老伴徐思瑜虔诚地来到叶剑英元帅墓前，望着叶帅的音容，他感慨万端。在他最需要支持的时候，叶剑英元帅为他遮风挡雨，拨开阴霾……在陆孝彭的《红花岗叶剑英元帅墓献花》中，他这样写道：

叶帅遗像犹英姿，红花岗上献红株。昔日威名奠边府，谁知滇桂挫越师。

此后，陆孝彭多次赋诗悼念叶剑英元帅：

叶帅音容岂能忘，京苑尚忆飞雄鹰。评定良机来诸将，凌云盛会集群英。

身兼将相怀良策，志决西南捷报频。南来凭吊读遗句，愿作泥红献赤心。

忆昔京苑飞雄鹰，春雪方霁初放晴。评定良机来诸将，指点功过尽公卿。

叶帅阅兵多豪兴，亲定十架入空军。日后西南传捷报，方献丹心报国情。

强5在北京的一个多月里，先后组织了5次飞行表演，21次地面参观，参观者达4000余人次，参观人员都为我国能够自行设计制造出第一架超声速喷气式强击机而感到高兴。

陆孝彭缅怀叶剑英元帅

1966年4月，02架原型机从北京转场到西安阎良的六院八所，与早前由南昌直接飞去西安的04架原型机一起，开始了第二阶段的科研试验试飞。

不久，六院组织了一个研究班子，研究战斗机的发展方案，陆孝彭被任命为调查组组长，到边防部队进行走访调查，以此作为论证依据。陆孝彭先后去了云南、广西、广东和青岛海军航空兵部队，走访了很多战斗英雄和优秀飞行员。这次走访部队，使陆孝彭掌握了大量的一手资料，对部队的需求有了全面的了解。陆孝彭迅速消化这些资料，在关注强5试飞的同时，一个新的、适应现代空战的高机动性战斗机设计方案在他的头脑中开始酝酿了……

就在这时，陆孝彭接到消息，空1师的两名飞行员反映强5的低空性能飞不出来。陆孝彭立即意识到问题的严重性：强5的低空性能一直是陆孝彭最为关注的设计特点之一，也是强击机必须具备的品质，假如试飞报告上明确表示强5不适合做低空飞行，这无异于否定了强5的设计，如此一来，会严重影响强5的批生产。是试飞大纲要求上的问题，还是我们没有说清楚？陆孝彭不得其解。在这种情况下，他立即赶赴西安。

到西安后，陆孝彭详细查看了试飞记录，并向两名飞行员询问了相关情况。结果，陆孝彭了解到，他们只飞到500米便不敢再往低飞了，担心出事。原来，空1师是一个整编的战斗机师，让他们来飞强击机的低空性能，本身就显得牵强。

陆孝彭立即耐心地向他们说明：“飞机飞了500米之后，并没有降低高度，应该试着飞300米。”陆孝彭请求他们飞300米，飞行员要求陆孝彭签字画押，他们才肯飞。陆孝彭照办了，结果，300米低空性能飞出来了。再往低了飞，他们说啥也不肯了，签字画押也不行……

事实上，300米的高度远远高出了陆孝彭的目标值，在陆孝彭的设计指标里，强5不仅能飞低空，甚至还能飞50米、30米的超低空……

情况反映到空军司令部，空军立即决定派空5师有着“彝族之鹰”美誉的战斗英雄、飞行大队长杨国祥和有着丰富飞行作战经验的王道中进行试飞，地面指挥仍然是邸宝善。同时，还请陆孝彭主持试飞工作。

就这样，强5与杨国祥、王道中等人结下了一段缘。多年后，杨国祥在《强5飞机的试飞成功》一文中详细回忆了他进行强5试飞前后的故事：

试飞新型飞机，我国既无先进的试飞设备，我自己也无试飞经验，遇到的问题很多，难度很大，而且每分每秒都处于危险之中。在这些问题和困难面前，试飞不试飞，这不仅是考验一个空军战士不怕牺牲的勇敢精神，而且也是检验一个共产党员忠不忠于祖国和人民的试金石。当时我想，毛主席告诉我们：“中国人，敢于走前人没有走过的路，中国人，正在做前人没有做过的事情。”试飞强5飞机，是毛主席、周总理亲自批准进行的，能否试飞成功，毛主席、周总理非常关心，并且再次指示军委和空军，一定组织好试飞工作，并派出空军曹里怀副司令员和常乾坤副司令员亲自领导、组织试飞工作。因此，我下定决心，困难再大，也一定要坚决完成好这次试飞任务。

“彝族之鹰”杨国祥

1966年，试飞工作刚开始的时候，空军首长就明确指出，“强5飞机是我们国家自己设计制造的第一架超声速战斗机，强5飞机能否顺利安全试飞成功，事关重大，对国际、国内都将产生深远的影响，我们既要绝对保证飞行安全，又要把强5飞机的全部性能都试飞出来，我们一定要制定严密、科学的试飞计划。”根据空军首长的指示，由各方面人员一起，共同研究制定出了严密、科学、系统、全面的试飞计划，并报上级批准后实施。为了确保飞行安全，又要把全部飞机性能试飞出来，我反复对强5飞机进行了中空、高空、低空、超低空等各种科目的试飞，又从实践需要出发，对各种战斗科目依次进行了试飞。

1966年，试飞工作正在紧张进行之际，全国掀起了“文化大革命”，工厂一片混乱，工人“闹革命”去了，试飞工作无法进行，经请示空军批准，试飞工作改到部队去进行。经过两年多，数百次的飞行，对强5飞机的飞行性能、机械性能、作战性能、特种设备等进行了全面的、系统的试飞工作。试飞完成后，对强5飞机的主要性能、优点、存在的问题做出了比较全面的、科学的鉴定，向空军写出了全面的试飞报告，并提出了改进的意见。

1968 年 6 月，毛主席和中央领导同志在人民大会堂接见部队团以上干部时，我也荣幸地受到接见。

强 5 飞机地面发射火箭试验

根据我写的试飞报告，经周总理批准，1968 年，在北京召开了由空军、三机部、总参、总政、总后、国防科委、国防工办参加的关于“强 5 飞机试飞情况报告会”。会议由空军曹里怀、常乾坤两位副司令员主持，会议认真听取了我的试飞报告，对强 5 飞机进行了认真讨论，会上还传达了毛主席、周总理的重要批示，讨论中大家一致拥护毛主席、周总理的批示，但对强 5 飞机的看法上有两种意见，一种意见认为：“强 5 飞机性能太差，根本不适合打仗，不要再搞了。”另一种意见认为：“强 5 飞机存在很多问题，但是外国人不可能给我们战斗机，部队当前没有战斗机飞，没有飞机还叫什么空军呢？能飞就是好飞机，不用改进了，况且我们试飞制造出来的是超声速战斗机，再按试飞报告提出的改进意见，又不知道要等到何年何月才能装备部队，现在工厂一片混乱，谁来负责改？”我既不同意第一种意见，也不同意第二种意见，我坚持试飞报告的意见，我认为：强 5 飞机是我们国家自己设计自行制造的超声速战斗机，基本性能是好的，我们决不能轻易就否定掉，存在的问题是有毛病，不改进，飞机是不适合作战的，我们生产飞机，是为了打仗，我们对国家负责，对战争负责，不适合作战的飞机坚决不能要。但是存在的问题是可以改进的，经过努力，改进后的飞机性能基本上可以达到世界比较先进的水平。

会议认真讨论了我提出的5条改进意见，与会同志最后一致同意我提出的试飞报告的意见。为了继续完成强5飞机的改进工作，根据工厂和有关部门的建议，当前工厂一片混乱，无人领导的状况，原来负责设计工作的陆孝彭已被关起来审查等情况，会议一致决定由空军组成强有力的试飞工作组，到工厂继续完成强5飞机的试飞改进工作。当时，空军党委任命我为强5飞机试飞改进领导小组组长，工作组由空军党委直接领导。为了完成光荣而艰巨的试飞改进工作，根据我的建议，会议还决定空军科研部的一名处长任副组长，协助我一起工作，空军科研部派留苏回来的张春军给我当秘书。

会议上还决定1969年国庆节要有××架合格的强5超声速战斗机通过天安门，接受党和毛主席的检阅，还要生产××架作备用飞机。为了完成这个任务，要求试飞改进领导小组立即到工厂，抓紧一切时间把强5飞机试飞改进成功。

根据会议上的决定，我带领试飞改进领导小组全体同志很快进驻到工厂。我们首先向工厂“革命委员会”传达了北京会议的精神，传达了毛主席、周总理的重要批示，明确告诉他们：我们是根据党中央、毛主席、周总理的指示，来进行强5飞机的试飞改进工作的，要求工厂大力支持我们的工作。鉴于陆孝彭已被关起来审查，我们不了解情况，不便提出意见，但为了顺利完成试飞改进工作，让已被打倒的原厂长苏敏参加我们的工作组，负责强5飞机生产的准备工作，让被打倒的副总工程师冯旭参加工作组，作为试飞改进小组组长的顾问，全面负责改进的技术工作。因为有党中央、毛主席、周总理的指示，工厂革委会同意了我们的意见。我们还提出了召开全厂万人大会，由工作组向全厂职工传达党中央、毛主席、周总理的指示，以便动员全厂职工，积极完成试飞改进任务，并把试飞改进领导小组的成员、任务向全厂职工一一介绍，便于工作组开展工作，工厂都答应了，并照办了。我们还拜访了省革命委员会领导，拜访了驻江西空军师长李永泰同志，后又拜访了空军师长王子祥同志，向他们传达了党中央、毛主席、周总理的指示，以求得到他们的帮助和支持。

我们根据时间紧，改进任务繁重，思想认识不一致的情况，专门和工厂设计所的全体同志反复说明强5飞机改进的必要性和可能性，认识统一后立即组成了若干小组，细致、全面地研究制定改进方案。经过工作组及设计所600多名技术人员反复查图样、找资料，又反复进行论证等工作，经过历时3个月的日夜奋战，一个全面系统的改进方案形成了。

根据改进方案，为了得到全国有关强5飞机部件厂家的支持，我们在江西宾馆召开有全国480多个工厂1500多名代表参加的“强5飞机生产协作会议”。会上，由改进领导小组向与会同志传达了党中央、毛主席、周总理的重要指示，会议对强5飞机的有关生产厂家，提出了各种部件的技术性能和交货日期。会后，工作组全体人员到生产一线，与设计所技术员和工人一起进行大量的地面试验设计改进工作。工作组还建立了三天一碰头，一周一研究，半月一讲评的制度，对改动比较大的液压系统、操纵系统和动力系统，领导小组主要负责人都亲自参加研究，帮助解决难题。经过工作组、设计所、工厂近一年的努力奋战，经过无数次地面试验，经过全体同志无数个不眠之夜的工作，战胜了无数的困难和技术难关。正当改进工作进入关键时刻，空军任命我为空军飞行长，等试飞完成后再到任。1969年9月，第一架改进后的样机生产出来了，并制定了全面进行定型生产试飞的计划。经空军批准后，对强5的机械、飞行、作战性能进行了试飞，又反复进行了中空、高空、低空、超低空飞行性能的试飞，并从实战需要出发，对战斗课目进行了试飞。经过3个多月，100多个架次的试飞，证明改进后的强5飞机已达到了空军提出的技术要求。经过试飞，对强5飞机的性能、优点、存在的问题做出了比较全面的科学鉴定，并向党中央、国务院、中央军委，以及中央各有关部门作了试飞成功的报告。上级同意强5飞机定型生产、装备部队的报告，后经中央批准，正式生产强5飞机装备部队。

强5飞机的试飞改进成功经历了艰难曲折道路，也是经过无数风风雨雨的斗争才取得成功的。强5飞机从开始的“雄鹰302”到试飞改进成功前后经历了五六年时间，这中间，究竟遇到过多少困难，遇到过多少问题，它又涉及到全国480多个工厂，现在已经无法进行统计和说明，也不能把遇到过的问题都写出来。强5飞机的试飞成功，标志着中国人是能够设计创造出超声速喷气式战斗机的，中国过去完全依靠外国进口战斗机的历史已经结束，对我国的航空事业和空军建设都产生了巨大影响。

强5飞机机炮地面射击试验

就这样，杨国祥成为我国历史上第一个试飞成功超声速战斗机的试飞员，并载入《当代中国》史册，后来，杨国祥获得了国家级科技进步奖特等奖。1982年，上海电影制片厂根据强5飞机的试飞经历，拍成了电影故事片《魂系蓝天》，在全国公映。从上面的文字，我们似乎依然能够感受到荡漾在杨国祥心中的那份骄傲与自豪，他理应骄傲，理应自豪，这是对一名试飞英雄最高的精神奖励！

在遭受“文化大革命”冲击被关押之前的很长一段时间里，陆孝彭跟随着强5飞机征战南北，时刻伴随在强5左右，他一次次地目送着雄鹰直冲云霄，又一次次地迎接它平安落地，陆孝彭见证了它的每一次成长，并记录下了强5这段不平凡的成长经历。在《忆昔之十（辽阳）》中，陆孝彭提及了强5在辽阳进行靶试时的情景：

忆昔雄鹰到辽阳，空地靶试碧海傍。弹弹中的无虚发，箭箭生光硝烟扬。

彝族之鹰精技艺，领航校尉草奏章。谁知滇桂挫越寇，各领一军战绩煌。

同时，强 5 还进行了尾旋试飞。对于强 5 这样主要执行对地攻击任务的超声速喷气式强击机，本来并不需要做尾旋这种高风险的试飞科目，但作为一种自行设计的新飞机，了解并掌握它进入尾旋和改出尾旋的状态与性能还是有一定价值的。强 5 非常有出息，经受住了考验。

经过艰苦的试飞，最后，试飞员杨国祥和任连魁在试飞报告中对强 5 飞机写下了这样的评语：“强 5 飞机经过多次试飞和部队使用表明，有很大的优越性。其主要方面有：强 5 飞机的起飞着陆性能比歼 6 好，飞行员比较容易掌握；中高空的操纵性和稳定性较好，升限接近歼 6，低空的最大平飞允许速度比歼 6 还大一些；低空飞行稳定性较好，速度大、视界好，可以达到低空、超低空突然袭击的目的，是一种比较理想的强击机……”

1969 年 12 月，强 5 飞机终于结束了试制阶段，揭开了强 5 飞机成批生产的新篇章！

从 1965 年年底完成初步设计定型到完成改进试飞，最终形成批产装备部队，这中间，又相隔了 4 年。在这 4 年里，陆孝彭经历了许多事情，他参加了 1966 年的国庆阅兵观礼，紧接着，又被推进了“文化大革命”的囚牢……

灾难深重的“文化大革命”如汹涌的洪流般袭击了陆孝彭，袭击了强 5……

第五章　铁窗下的“幻想曲”

“交待材料”写满强5改进意见

1966年6月17日，洪都厂门口贴出了“文化大革命”开始以来的第一张大字报，攻击工厂党委执行所谓的“资产阶级反动路线”，一场疯狂的闹剧由此在洪都正式上演。

不久，工厂陆续出现各式各样的群众组织，红卫兵造反司令部、赤卫队、毛泽东思想战斗队以及其他，等等，再后来，群众组织从开始的口头辩论，很快发展到游行、示威和武力抗争，通过群众组织的相互串连、联合，“文化大革命”也就从工厂卷入了整个社会。

在“文化大革命”早期，陆孝彭并未受到太深的影响，他专注于强5的试飞工作，因此，对于政治运动显得有些迟钝。据陆孝彭后来回忆，当时，他的想法是：不管怎么斗，最后还得看能不能把飞机造出来，还得看飞机能不能飞上天，飞得好不好。因此，他哪一派都不参与，只管趴在绘图板上修改设计图样。

这就是一名科技工作者对政治所持有的思维逻辑，然而，事态并没有像陆孝彭想象的那样发展。当这场史无前例的灾难来势汹汹时，没有人能够独善其身。

1966年国庆17周年前夕，陆孝彭突然接到通知，受邀到天安门参加国庆观礼。这让陆孝彭特别兴奋，对他来说，这是至高无上的荣誉。最为重要的是，他想见见毛主席，见见周总理，见见开国元勋和老一辈无产阶级革命家，这是多么幸福的事情啊！

很快，陆孝彭抵达北京。在三机部，刘鼎副部长带陆孝彭见了新任的代理部长吴融峰。想起孙志远部长对强5、对自己的支持，陆孝彭提出想见见孙部长，这才得知孙部长突然患脑溢血，正在医院抢救，医院不让探望。想到几个月前，在南苑机场见到他时，他还神采奕奕，如今，却躺在病床上生死未卜，陆孝彭不禁一阵叹息。

强5在静力试验失败的最困难时期，这位老部长以宽宏的心胸和度量，果敢的勇气和魄力，给予了强5无限支持与帮助。这样的人让陆孝彭怀念一生，在他晚年的《忆昔之一二六（孙公)》诗抄中，写道：

忆昔孙公党奇才，创建冀中根据地。晋任贺龙参谋长，解放平津多奇计。

航空部长建三线，幸遇伯乐驰千里。国庆观礼求一见，谁知一病竟不起。

第二天清晨，吴融峰亲自安排将三机部的观礼代表送到天安门。陆孝彭是第一次登上天安门城楼，心情激动自不必言说。雄伟的天安门广场聚集着100万红卫兵，人头攒动，人群如潮，展眼望去，一片绿军装红袖章的海洋。随着庄重的音乐响起，国家领导人依次出现在天安门城楼上。陆孝彭亲眼见到了毛主席，亲眼看到了党和国家领导人，置身这万众欢腾的气氛中，宏大的气势强烈震撼着陆孝彭的心。检阅红卫兵从上午10时一直持续到下午4时，晚上，观礼代表回到天安门城楼观看焰火，他记得很清楚，他和陈毅只隔着一个桌子。城楼上大理石台阶铺着红色地毯，金水桥上也铺着红色地毯，城楼上灯笼的红光与广场上五彩缤纷的十色光环霓虹装饰交相辉映，一片欢庆的气氛。对于这次观礼，陆孝彭也记录了他的感受：

忆昔初登天安门，百万红卫红海洋。主席神采真奕奕，总理丰功自煌煌。

夜观灯火灿星汉，晓梦迷离枕席香。革命洪炉千百炼，谁知浩劫已暗藏。

的确，处在那个年代，没有人能预料到后来的“文化大革命”，更没有人预料到“文化大革命”的汹涌澎湃、催“枯”拉“朽”会带来一场旷世浩劫。“红”味十足的建国17周年庆典感染了全中国，领袖“旗帜鲜明”地支持红卫兵更是让人们迅速陷入了一片盲目追随的混乱之中。陆孝彭也一样，他在心里记住了：要永远紧紧跟随伟大领袖毛主席，毛主席支持红卫兵，我也要支持红卫兵。

回厂后，陆孝彭立即表态支持红卫兵。石屏院士在回忆时这样说：

陆总是支持红卫兵的，他偶尔会参加红卫兵搞的大型活动。熟悉陆总的人都知道，他有一个特点，那就是一切听党的，听组织的。当时，他是国家级专家，在厂里特别有权威，因此，他要坚持的事情，很难有谁改变。别人跟他说话都不好使，但只要组织做他的工作，他都会听，而且会照着做。因此，“文化大革命”时，毛主席支持红卫兵，他也就支持红卫兵了。后来，他自己也被关进了“牛棚”，遭了不少罪，记得以前他是不抽烟的，“文化大革命”过后，他就学会了抽烟。

由于态度鲜明，已担任飞机设计研究所副所长的陆孝彭成为“革命三结合”的对象，当上了设计所下属某中队的生产委员，继续负责强 5 的设计及生产工作。1968 年，强 5 试飞工作进入关键阶段，陆孝彭先到西安解决了强 5 低空飞行性能后，又到辽东半岛进行了 3 个月的军械科目试飞，这些情况，第四章已有细述。

就在陆孝彭全力追踪强 5 的试飞情况时，一份催他回昌的电报送到了他手中。

接到电报后，部队同志也曾劝过陆孝彭不要回去：“现在是特殊时期，如此急着催你回去，不是好事！”

陆孝彭并没有往深里想，他抱定一个信念：我是清白的，不会有什么事！

然而，在“文化大革命”怀疑一切、横扫一切的日子里，陆孝彭曾经入过国民党，出过国，与英国女子恋爱等这些都成为最敏感的问题。事情并不是像他想象的那样用“清白”两个字说得清楚，或许，以科学家的思维方式永远也不明白政治是怎么一回事！

1968 年 8 月，陆孝彭回到了南昌，到达南昌的当天，他就被关押了。

陆孝彭回忆了这段历史：

回到家后，一家人都很高兴。吃饭的时候，突然两个人闯进家里，我认得他们，是造反派的。他们很得意的样子，摆弄着武装带，让我跟他们走，说是要谈谈。我没想那么多，谈就谈吧，没什么好怕的，便跟着他们到了学校。学校大楼顶上飘着“工人武卫团”的旗子，已经没有学生上课了，到处乱七八糟的，甚至看不到一块完整的玻璃，教室里堆放着残破的桌椅板凳。他们让我上楼，我不肯，他们说，他们现在已经夺权，走资派都要听他们的。要是不想吃苦头，就老老实实跟着走。我已经明白他们想干什么，不肯去，他们不由分说，把我架着上了楼，我被带到工人武卫团团部，墙上贴着“坦白从宽，抗拒从严”的标语，一张桌子后面坐了几个人，屋中央放着一个小凳。就这样，他们开始审讯我。

他们让我交代问题，坦白历史罪行，我说我没问题，也没罪。一个造反派一脚踏在凳子上，凶狠地盯着我，另一个造反派走到我跟前，不由分说，就拧我的胳膊。我还是不肯说，他们就一直审我。到了晚上，看审不出什么来，他们就递给我纸和笔，让我写交待材料。当天晚上，我被关押在一间小房间里。

一个晚上，我都没闭眼，睡不着，全身痛。从来没受过这种“待遇”，揪心。我就想，什么“历史罪行”呢？我一遍一遍地回想，怎么也想不通……

第二天，我又被押到厂行政大楼，这次是军宣队和工宣队的人审讯。他们提到了我在重庆关于“中实商行”的事情，加入国民党的事情，还有我在国外的事情，还质问我与“彭、罗、陆、杨”中的罗瑞卿有什么关系，等等。

“中实商行”的事情陆孝彭在他的自传中多次交代过，但造反派却拿这个借题发挥。要说起这件事，得回到20多年前……

陆孝彭接到被派往美国留学的通知后，便回到山城重庆，办理出国手续。这个消息传出去后，在当地轰动一时，无人不认为他要飞黄腾达。当地的地头蛇也想巴结他，其中有个姓刘的，是重庆警务处的处长，他通过陆孝彭的哥哥陆孝伦，表示要设宴为陆孝彭饯行。陆孝彭莫名其妙，他不认识这个刘处长，于是便想拒绝，陆孝伦却说不可。原来，陆孝伦刚到重庆时，因生活拮据，便拿了大衣去典当，结果，当铺老板在大衣口袋里发现了一个日本硬币，那是他在唐山铁道学院读书时无意中留下的。当时，身处沦陷区的陆孝伦，口袋里装着日币是很平常的事，但老板不分青红皂白，硬把他当作汉奸嫌疑扭送到了宪兵团，当时审问他的就是这个刘处长。后经疏通关系，才被放了出来。陆孝伦劝弟弟："这次他请你赴宴，你得去应付一下，地头蛇得罪不得。若不给他面子，还不知道他给你的出国使什么绊子，反正去了也不会有什么事！"

陆孝彭听哥哥的话有道理，得罪这个刘处长，对他，对他的家人都没有好处。于是陆孝彭答应了。

饯行在凤凰楼饭馆举行，名义上是为陆孝彭宴别，实质上是经济团体"中实商行"的一次聚会，一帮"中实商行"的股东都来了。宴会上，这些人一直讨论着中实商行的事情。陆孝彭很反感，自顾自地吃着东西，偶尔起身应酬一下。席散前，刘处长送给陆孝彭一张股票，陆孝彭不肯收，说他没钱买。刘处长说，股票的钱他先垫上，等有钱了再还给他不迟，便将股票硬塞进陆孝彭的口袋里，同时，交给他一封介绍信，让他交给加拿大中国领事馆工作的一个随员，说他也是"中实商行"的朋友。

到美国后，陆孝彭便把股票的事忘到九霄云外，股票也不知遗忘在什么地方了。至于那封介绍信，也被扔进了美国的废纸篓。

解放后，这个刘处长被处决，"中实商行"也随之定性为官僚买办的经济组织。

让陆孝彭没想到的是，这一顿莫名其妙的饭局又莫名其妙地纠缠了他几十年。

被关押的前两个月，都是交待问题，从初中开始，任何细小的问题都要写。有一次，造反派让他交待对强 5 飞机的破坏活动，并提到 01 架强 5 静力试验失败的事情，陆孝彭非常气愤，他为强 5 呕心沥血，废寝忘食，竟然说他破坏强 5 研制。写着写着，陆孝彭便想起了上次试飞时暴露的问题，于是，他趁机写了一份强 5 飞机遗留技术问题的论证和思考后的改进意见，满满的一沓纸，字字都系着他对强 5 的牵挂。这是多么让人震惊的一幕，这就是陆孝彭，这就是身陷囹圄，仍然献身航空事业的科技工作者形象的真实写照。

他被关在房间里，一张桌子、一沓稿纸，日复一日，月复一月，陆孝彭的精神受到了摧残，内心无法承受。历史问题写完了，又交待现实问题和社会关系，写“反革命活动”，等等。

对于造反派的各种质问，陆孝彭一一作答。造反派见陆孝彭很硬，便开始对他实行“逼供”。有一次，还将一根足足有二三十斤重的铁棍抬来，硬让陆孝彭高举过顶，不交待就不允许放下，瘦弱的陆孝彭撑不下去，最终昏迷过去。

后来，他们又拿了玛格丽特的照片，逼问陆孝彭。看着他们如此粗暴地对待玛格丽特的照片，他心都碎了，陆孝彭这才知道家被抄了。事实上，就在他被关押的当天晚上，工人武卫团便抄了他的家。他们闯进屋子后，乱翻乱砸一气。陆孝彭从国外带回来的一把小提琴被他们砸碎了。他们撬开了他从英国带回来的铁皮箱，这里面有他和玛格丽特的美好回忆，通情达理的徐思瑜特意允许他保存的。徐思瑜理解他，她和铁箱里的玛格丽特也一直相安无事。但这次抄家以后，这些信件，照片都遗失了，他们还抄走了家里值钱的东西，还有陆孝彭和徐思瑜的结婚照片。

工作中的陆孝彭

再强硬的审讯陆孝彭都不怕，他唯独在意的是飞机、家人和玛格丽特。玛格丽特的照片已经被抄了，家人也都受到冲击。陆孝彭被关押后，夫人徐思瑜也被带走，关起来隔离审查，一周不准回家，留下孩子无人照顾。一周后，徐思瑜被下放到车间劳动。据徐思瑜回忆说：

那天，他刚从大连回来，刚吃完中午饭就来了人，说找他谈话，结果一出去就没回来，他被关了8个月。我见不到他，只有儿子给他送衣服，送点吃的。有一次，儿子给他送吃的，他在楼上关押的房间里看到儿子站在寒风里受冻，他哭呀，哭得很厉害，后来别人告诉我才知道这事！

他被关押起来后，工资被扣了，家里很困难。但我知道他喜欢吃肉，1968年春节，我想办法搞了些好吃的，肉呀，鸡蛋呀，烧好了，我让儿子给他送过去。他后来跟我说，他舍不得吃，那么一点东西，他吃了好几天。

那时候，我的日子也不好过。老陆被关起来，我到了车间，大女儿下放了，老二也到了车间，老三下放到余干。送大女儿去农村回来的路上，我一路走一路哭，眼睛都哭肿了。

我的几个孩子读书都很聪明，要不是“文化大革命”，他们都能考上大学。后来，老大是工农兵大学生，在南京航空学院学的，老三在农村也考上了南京航空学院。

中南海传来总理殷殷关怀

提审、挂牌、戴高帽批斗持续了8个月，身体上的折磨尚且能忍受，然而精神上的摧残却让陆孝彭痛苦万端。他日夜思念亲人，思念着强5，他渴望工作，渴望回到岗位上。几十年来，工作已经成为他的精神支柱，漫长的8个月，他离开了笔，离开了图样，离开了计算，离开了工作，这比任何一种体罚都要痛苦。

在被关押的日子里，陆孝彭有大把大把的时间用来思考，用来反省人生。事实上，笔者通过采访发现，在被关押的这8个月里，陆孝彭在感情方面经历了一段很特殊的心路历程。

陆孝彭对感情是执著而热烈的，但也是敏感而脆弱的。陆孝彭一直在内心里珍藏着玛格丽特，但他明白，他已经不可能与玛格丽特在一起了，因此，与徐思瑜结婚后，陆孝彭对感情变得非常保守——他已经失去了玛格丽特，他不能再失去徐思瑜了，于是，他变得比较敏感，他把徐思瑜看得比较牢，害怕她离开他。据徐思瑜回忆：

老陆特别害怕失去我，他不让我和别的男同志讲话；有时候，我去打水，他也会跟着我；当时，我在强度组当计算员，本来他有自己的办公室，但他在我们强度组也摆了一张办公桌，我那个时候一天到晚计算，他有空时还帮我计算；有时候，我开会，他就在外面守着；偶尔我在家里随便哼唱两句歌，他也不让我唱。因此，那个时候，我是不主动跟男同志讲话的。“文化大革命”以前，我们一直都是这个样子的状态。

老陆对英国未婚妻的感情我是理解的，支持的。改革开放以后，我让他托朋友去打听她的消息，让他查地址，还支持他继续写信，我从来不看他们原来的通信内容，这些信都是他们在回国的路上写的，他们在香港的时候还能通信，一到大陆就失去联系了。我知道老陆想她，我把她的照片装进相框里，放在他的书桌上。他挺不容易，在英国本来已经过得很好了，要不是因为爱国，他完全可以不回来的。

雍正球与陆孝彭在工作上是同事，平常也是比较谈得来的朋友。在多年的交往中，雍正球见证了“文化大革命”前后陆孝彭夫妻俩关系的变化，他回忆道：

刚开始认识他时，我们觉得陆总比较怪。当时，没有总设计师这一说法，型号的技术主管就叫主管设计师，但他真的就只管技术，其他的什么都不管。在技术上，他是权威，我们都听他的。他不是很爱说话，比较沉默，有些忧郁。

当时，我们经常开会讨论问题，但不是在上班时间，而是在下班时间。徐思瑜当时是强度组的强度计算员。我们经常看到，徐思瑜在里边开会，陆总就在办公室门口等，一直到开完会，然后两个人一起回家。但两个人从不一起走，总是一前一后，陆总在他夫人后面一米远的样子。工作中，陆总从来不和女同事说话，要说也是用背对着女同事，他的这些特点太特别了，所以让人印象深刻。

慢慢熟悉了，才了解他在英国有一段恋情的事，也就理解他了。那时候，他们夫妻给人的感觉有点怪，这种状态一直持续到“文革”。“文革”以后，他们磨合得比较默契，陆总也慢慢变得开朗了，还会和人开开玩笑什么的，也能跟女同事正常交流了。

陆孝彭被关押后，徐思瑜一个人面对所有的不幸，承受着巨大的压力，对于陆孝彭这个“反动学术权威”，“死不悔改的走资派”，里通外国的“特务”，徐思瑜不仅没有抛弃他，而且悉心照顾他，想方设法安慰他。她经常捎话给他：“凡事要想得开，不止你一个人受罪，厂里的领导们都关在牛棚里……”、“你有强5，上头都知道你，他们不敢把你怎么样……”、“只要你活着，把命拣回来，就是我们一家子的福份，要受罪，我还和你一起分担……”在最难熬的日子里，徐思瑜给了陆孝彭活下去的勇气。与此同时，他也开始发现，被关押的日子里，他最放心不下的，还是徐思瑜。这些年，她为他，为家庭操碎了心，可是，他却一直在心里惦记着一个遥不可及的女人，而置眼前的幸福不顾，与此同时，他也明白了，徐思瑜才是他一辈子的依靠，是他患难与共的人。想到这里，陆孝彭不禁懊悔不已……

在被关押的后期，是陆孝彭最难熬的岁月，这给他留下了诸多不堪回首的记忆。平素眼里容不下沙子的陆孝彭此时的忍耐力受到极大的挑战，精神折磨使他几近崩溃。

然而，陆孝彭的案子却越审越升级，他最先是“反动学术权威”，“死不悔改的走资派”，后又外加里通外国的“特务”，据说，被江西省革委会定为大案要案。曾经不可一世的江西省革委会主任程世清放出话来：陆孝彭是要犯，谁也不能放他，除非中央来要人。这是一句心机颇深的话，中央来要人，必定是罪加一等，案升一级，按程世清的逻辑，陆孝彭是必死无疑。

然而，就在这关键时刻，从中南海传来了周总理的殷殷关怀，是周总理解救了陆孝彭。在“文化大革命”中，陆孝彭的案子并非个案，那么周总理又是如何关注到陆孝彭的呢？这其中是有故事的……

20世纪60年代经历了越南和中东几场局部战争之后，世界各国开始认识到：先进的超声速战斗机被速度更低的对手击落的战例时有发生，因此，设计战斗机不能单纯地追求飞行速度快，还要赋予战斗机以良好的机动飞行能力。

飞机的机动飞行性能主要与飞机的加速、爬升和盘旋性能有关。其中，前两项指标是和高速飞行的设计要求相一致的，而最后一项指标却是与高速飞行的设计要求相互矛盾的。飞行速度越快的飞机，盘旋半径就越大，盘旋一周所需的时间就越长。局部战斗中的空战实践证明：即使在广泛使用空对空导弹的情况下，战斗机在近距离时利用机炮进行格斗仍不可避免。格斗中，战斗机常被迫以尽可能小的转弯半径或尽可能快的转弯速率绕到敌机后方，占据有利的射击位置。这时，速度较低或机体重量较轻的飞机反而处于优势。参加过越南空战的美国飞行员，强烈地呼吁有关部门设计出“战斗机飞行员的战斗机”。也就是说，要加强战斗机的格斗能力。从实质上看，就是要求改善高速飞机的低速性能。

于是，围绕这个新的命题，世界各国飞机设计部门进行了一系列的探索。

1969 年 1 月和 12 月，美国海军和空军通过了 F－14 和 F－15 两种战斗机的设计方案。两者都是通过加大发动机的推力（提高全机推重比）和增大机翼面积（降低翼载荷）来改善机动性的，前者还使用了变后掠翼技术，因而飞机尺寸都很大，重量也大。

1964 年 4 月，英国的“鹞”式垂直起降战斗机开始服役，它从根本上改变了高、低速飞行的矛盾关系，具有异乎寻常的机动能力，但随之而来的是维护使用复杂和经济性差等严重问题。

20 世纪 60 年代末，苏联研制了米格－27 和苏－17 战斗机，它们都是利用变后掠翼技术来协调高、低速飞行矛盾的，但也带来了结构重量的增加。

英国、联邦德国和意大利三国于 1969 年开始论证“狂风”战斗机方案，他们最终采用的也是变后掠翼布局。

1969 年 3 月，法国的“幻影”F. 1 战斗机的预生产型首次试飞。为了提高飞机的机动能力和缩短起降滑跑距离，法国人放弃了“幻影”飞机系列传统的无尾三角翼布局，又回到常规的后置尾翼布局中来寻找出路。与此同时，以色列开始实施“黑帘”计划。他们利用法国“幻影”5 飞机的图样，在三角翼前面加装鸭式小翼，研制了“幼狮”C. 2 战斗机，达到了提高机动性能的目的。

还是这一年，瑞典的近距耦合鸭式布局短距起落战斗机萨伯－37（Saab－37），在世界上一举成名。瑞典人为了挖掘飞机的气动潜力，进行了长达 10 年的预先研究。他们的成功，激起了 20 世纪 70 年代探索非常规布局飞机的热潮。

当时，世界各国的新型战斗机正朝着机体大、设备全、技术复杂的方向发展，而我国采取的却是一种朴实的做法——通过缩小机体，减轻起飞重量来有效地提高飞机的机动性能。就我国当时的技术储备情况而言，这也是最为现实的一条途径。

1968 年 4 月，空军提出了研制“小歼”（即后来的歼 12）的计划。受当时政治环境的影响，关于“小歼”的设计思想，曾有“适应人民战争需要、开展空中游击战”的提法，但其本意是要搞出一种高度机动灵活、短距起降、中低空性能好、维护简单、造价低廉的小型战斗机。问题的提出是与国际航空技术的动向相吻合的，但解决问题的方法却与众不同。

1969 年，空军和三机部将这一任务下达给洪都，希望陆孝彭再挑大梁。当时的陆孝彭已经被江西省革委会定为要案。得知消息后，空军和三机部立即行动，他们共同致电江西省革委会，请求放出陆孝彭。

然而，江西省革委会并不予以理会……

空军和三机部得不到回复，意识到，这件事情必须求助于有影响的人物，才能解决问题。于是，空军以要求陆孝彭研制歼 12 的名义上报国务院，三机部表示支持，就这样，事情惊动了周恩来总理。

周总理把空军和三机部的人找来了解情况，听完汇报后，他当即给办公室秘书下达指示：一定要把陆孝彭放出来，尽快投入歼 12 飞机的设计工作。

据吴立新后来回忆说：

我听说，当时，程世清到北京开会，会议期间，周总理就找到程世清，向他询问陆孝彭现在在干什么？程世清不明白是怎么回事，小心翼翼地回答了周总理，说他现在可能还在关押之中，暂时没有工作。听他这么一说，周总理便打了个招呼，意思是要他放人。会一开完，程世清便迅速赶回南昌，一下火车，他也没回家，也没回单位，直接就到了洪都，马上了解陆孝彭的情况。1969 年 4 月，周总理又亲自给程世清打了电话。就这样，陆总被周总理解救了，当然，还有空军和部里一些老干部的努力。要不然，像他这样的情况，如果继续关押，情况只会越来越严重。跟陆总一起出国留学的徐舜寿、虞光裕不就是在“文化大革命”中去世的吗！

关于周总理解救陆孝彭一事，在方志出版社出版的《青云谱区志》上也有佐证：

1968年8月，陆孝彭被隔离反省。在“交待材料”上，他写满了对强5飞机遗留的一些技术问题的论证和新的改进意见。1969年4月，周恩来总理两次打电话给江西省革委会主任，把陆孝彭解放出来。

就这样，陆孝彭结束了长达8个月的关押，重获自由，重获新生……出狱时，他听见有人说：“算你命大，连周总理都惊动了……”

当陆孝彭回到家中，一家人抱头痛哭。这个时候的陆孝彭瘦骨伶仃，形如枯槁，这个时候的徐思瑜，面色憔悴，热泪横流。

得知陆孝彭放出来了，工厂的干部、工人都到家里探望他，陆孝彭便立即询问他们关于强5的事情。当得知强5批生产受阻，设计队伍遭受劫难，他忧心如焚。

很长一段时候，陆孝彭精神都有些恍惚，这8个月的经历让他不忍回首。然而，每当想起周总理，他又燃起无限的感激与激情，心潮澎湃难平。陆孝彭不知道周总理对程世清说了些什么，但他知道，他的重获新生，与周总理有着直接的关系，这对他既是一种恩惠，更是一种激励。他在心底告诉自己，一定要好好干，要对得起周总理的救命之恩。几十年后，他回忆起周总理，仍然难以忘怀：

忆昔四届人代会，周公亲临陈国情。事必躬亲古贤相，鞠躬尽瘁献革命。

文革浩劫沥心血，千里援我出囚禁。亭亭大树荫十亩，保护干部爱人民。

陆孝彭的夫人徐思瑜在接受笔者采访时说：

老陆经历的磨难特别多。我仍然记得，有几次，他抱着我痛哭的情景。一次是在北京肃反，回来后，抱着我哭，很伤心；还有一次是强5静力试验失败；另外，就是从“牛棚”里被放出来时。这几天，我在看一部电视剧《五星红旗迎风飘扬》，“文化大革命”时，航天的好多科学家都是周总理给解救的，我特别受感动。这让我想起了老陆，想起了老陆也是周总理解救的。想起了老陆被放出来后回到家里的情景。当时，我们家有周总理的挂像，老陆回到家里后，就让我们全家到周总理的挂像前深深地鞠了三个躬。现在回想起来，要是没有周总理，老陆也难逃厄运，感谢周总理啊！

被放出来后的第二天，陆孝彭便到了工厂，在强5装配线上，陆孝彭抚摸着他日夜思念的强5，几乎掉下眼泪。

最让陆孝彭担心的强5在他被关押的这段时间里面临着糟糕的境地。

早在1966年6月，三机部便批准了强5飞机从试制批生产转成批生产的总方案，提出以1966年到1967年一季度为第一阶段，完成设计和试生产批任务，交付10架飞机。然而，1967年1月，受发源于上海的“一月风暴”的影响，试制总方案无法顺利进行，这给日后强5飞机的生产工艺定型埋下了混乱的隐患。

随着“文化大革命”的逐步深入，工厂的情况是：到处都在武斗、打砸抢，生产大局已经遭受重创，生产秩序很难维持下去，生产变得不再重要，“政治”压倒一切。1968—1970年，洪都先后有1600多名职工，其中包括绝大多数中层以上干部和技术骨干，被残酷斗争、集中劳动、隔离审查或非法监禁，个别人甚至被迫害致死。仅飞机设计所先后就有50余人遭受不测，100余名设计员或下放车间，或以“支工”名义下放到全省各地，通过强5研制积累的设计力量在这一时期遭受严重摧残，元气大伤。

经过“大砍、大破”，工厂的生产秩序全部被打乱，管理工作削弱，产品质量大幅下降，强5第一批10架飞机，一直拖到1968年上半年才勉强搞出1架来。这就是陆孝彭被关押过程中，强5所面临的无奈的现实局面。

从“文化大革命”的牢笼里出来后，陆孝彭主要精力转到歼12飞机上，这是后话，后面将重点讲述。另一方面，他仍然关注着强5，关键问题，他必亲力亲为。他一心要报答周总理的救命之恩，那股拼命的劲，直到今天，见过他工作的人仍然记忆犹新，现在在洪都工会工作的刘大雨回忆说：

当时，我在总装车间当工人，陆总经常去总装车间。有一次，我亲眼看见他被当时的革委会主任苏敏训，当时，强5改任务非常紧，陆总在总装车间蹲点，两三个晚上都没回过家。大概是太累了，他就坐在还没有装机的起落架上面打瞌睡。刚好那天，苏主任到总装车间检查生产。苏主任是个好领导，有魄力，作风清廉，而且他有一个特点，就是对干部要求严格。开生产作业会的时候，中层干部迟到了，他会让人罚站，这是全厂人都知道的。看见陆总在打瞌睡，苏主任有些不高兴，就对陆总说：“你还在打瞌睡啊，工人都干得热火朝天的……”陆总老老实实听着，也不说什么。

当时，陆总几天几夜没睡觉，眼睛熬得通红。那种高强度的工作压力，就是我们这些年青人都受不了。那一年我才 18 岁，有一次，我就困得在机翼上睡着了，同事把我抱到办公桌上，拿工作服给我盖上，我却一点都不知道，睡得太死了。年青人都这样，更别说当时陆总已经 50 多岁了。

雄鹰成了“和平鸽”？！

在随后的几年时间里，随着强 5 装备部队的数量和使用时间的增加，飞机在制造质量和使用维护等方面出现大量问题，更为严重的是，这样的飞机在部队只能进行飞行训练，无法进行战斗训练，更不用说担任战斗执勤了，一时间，有人甚至给强 5 取了一个别名为“和平鸽”。

而导致这种现象出现的“罪魁祸首”仍然是“文化大革命”。

1969 年以后，国防工业开始盲目搞大军工，提出脱离实际的高指标，要求洪都尽快生产一大批强 5 飞机装备部队。而那个时候，强 5 虽然被批准按标准样机成批生产，但设计图样并没有经过定型，图样的更改也没有经过必要的审查和控制；1966 年为强 5 批生产所编制的大量工艺文件以及已完成的 7000 项工艺装备，都没有进行正式定型，2 架样机的试飞时间还不足以充分暴露飞机使用和维护方面的问题。

在上级的高压形势下，洪都领导向全厂职工进行了动员，号召要大干强 5，达到“月产20架”的水平，以满足部队需要。一时间，车间连队，不管白天黑夜，拼命突击，争时间抢速度，有时甚至组织子弟学校学生和部分职工家属进厂，老老小小帮助打磨零件或做一些搬运等勤杂工作，“老婆孩子齐上阵”的情景自“大跃进”期间安－2飞机的研制之后再次在洪都上演。

今天看来，正是这种不顾新机研制客观规律，没有在设计图样和工艺定型、系统进行生产准备等工作方面先打基础，就仓促投入成批生产，为后来埋下了几百架飞机大返修的种子。

总装车间中的强5生产线

随着“文化大革命”的深入，组织机构和规章制度都遭到破坏，技术力量被削弱。就在陆孝彭被放出来的时候，洪都飞机设计所又在搞“支工”，88名干部和设计员被下放到江西省各地、县企业。经过“三查”、“支工”、“四查”，一支在20年漫长岁月中，经历修理、仿制和自行设计研制锻炼而成长起来的职工队伍，竟在“文化大革命”的狂风恶浪中一下子遭受惨重摧残，这令陆孝彭痛心疾首！

1969年10月，江西省革委会从部队转业军人和江西各地、县的退伍军人调入1400多人进入洪都基层班组，随后，又向江西的7个县、市下达招工指标，又有3000多人进厂当学徒，对工厂进行“掺沙子”。尽管这批人后来逐步掌握技术成为工厂的重要力量，但在当时，他们大多文化程度较低，且一切都得从头开始学起，对强5的批生产产生了一定的负面影响。

不仅如此，由于当时工厂还来不及对强5的工艺完全摸懂吃透，在批生产中，对可能引起的工艺协调问题估计不足，零部件在互换协调上也出现了大量的问题，加上批产设计上不断有图样更改，没有定型，因此，生产显得十分被动。

事实上，对于一直以修理制造活塞式飞机的工厂来说，一时之间，要形成喷气式强击机的批生产规模，并不是一朝一夕的事情。

铣床加工能力弱成为最突出的“细脖子”。自强5试制以来，洪都没有得到过技术改造，一直沿用原来的老设备。在米格－19仿制和强5试制过程中这个问题已经暴露无遗，但由于数量不多，并没有引起足够重视。到1970年，工厂铣床数量仅占金属切削机床的22%。然而，强5飞机的结构中，由于设计需要，采用了机翼主梁、前梁，机身的横梁等13项“整体式零件”。这些零件项目虽少，但机械加工，特别是铣床加工的工作量却很大。这样一来，矛盾自然就突显出来了！

工艺定型也是一个非常突出的问题。当时负责强5这样一个复杂机种工艺定型工作的只有六七个人，力量非常薄弱。由于缺乏技术人员，强5工艺定型的具体工作一直无法顺利进行。在这种情况下，生产不能停止，大批零件投入制造，一个个部件不停地铆接，一架架飞机不断地装配，对一些协调的部位只能用修配、加垫、强迫、敲打等不正常的方法来解决，仅有的一点技术力量，整天应付生产现场，处理问题，工艺定型只能“细水长流”，成为长期难以割掉的大尾巴。

当强5第二批开始试飞时，飞行员反映在上升拐弯时飞机有抖动的感觉。陆孝彭知道后，很重视，改动了相关的设计，在工艺上又采取了一些措施，加强了飞机局部结构的强度和刚度。重新试飞后，飞行员反映良好。

然而，就在这个时候，空军的专机突然到达洪都，令工厂领导第二天随机飞往北京，向空军司令员吴法宪汇报有关飞机抖动的问题。洪都革委会副主任朱维斌和生产指挥部领导成员苏敏等一行到北京后先向常乾坤副司令员作了汇报，但吴法宪并不理会，在第二天会上，吴法宪声色俱厉地批评洪都，他质问，这样抖动厉害，强度不够的飞机怎么能允许装备部队！刹那间，风云突变，大有强5非停产不可之势。

洪都的同志极力澄清，他们言明了飞机抖动问题产生的原因，解决的措施以及初步的效果。对于这些事实，吴法宪无言以对，一时难予完全否定，会议陷入僵持之中。最后，会议在要求工厂进一步提高飞机质量中结束。

会后，三机部、空军、海军组成了联合调查组对强5的抖动问题进行了研究，经过调查、研究、分析和讨论，写出了“关于强5飞机抖动问题调查研究情况的报告”，报告表明，强5抖动是飞机接近抖动迎角飞行时，机翼分流分离所引起的，这是所有飞机都有的正常现象，是临界失速前的先兆。只要飞行员平舵松杆，减小飞行迎角或增加飞行速度，抖动就会消失。

事情终于水落石出，真相大白，1970年空军司令员吴法宪紧急召开的会议不过是一场虚惊，强5再次避过一劫！

1972年，国务院召开全国计划会议，根据周恩来总理的指标，提出要把产品质量提到第一位，要恢复和健全管理制度等一系列整顿企业的措施。洪都开始组织人员整理汇编规章制度，把工艺定型作为首要任务来抓。随后，为了掌握和解决飞机在部队使用中暴露的问题，不断改进设计，提高飞机质量，洪都组织外场服务小组，留驻飞机使用部队，收集和听取意见。对部队提出的问题，进行了认真研究、分门别类，有的进行了设计改进，有的制定了措施或解决方法，并派出排故小组前往部队排故。

1975年，邓小平主持中央和国务院的日常工作，在全国各行业进行了一系列整顿。这时，“文革”浩劫所造成的恶果已经在部队的装备上十分明显地表露出来。不久，整顿强5飞机的质量问题提上了日程，洪都接受命令：在两年内，完成已经生产交付部队的所有飞机的返修或大修任务，洪都历史上首次大面积返修和大修拉开了帷幕……

后来，驻洪都空军代表室的罗元淦、李新民在回忆文章《让强5飞机更强》中这样写道：

强5飞机1969年设计定型后，未经生产定型即于1970年转入批生产，在使用中陆续暴露了不少质量问题。军代表室在积极督促和参与质量问题的解决中，总结提出了“拉条挂帐，攻关销号”的工作方法。拉条挂帐，即根据军代表收集、掌握的质量信息，经过军厂共同协商，每年集中明确一批重要的质量问题，纳入计划，限期解决。攻关销号，是结合工厂科研、生产实际，采取有力措施，逐一解决质量问题，直到全部销号。

军代表室把拉条挂帐作为解决质量问题的第一步，更重视在攻关中销号。每年都花较大精力协助工厂抓落实，每季度检查一次质量措施落实情况。为解决影响飞机“五大性能”的质量问题，军厂多次共同攻关，较好地解决航炮卡弹卡链、液压系统温度高、扩散器严重漏气等问题。航炮卡弹卡链，造成空中停射率达千分之二十以上，影响部队训练和作战，部队反映强烈。为尽快摘掉卡弹、卡链的帽子，军厂联合攻关，历时2个月，走访相关的主要部队和工厂，取得114次空中停射资料。经过统计分析，终于查清了空中停射的主要原因。针对供弹受阻、约束不严、排链不畅的主要原因，攻关组反复研究、试验，形成了大改方案，并在1982年返厂大修的强5飞机上改装成功。1983年3月，航空工业部、空军在洪都联合召开卡弹卡链攻关总结和技术措施鉴定会，卡弹卡链技术关键基本解决。

装备部队的强5飞机

经过返修排故和大修，消除了质量隐患，并按改进后的图样改装了飞机，从而改善了使用维护性能。新生产飞机的工艺质量也不断提高，飞机设计也逐步得到完善，飞机的综合质量渐趋稳定。同时，部队大批飞机经过较长时期的使用，也积累了比较全面的认识和经验。直到这个时候，强5才开始慢慢受到广大指战员的喜爱，成为真正翱翔在祖国边防线上矫健的“雄鹰”！

而这时距离强5最初启动研制项目之时已经有20年了，在这20年里，陆孝彭设计了世界上最为成功的强击机，也迎来了人生最巅峰、最绚烂的飞机设计师生涯。然而，岁月不饶人，在这20年里，陆孝彭从成熟稳重的壮年逐渐迈入步履蹒跚的老年，时间，成为他最为强大的对手，后半生里，他一直与它赛跑，与它斗争，试图赶在它的前面，多设计些飞机……

第六章　终生痛爱　“空中李向阳”

蜂腰修形：鸡肋？　瓶颈？

一迈入座落于北京市昌平区大汤山脚下的中国航空博物馆，一座高达十余米的馆标非常醒目。白色的支柱向上伸入一架单座战斗机的尾喷口，战斗机呈紧急爬升姿态腾空而起，直指蓝天。支柱下部由一个巨大的空心圆和艺术变形的空军军徽组成，支柱下方是一个红褐色的花岗石基座，基座的正面镌刻着杨尚昆题写的“志在蓝天”四个大字。馆标左右两侧分别为红旗9远程防空导弹、红旗12中程防空导弹和红旗7近程防空导弹。

中国航空博物馆的歼12战斗机

在馆标支柱顶端的那架战斗机可不是模型，而是一架真飞机。这是中国航空博物馆建馆之初由洪都捐赠的一架歼12原型机，飞机编号为01。歼12是我国在20世纪70年代自行研制的轻型战斗机，是迄今为止世界上机体空重最轻的超声速喷气式战斗机，其几何尺寸在同类飞机中也是最小的。

那么，您知道这架飞机出自于哪位设计师之手吗？

陆孝彭？是的，您答对了，就是他！

1969 年 4 月，从“文化大革命”的“牛棚”里出来的第三天，陆孝彭便开始了歼 12 总体方案设计工作，此时的他，由于“文化大革命”的积压和周总理的关心，埋藏内心的“航空报国”强烈志向得以全面爆发，自此，陆孝彭另一段充满激情而又艰辛曲折的历程拉开了序幕……

根据空军提出的研制计划，洪都与 601 所同时接受了这项任务。时值“文化大革命”后期，洪都还处于军管，实行分厂/连营编制，洪都革委会主任叶松盛、董毅志等都非常支持，并明确由副主任朱维斌负责亲自部署工作。经过反复进行方案论证、多方征求意见，洪都于 1969 年 7 月完成了方案初步设计。随后，空军副司令员曹里怀来南昌检查工作，并正式确定由洪都研制“小歼”，指示尽快把“小歼”搞出来。随后，朱维斌、陆孝彭、朱晓彪等人赴京汇报歼 12 方案，会上，军方和三机部领导再次强调要依照人民战争思想，突出短距起落和轻的特点。

陆孝彭接受任务后，开始对小型战斗机进行深入的研究。战斗机小型化最极端的设计要数美国的 XF－85“恶鬼”式飞机，“恶鬼”共生产了 2 架试验机，飞机总重只有 2590 千克，装有 4 挺 12.7 毫米机枪，这种飞机是作为护航机挂在 B－29 远程轰炸机机腹下面，由母机在空中投放，空战后再返回母机挂架，由母机带回。“恶鬼”的诞生说明人类完全能够从技术上实现“随时能飞，到处能打”的设想。

但是，陆孝彭知道，要达到机动灵活的特点，就必然会在一定程度上影响飞机的电子设备、航程以及火力等。对于战斗机来说，这些都是致命的弱点。作为飞机设计师，陆孝彭不可能不知道这种设计背后潜藏的隐患。

既然如此，为什么陆孝彭还要坚持设计呢？事实上，这与当时我国军事发展思想和国情是相联系的。

20 世纪六七十年代，中国大力发展防空和隐蔽手段，对空军战机的发展却投入不足，这是有因可循的。以中国当时的工业和科技水平，即使把全国的力量投入到空军建设，结果也是无法与苏美抗衡的，技术代沟不是一个“大跃进”就能赶超的。因此，这一时期，在军事建设上更侧重于寻求战术突破，这一思想也反映到武器装备上来。

一件武器是否成功，关键不在于先进与否，而在于是不是能够满足作战的需要，比如B-1，可谓先进之极，但是老趴窝，便无法称为好武器了。美国人曾模拟过，F-4打F-5，甚至F-15打F-5，当时的技术条件下常常吃亏或者同归于尽，其原因主要就在于尺寸。F-4雷达发现小巧的F-5的同时，它大而笨重的机身早就被F-5目视发现了，一旦战斗，F-4还要吃亏。

歼12的结构轻巧，体型小到极限，在先敌发现、先敌开火方面，以当时的电子技术水平，是有优势的。

事实上，在陆孝彭的设计思想里，歼12从一开始就准备和对手打目视空战的“空中游击战”的，因此，电子设备的要求不需太高；航程短？1300千米的航程表面上一算，作战半径只有600千米，简直没法用，可是考虑歼12的设计是在本土打游击战，甲地起飞完全可以乙地降落，土跑道就能降落；火力弱？国土防空，是在自己腹地作战，可采用机群式作战方法，只要敌机侵犯领空，我们可以出动多架飞机甚至可多处起飞，将敌机当场击伤或击落；速度不够？国土防空下的F-4不是带炸弹就是带油箱，是飞不快的，骚扰一下就丢油箱炸弹应战，这样的飞机要么回不去，要么武器丢光了没法完成对地攻击任务。

出于这样的考虑，在当时的工艺水平和科技水平下，歼12对于国土防空仍然具有十分现实的意义。

另外，据吴立新了解，研制歼12时，陆总当时是有他自己的想法的：

陆总对各个国家的军事装备、飞机的配备很关注，平常他会大量搜集这些资料，并通过对这些资料的分析整理，找出空军装备需求的发展趋势。根据这种需求，提出方案后向空军汇报，汇报后再按空军的思路进行修改，再通过自筹资金，开展设计研制工作。事实上，歼12是经历了这样一个过程。当然，这与其他科研所由国家指定进行某个项目的设计研制是有很大区别的。洪都一直就是以这样一种模式在寻求自己的发展。

当时，通过对资料的分析，陆总认为，我们国家完全有能力研制一种新型飞机替代苏联的米格-19低超声速飞机，因此，歼12在选型时，陆总的本意是打算让歼12替代米格-19。

从陆总个人来讲，当时，强5的设计研制已经差不多了，从牢里出来后，陆总便想着搞下一个新飞机，歼12就是在这种背景下开始的。

为了加速研制，洪都成立了歼12研制三结合（领导、设计人员和工人）领导小组，厂革委会副主任朱维斌任组长，陆孝彭参加了领导小组工作。1970年3月，三机部正式下达文件，命名该机为“歼12”。

当时，空军对超声速轻型战斗机的战术技术指标只提出两条：总重量为4吨，最大平飞速度为马赫数1.5。事实上这两条指标要求飞机的机动灵活性和飞机中低空格斗能力要强。基于这种思想，陆孝彭等人在初步方案中选用了涡喷6改发动机，机头进气，下单翼布局，初步估算飞机总重为4吨。

作为飞机主管设计师、总设计师，陆总是决策者，头脑需要很清醒。事实上，陆总非常善于剪裁设计，用什么，不用什么，是用A的方案，还是用B的方案，到底哪个方案更合理，更符合型号设计要求？他必须对各个方案进行验证，提出他自己的看法，并最终做出决策，这个过程是需要智慧与魄力的。

按飞机性能侧重不同，当时提出了两种气动布局方案：一是侧重短距离起降，机翼前缘后掠角48°；二是侧重最大平飞速度，机翼前缘后掠角52°。当时工厂对歼12飞机设计的指导思想是飞机要轻，要突出飞机中低空格斗的性能，要有良好的经济性，飞机要显示出“轻、灵、短、快”四个字的特点。轻，就是飞机重量要轻；灵，就是飞机要机动灵活；短，就是飞机起降距离要短；快，就是飞机飞行速度要快。

要实现这四个字，“轻”字是关键，它是实现其他三个字的前提。因此，陆孝彭和设计队伍在飞机的重量设计上，颇下了一番功夫。除了在结构、工艺上采取措施外，在电子设备、系统、成辅件的选用上也力求简单，原则上对一些可用可不用的设备，成辅件都不用。

随后，带着飞机设计的指导思想和初步设计方案，陆孝彭等人走访了空军和有关单位，他们先后对空14师、樟树空军基地、空17师等征求意见。根据曹里怀的指示，朱维斌、何永钧、陆孝彭等人还向沈空汇报了歼12飞机设计方案。沈空召集112厂、601所和沈空飞行员对飞机方案进行了分析讨论。他们认为：“轻、灵、短、快”的特点符合部队的需要，设计思想是正确的；最大飞行马赫数1.5满足作战使用要求，但希望飞机在中低空机动性好的情况下，尽量提高高空机动性；土跑道起降要解决防尘问题；2门30毫米口径航炮弹的备弹量80发少了，希望每门带弹100发；过载7偏小，要求达到过载7.33以上，设备力求简单，操稳品质要好；座舱布局要使飞行员满意，在方案阶段应考虑解决飞机高增升装置，解决零高度救生和提高平尾的颤振速度等问题。

针对走访提出的问题，陆孝彭组织力量提出了改进措施。对原方案主要做了三方面的更改：加大机翼面积，采用前缘缝翼和双缝襟翼的增升装置；采用4.5个大气压的低压轮胎；按飞行员提出的要求，调整座舱布置，改进平尾操纵刚度，提高平尾颤振发散速度。

在洪都考察时，曹里怀充分肯定了歼12的设计思想和改进方案，为了做足“轻”字文章，曹里怀指示，将方案中采用的2门30毫米航炮，改用1门30毫米航炮、1门23毫米航炮。他认为“航23也是炮，被航30炮击中能完蛋，那被航23炮击中，也照样能完蛋。”

然而，一味追求“轻”，却给歼12留下了致命的缺陷。有军事评论家提出：

歼12的不足之处正是由于追求机体小、重量轻所引起的。它的机内燃油贮量为1250千克，可带两个400升的副油箱，最大航程可达1385公里，但仍属于短航程类型的飞机。歼12的机载武器是1门30毫米机炮，备弹80发；1门23毫米机炮，备弹120发；另外，可挂2枚红外制导的空对空导弹。就其飞行重量而论，火力不算很弱，可是该机采用了机头进气形式，对增装先进设备不利。若改为两侧进气设计，加装先进的火控系统，则重量和阻力都要增加，其原有的优点也将削弱。

石屏院士在接受采访时也谈到：

歼12主要是两个问题，一是作战能力差，当时部队没有提出具体的战术指标，因此，飞机追求“轻、灵、短、快”，结果，飞机的机载武器火力较弱。二是速度没达到指标，当时，陆总想收蜂腰，有人不同意。当时那种情况下，为了赶进度，陆总便没有坚持。结果，飞机出来后，速度没达到指标。于是，陆总提出要改，这样便耽误了不少时间，错失良机。

歼 12 机身蜂腰修形明显，外形优美

设计之初，陆孝彭是主张采用跨声速面积律对机身修形，也就是石屏院士所说的“收蜂腰”，以降低跨声速阻力。但这一主张得到不少人的反对，他们认为米格-19、米格-21 都不是蜂腰形机身，歼 12 也不必采用。一时之间，蜂腰修形到底是鸡肋？抑或是瓶颈？在这个问题上，有了较大的分歧。

尽管反对者的理由在陆孝彭看来是多么的不可思议，但最终，陆孝彭却没能坚持住自己的主张。

关于这个问题，很多年后，陆孝彭接受采访时表示：一是当时尚处在“文化大革命”期间，刚刚从牢中出来的陆孝彭，仍然处境艰难，他非常珍惜来之不易的设计飞机的机会；二是当时空军急需战斗机，时间非常紧迫，陆孝彭必须顾全大局；三是歼 12 已大胆采用了各种新技术新工艺新材料，减轻了飞机的重量，如机身和中翼整体油箱、大面积的双曲面金属蜂窝结构、碳纤维复合材料壁板、钛合金板和铝合金起落架等，此外还采用了单块式风挡。这些新技术的应用，在国内当时的条件下是富于创造精神的，能大大减轻机身重量。

就这样，明确了歼 12 设计思想和主要战术技术指标，并确定了继续搞机翼前缘后掠角为 48°的方案。

随后，洪都飞机设计所立即组织各专业力量，铺开完善方案工作，进行外形设计、结构打样和系统原理设计。1969 年 8 月初，第一轮吹风模型的模线绘制经过近 2 个月的努力，在六院九所王志远等人的帮助下，使用数控绘图机完成了机身、机翼、尾翼的理论模线。

有了模线样板和工厂专门成立的歼 12 飞机高低速模型加工小组，工厂仅用了 2 个月的时间就完成了高低速全机测力吹风试验模型的制作任务。与此同时，全机结构打样和系统原理设计也基本完成，成辅件电子设备的选用也基本落实，飞机的研制工作进展顺利。

1969 年 12 月中旬，歼 12 飞机第一轮高低速风洞试验分别在沈阳和北京大学顺利完成。然而，吹风试验结果令人并不满意：飞机阻力比设计值大。经过对试验结果的分析，认为产生的原因是飞机部件干扰阻力和部件外形阻力大，需要对飞机外形进行跨声速面积分布规律修形。另外，经打样计算，飞机结构系统超重 400 千克。

针对这一情况，洪都立即组织召开一系列技术问题研讨会。1970 年年初提出歼 12 飞机第一轮吹风方案的改进意见，改进的主要内容就是加大机身并以跨声速面积律原理进行机身蜂腰修形，同时，扩大采用多项新结构、新材料，以减轻重量。这些措施，使飞机计算零升阻力在马赫数 1. 5 时降低 12%，从而在发动机地面推力为 4050 千克力的条件下，飞机有可能达到马赫数 1. 3。为了确保飞机“轻、灵、短、快”特点的实现，陆孝彭带领大家积极开展设计创新。参与歼 12 研制并协助陆总工作的张道政回忆道：

那段时间紧张而高效，白天晚上，陆孝彭深入总体气动和各个专业组，用了半个多月时间积极带领大家逐项组织讨论、明确设计状态和进度要求，并过细做好协调，亲自指导设计。从总体设计（气动布局、总体布置、重量指标）到结构、系统和特设等，有的反复多次才能定下来（如载荷、重量指标及分配，机身与机翼整体油箱结构可行性等），要求大家“精心设计，为节约 1 克重量而奋斗”，陆总总是用他的聪明才智和采纳大家的意见，集思广益，求得最佳的设计。这方面的例子实在太多了，仅举一例：

陆总不仅对总体、气动、强度很精通，对结构设计更是驾轻就熟，比如歼 12 的减速护板设计。为了缩小着陆滑跑距离，歼 12 有一个阻力伞，着陆的时候快速打开，拖住飞机。此外，在着陆之前，可以借助减速板。歼 12 的减速板在机身腹部，为了减轻重量，陆总在这个设计上花了些心思。他巧妙地将起落架的护板与减速板综合起来，设计成为减速护板。这个设计非常出色，不仅达到了缩小着陆滑跑距离的目标，也减轻了很多重量。另外，歼12的座舱设计也充分利用了飞机结构。

歼12飞机的研制对洪都来说，起到了承上启下的作用，同时，我个人认为，这也是陆总设计思想达到炉火纯青的杰出代表作。难怪乎，后来601所、603所及南航、西工大都来调研歼12的结构设计特点，尤其是机翼增升装置（前缘缝翼/襟翼，双缝/单缝后退襟翼）等，许多技术都被用于他们的新机设计和教学之中……

洪都飞机设计所成立了改进战斗突击队，不到20天就拿出了修形结果。1970年5月，经过再次修改外形后，歼12飞机改进打样设计终于完成了。

紧接着，工厂全面展开生产图样的设计工作，为了压缩设计周期，生产图样全部使用可晒蓝的铅笔图样。1970年6月，发出了全部生产图样16000余幅，技术报告、技术条件共101份，同时决定，0批生产3架，01、03架试飞，02架做静力试验。

银燕初显"轻、灵、短、快"

早在设计期间，洪都便组建了歼12飞机试造生产线，在当时战备任务紧张的情况下，专门调整了生产准备、零件加工和铆装力量，组织了一个专门的试造班子，在生产图还未完成设计前，预先准备原材料和机床设备等。

这期间，曹里怀多次到洪都检查工作，提出歼12已列入国家计划，中央领导很重视，是飞机研制的重点，这给歼12参研人员极大的鼓舞和激励。

据参与过歼12研制工作的张道政回忆：

为了确保研制进度，根据陆总意见，一方面增加设计人员，除集中设计专业人员外，请南京航空学院派来40余名学生，由周建功教授带队；同时，制定试制关键技术攻关措施，包括机身整体油箱设计/制造、密封橡胶、蜂窝夹层壁板结构、碳纤维辅助进气门、起落架护板机构、高强铝合金起落架等20多项。全体人员集中在初装车间里实施现场设计，组织攻关，这种“三结合”极为有效地把设计、工艺、工装、生产、供应成件等各部门组织起来，大大提高了各专业协调与办事效率，在当时产生了非常积极的效果。我当时是协助陆总工作的，我们都感到在设计、试制直至试飞、设计鉴定准备等各个环节，陆总都是始终战斗在第一现场的。在发图时，设计员加班加点，挑灯夜战，陆总深入每个设计员桌前，有位老同志累到吐血不肯回去，陆总马上劝慰，可他自己每天都是最后离开现场，许多设计员说：“陆总这么大年纪，还在这里，我们怎能不拼命干呢！”当进入工装设计制造、零件工艺制造，特别是关键（如整体油箱铆接、密封、试验，或者关键件开铆时等）阶段，他都要我做好时间安排，我们一起到现场了解情况，解决各类问题（每天有数百项）；听说我有办《歼12试制快报》的想法，陆总很赞成，并鼓励我，后来办了，起到通报情况鼓舞士气的积极作用。

记得在初装时，他特别关心零件的称重（因为歼12重量必需严格控制超重，否则无法保证“轻、灵、短、快”），和设计员一起分析零件实际重量变化情况；当进入总装时，我们一直呆在总装车间，他说：“这是最为关键的时刻，必须保证在第一时间发现问题并解决问题，这样才能确保进度和质量问题的解决，确保12月26日首飞！”他每天加班，很晚才回家，在总装最后几天还和生产调度人员一样呆在车间里，实在累了就在飞机旁或座椅上打个盹。南昌12月的夜晚较冷，遇上通宵加班，我们劝他回去，他也不肯。当飞机推到试飞站时，陆总心里非常兴奋，并多次提醒我：“这是新机试制最关键时刻，一定要精心组织好各专业设计人员在现场，绝不能马虎，有问题随时告诉我。”他还对我说：“歼12飞机是一项光荣的任务，一定要确保质量进度完成，容不得半点差错！”至今，我还记得他说话时既激动又严肃的样子。这时的他更为忙碌，既和设计员一样深入车间，注意处理好进度与质量把关，又忙于和试飞员的技术交流、编好试飞大纲等，虽然眼睛熬红了，但是，他总让人感到他精神抖擞，活力四射；有人说“遇到难题时，感到很困难甚至无法解决，可是陆总来后，他总是能在听取大家的问题后，提出解决问题的办法”。临近12月26日的前几天，大家更是挑灯夜战，他和全体试飞站及设计、生产人员一起。特别是12月26日那一天，飞机被牵引到起飞线，我看到陆总的心情和大家一样显得很紧张，但从他面部所表现的更多的是一份自信——或许，这就是一个著名总设计师所具备的基本特征吧！当飞机落地，陆总脸上露出难以抑制的喜悦和泪水，急忙上前和试飞员握手祝贺，并表示感谢！

1970年6月9日，工厂组织飞机设计、工装设计、工艺技术人员以及干部、工人组成三结合的新机试造单位，当时称之为“69”单位，“69”单位是一个新鲜词，也是洪都在几十年的发展中，结合自身“厂所合一”的特点摸索出来的一套科研与生产相结合的组织形式，在当时，这种形式给歼12飞机按计划节点研制成功起了重要的作用。直到今天，洪都仍然保留了“厂所合一”的体制，在缩短研制周期，减少成本等方面有着非常突出的效果。而“科研与生产相结合”，也是陆孝彭非常推崇的一种组织形式，后面还将讲到。

歼12原型机采取了交叉作业，边设计、边试验、边施工、边生产准备、边试制生产零件、边组合装配。当时，厂房内悬挂着“备战、备荒、为人民”和“要准备打仗”等大幅红色标语，参加试制的工作人员忘记了“文化大革命”中遭受冲击、迫害带来的苦恼和怨恨，昼夜苦干。设计、工艺、生产技术人员和工人紧密结合，共同为试制歼12紧张忙碌。为了抢时间早出飞机，许多人几天几夜不休息，连续工作，不少人困了就趴在办公桌上打个盹，领导请他们回去休息，可他们只出去洗个冷水脸提一下神，就又回到生产岗位上，厂领导也经常亲临现场进行指挥，后勤人员都直接将饭菜送到现场，拿大桶装。晚上总是灯火辉煌的，干到深夜，吃两块桃酥填填肚子。当时，陆孝彭很辛苦，经常与大家一起加班加点，很多人经常是好几天都不出车间。今天想来真是不可思议，当时没有一分钱奖金，也没有加班费，就是一股热情，那种劲头，真的是很感人。

1970 年 12 月 26 日，01 架歼 12 由徐少臣成功进行首飞

在“69”单位的全力推动下，很快，3 架歼 12 的原型机就造出来了。

1970 年 12 月 26 日，也就是在毛泽东主席生日这个具有纪念意义的日子里，01 架歼 12 成功进行了首次试飞。空 14 师大队长徐少臣在首飞后表示：飞机重量轻，起飞加速快，空中稳定性和操纵性良好，转弯半径小，机动灵活，飞机的研制是成功的。

从 1969 年接受任务到 1970 年底飞机上天，在这短短一年半时间里，因受“文化大革命”影响，参加歼 12 飞机设计工作的技术人员还不到 300 人，但广大科研人员都为能再次给空军研制新型战机而自豪。他们不计报酬，全力拼搏，前后进行了全机外形、进气道尾喷流颤振等风洞试验 5000 多次，完成了 37 项静力试验，近 50 项系统模拟试验。在强度计算中，飞机虽然仍采用苏联 1953 年的强度规范，但经强度设计人员大量反复的计算，不仅准确地找出了强度薄弱区，还精准地计算出了飞机破坏的载荷。在 02 架全机破坏性静力试验中，飞机的破坏载荷为设计值的 104%，成功控制了飞机强度，出色完成了歼 12 飞机原型机的研制任务。

1971 年 4 月，原型机 01 架在进行性能试飞中，最大平飞速度为马赫数 0.98，这与设计值存在较大的距离，甚至还不能突破声障。当时，陆孝彭为此颇费脑筋，速度上不去，原因何在？许多设计员也寝食难安，夜不能寐，他们多方分析，冥思苦想。跟随陆总多年的张道政回忆说：

歼 12 飞机 01 架的设计速度是大于马赫数 1.5 的，结果一飞，超声速都达不到。陆总主张通过跨声速面积律来收蜂腰。因为这个事，陆总亲自到总体组画理论图。记得在画侧切面图时，陆总压明胶条画流线，画一次，计算一次，看看行不行，不行，再画，再计算，他就凭他的经验，一点点画，一次次计算，很细致。后来，在部里开会时，陆总还特别强调这一点。因为之前设计时，我们内部也是有争议的，直到后来，01批的时候才采取了这个措施。

此外，大家还认为，飞机上鼓包过多而且过大，增加了阻力；发动机延伸筒切短了600毫米，推力减小。针对这些问题，大家又投入到设计改进和改装之中。后来，试飞结果是最大速度提高到马赫数1.2。如此一反复，一年多的时间就此耽误了。

针对歼12的速度问题，1972年9月，三机部在南昌召开了国内专家、教授参加的歼12方案讨论会，为歼12飞机攻下速度难关给予了有力的促进和帮助。

1973年5月，三机部电话通知洪都，要求歼12飞机飞抵北京，向党中央汇报研制工作。工厂得知这一喜讯后，立即准备。7月21日，歼12原型机03架飞抵北京南苑机场。9月10日，当时党中央领导和军委首长王洪文、叶剑英、李先念、纪登奎、汪东兴、华国锋、徐向前、聂荣臻等到南苑机场听取了歼12飞机研制的工作汇报，参观了歼12飞机飞行表演。歼12飞机不负众望，在跑道上只滑跑了500米就腾空而起，比一般的超声速战斗机起飞滑跑距离缩短一半左右。

事实上，经过改进和试飞，歼12基本达到了设计指标，初步显露了“轻、灵、短、快”的独特风格。

歼12在海平面高度上的最大爬升率是180米/秒。和歼12同年同月首次试飞的美国F-14战斗机的这一指标是200米/秒；专门针对米格-21而设计的F-5E是160米/秒。

歼12在5000米高度上的最小盘旋半径是1140米。中、低空机动性能突出的歼6是1200米；美国刻意改善盘旋性能的F-5E是1080米，为此还在该机的机翼上安装了新的前、后缘襟翼系统。歼12在5000米高度上，从马赫数0.9水平加速到马赫数1.2，所需时间为65秒，歼6是85秒，美国的F-5A是140秒。歼12的性能当时是比较先进的。

再看歼12的地面机动性能，也就是它的短距起落性能。歼12起飞滑跑距离是500米，着陆滑跑距离是510米。与歼12重量相当的亚声速战斗机歼5的起飞滑跑距离是590米，着陆滑跑距离是825米。歼12能做到比歼5的滑跑距离还要短是很不容易的，并且歼 12 具有防尘装置，可在土跑道起降。

歼 12 的最大平飞速度，在 11000 米高度上，最大飞行速度为马赫数 1.5，优于歼 6；实用升限为 17410 米，与歼 6 相当；歼 12 在高空的巡航速度是马赫数 0.95，能接近声速巡航。

歼 12 外形简洁、小巧

歼 12 是迄今世界上最轻的超声速战斗机。它的正常起飞重量为 4450 千克，最大起飞重量 5295 千克，空机重量只有 3100 千克。它有一台涡喷 6 乙型喷气式发动机，加力推力 39.72 千牛（4050 千克力），全机推重比可达 0.91。歼 12 的优越性能主要是依靠机体重量轻和大的推重比得到的。

歼 12 飞机在北京南苑机场的精彩表演得到了中央领导的充分肯定，主持军委日常工作的叶剑英元帅赞誉歼 12 为“空中李向阳”，当时，中国正在上演电影《平原游击队》，李向阳是《平原游击队》中的主人公，游击队的队长，他带领战友们战斗在华北冀中平原，神出鬼没，灵活机动，打得日本鬼子闻风丧胆，李向阳的英名也因此家喻户晓。

“空中李向阳”的赞誉恰当生动地道出了歼 12 飞机机动灵活的飞行特点。叶剑英当时表示：“要搞一条生产线，转小批生产，先少量搞，逐步改进，二三年时间稳定生产，装备部队。”空军也认为飞机性能好，还提出了 9 点改进意见。根据中央领导指示，三机部同意在洪都建立歼 12 飞机生产线，规划年产 300 架。同时，抓紧歼 12 飞机的研制工作，要求洪都研制出 10 架，力争在 1974

年底达到设计定型，到1975年通过小批生产再达到生产定型。

这是一个非常令人振奋的消息，对于饱受“文化大革命”磨难又重获新生的陆孝彭来说，这个消息使他得到了精神上的慰藉和情感上的抚慰。这4年时间多么不易啊！当时的陆孝彭已经年过半百，身体大不如从前，但他却非常好强，工作强度依然很大。夫人徐思瑜回忆：

搞歼12时，也是天天加班。他不喝酒不抽烟，晚上经常熬夜，实在困得撑不住了，他就跟人家要一支烟解解困。

对于陆孝彭的这种强烈的事业心和责任感，时任前机身组长的白佐周印象特别深刻。在陆总去世后，他撰写回忆文章《事业心责任感——忆陆孝彭》，其中，有一段提到陆孝彭在研制歼12期间的往事。

1969年在周总理关怀下，陆孝彭走出“牛棚”，主持歼12飞机设计工作。按战术性能指标要求它是一种超轻型战斗机，轻（重量轻）、灵（机动灵活）、短（起降距离短）、快（飞得快），号称“空中李向阳”。为满足这些要求，不仅机翼采用整体油箱，机身1号油箱和2号油箱也用整体油箱。机身整体油箱比机翼整体油箱技术难度大，可靠性要求高。在此之前，虽然对强5鱼雷机机身整体油箱做过不少研究试验，有一定技术储备，但没有装机使用经验。国内还没有使用先例，国外用机身整体油箱的飞机也不多。1、2号油箱储油占了全机油量一半多，而2号油箱又是主油箱，机身整体油箱能否安全使用关系到飞机研制的成败。

陆孝彭本着对党对人民负责的精神，不辜负周总理的关怀期望，对机身整体油箱设计、研制非常重视，非常认真。从结构打样开始，反复与设计员研究讨论设计方案。详细设计完成之后，仔细审查图样，不放过每个细节，连用什么形式的铆钉，直径多大，间距多少，都要反复推敲。

2号油箱部位的进气道由两股合为一股，是一个结构形状复杂的焊接件。1970年6月，该组件制成之后，即将进入整体油箱装配时，设计员发现在两股进气道交界部位，施工通路差，一旦有了渗漏难以发现，无法排除。要消除这个隐患必须更改设计重新制造。上级领导命令要在年底12月26日毛主席生日那天飞机首飞上天，进度很紧，延误进度责任重大。“文化大革命”期间，人们都怕戴上阶级斗争新动向的帽子。作为刚“解放”不久的陆孝彭还有海外关系、“反动学术权威”的辫子，压力更大，但他没有顾及这些，也没有责怪设计员，而是主动承担责任，向领导说明情况，继而与设计员一起加班加点更改设计图样。

进气道组件装机试飞之后，发现焊缝质量有缺陷。歼 12 进气道狭小，爬进爬出困难，在进气道里面工作更困难。不排除故障关系到飞行安全，为此，他爬入进气道，拿着放大镜亲自查看，确定排除方法。故障排除之后，他再次爬入进气道检查排故情况。在场的人看到年近 50 的陆孝彭这种认真负责、一丝不苟的精神，深为感动。

白佐周老人提到的歼 12 的机身整体油箱的新结构，在当时填补了国内空白。

早在 1965 年论证强 5 鱼雷机设计方案时，为解决油量不足的问题，洪都便提出机身整体油箱的结构布局。为此，着手进行机身整体油箱的研制工作，先后制成 2 个 1∶1 的试验件和 1 个 1∶2 的试验件，完成了各种试验，取得了宝贵的数据和经验。

静力试验后的歼 12 机身

1970 年，强 5 鱼雷机上绽开的“机身整体油箱”之花终于在歼 12 机上喜结硕果。歼 12 机身整体油箱，是我国第一个自行设计制造的战斗机机身整体油箱，它的储油量占全机载油量的 60%。这种设计巧妙地利用了飞机结构本身的空间，是一种大胆的创新。因为，机身是主要受力构件，机身里面还装有发动机，整体油箱在受力过程中，密封好不好，能不能承受这么大的载荷，这些都是关键。

一旦出现漏油，风险是很大的。然而，这种设计的优越性也非常明显。歼12因采用了机身整体油箱，使全机载油量增加了11%，结构和燃油系统共减轻重量83.47千克。这对于追求“轻、灵、短、快”的歼12来说，是具有非常重要的意义的。

歼12的机身整体油箱经过气密性试验、渗油试验、振动试验、充放气疲劳试验、噪声试验和装机上天5架份的近1000次地面试车，311个起落、134小时22分的试飞以及其后的多年停放，证明设计是成功的，使用是安全可靠的。1982年10月，经航空工业部组织有关专家鉴定，该课题荣获1982年三机部科研成果三等奖。

风云突变：“批产”一夜成“不列装”

1974年8月，国家计划委员会、国务院国防工办批复同意为建立歼12飞机生产线、充实海防导弹生产线和加强科研设计试验条件在洪都投资4500万元。这是洪都建厂以来投资最大的一次重要技术改造费用，遗憾的是，此技术改造计划投资并没有兑现。

按计划，10架份歼12分两次投产，前一批为01批1～6架，力争1974年国庆节前完成总装交付试飞；后4架为02批1～4架，力争1974年底完成。为落实01批歼12研制计划，洪都于1973年6月颁发了歼12飞机试制技术总方案。总方案提出改进试制的设计原则是：巩固原型机已有的性能成果，在不丢失已取得的优点的情况下，针对设计性能的主要缺点和影响安全的一些问题加以改进，即在气动布局和结构布局基本不变的原则下，着重改善飞机的加速性、提高空中射击时发动机工作的可靠性。另外，在飞机维护选用的材料成件及飞机的制造工艺性方面，认真吸取原型机的经验并加以完善。

对于更改原则的确定以及如何着手更改的问题，当时，工厂有过广泛深入的讨论，意见主要有两种：一是认为应按中央领导指示精神办，把原型机进一步试飞后设计定型，然后转入小批生产，逐步加以改进；另一种意见是，原型机试飞最大速度只有马赫数1.2，应加大，当速度达到设计指标后，再投入小批生产。工厂经过讨论后，采纳了第二种意见，决定先进行设计更改，后投入小批生产。如何着手更改，又有两种不同的意见：一是大改，为达到马赫数1.5，重新设计飞机气动布局，加大机翼前缘后掠角，改变尾翼的平面几何参数；另一种意见是小改，小改方案既不是直接按原型机投入小批生产的不改，又不主张大改，而是在原型机的基础上提高飞机的使用性能，不牵涉气动布局，以巩固取得的成绩，这既符合中央领导逐步改进的指示精神，又因改动工作量不大，可以很快拿出改进成果。通过统一思想，工厂决定按小改方案着手进行设计更改。

经过充分酝酿，集思广益，在陆孝彭的组织下，洪都飞机设计所对歼12进行了10余项设计改进：机炮后移，防止射击引起发动机喘振；机身增加蜂腰，改善跨声速加速性；进气道取消可调头锥，改为亚声速进气道；双缝襟翼改为后退式襟翼，取消前缘襟翼；减少、压缩鼓包；座舱盖由侧翻改为后翻；增装煤油散热器；外翼上反角由7°改为4°；加挂2个400升副油箱等。

更改总方案确定后，工厂掀起了设计更改高潮，并按批生产进行设计工艺生产的全面规划协调。为落实改进设计，加速01批飞机的研制，工厂于1973年12月成立了以总工程师苏敏为组长的试制领导小组，经过全速推进，1975年初，01批1架总装完成交付试飞，同年7月1日，首飞上天，并开始按照航空军工产品定型委员会批准的试飞大纲进行鉴定性试飞。而原型机01、03架仍在继续试飞。

正当洪都进行歼12小批量试制的时候，1974年，江青反革命集团掀起了全国性的“批林批孔”运动，相对稳定了几年的洪都，再次掀起了激烈的政治斗争，反复出现的动乱干扰了歼12飞机的研制进度。在“批林批孔”的半年时间里，歼12飞机几乎处于无人负责的局面。

改进后（左）的歼12飞机与改进前（右）对比

1975年6月，歼12原型机01架在试飞返航时，因在空中放不下起落架而迫降，造成三等飞行事故。同年11月，原型机03架在空中飞掉座舱盖。连续发生的事故，给试制中的歼12蒙上了一层阴影，果不其然，不久，歼12飞机停飞。

直到1977年3月，中央常规装备发展领导小组确定歼12的战术技术要求，工厂才重新组成歼12飞机设计定型试飞领导小组，陆孝彭任副组长。3个月后，歼12才恢复试飞，而此时，已停飞了长达1年零8个月。

随后，01批生产的3架飞机共试飞135个架次，61小时12分，平飞速度已达到马赫数1.384，最大速度以及其他科目正待继续试飞确定时，三机部电话传达中央军委常规装备领导小组决定："歼12不列装。"相应地取消了歼12飞机的试制经费。1979年6月28日，总参、国务院国防工办发文，取消歼12研制任务。

空军对歼12的意见主要是只有30毫米炮和23毫米炮各一门，火力不够强。其实，在此之前，洪都飞机设计所已在着手进行改装设计，加挂2枚霹雳2导弹，原定从08架起实施，却不想，一切已是徒劳。

这个消息对陆孝彭来说犹如晴天霹雳，据吴立新回忆：

在北京听到歼12飞机不列装的消息时，陆总当场就晕倒了，受的刺激很大。后来，他甚至还向中央军委提出过一个要求，让歼12与米格-19进行空战！谁打赢了要谁！

风云突变，“批产”一夜成“不列装”。耗费10年心血，耗资2218万元，刚刚研制出来还未完成飞行试验的歼12就此“夭折”。此次，除1架做破坏性强度试验的原型机外，歼12共生产了5架经过试飞的整机。后来，中国航空博物馆保存了2架，南京航空航天大学保存了1架，洪都自己保存了2架。

捐赠给中国航空博物馆的歼12飞机

陆孝彭无法接受这个事实，他再次呈报“万言书”，竭力挽救“空中李向阳”。可结果是，他被“隔离”了。有关歼12的讨论会，不通知他参加；有关文件，不让他接触；他所参加的会议，人们绝口不提歼12。他感受到了欺骗，他去找部领导，但部领导躲着他，实在避不开了，也是闪烁其词，不正面回答他的问题。看着那停放在机场，无人问津的5架歼12，陆孝彭一下子陷入到了“万丈深渊”，无法自拔。这个年近6旬的老人，不停地奔走呼号，他一次次找部领导，一次次肺腑陈词，然而，终无力扭转乾坤。人们理解他的愤慨、焦虑和忧心如焚，但却无能为力。

或许上天对陆孝彭是不公平的，或许上天在成就陆孝彭的同时还给予他更多的磨难吧！他主持设计的强5和歼12先后都遭受项目停止的命运。强5是幸运的，九死一生，终修成正果，然而，歼12却没有那么幸运，在“文革”中诞生的歼12，从一开始就给她背上了沉重的阴影，也似乎注定了她会遭此厄运。

在厚厚的一本《陆孝彭诗抄》中，关于强5、关于变后掠翼课题，陆孝彭不惜大量的笔墨，抒怀言志。然而，关于歼12这个他一生中最为重要的设计作品之一，却寥寥无言，笔者颇费心思，才找到一首《忆昔之四（银燕)》：

忆昔银燕轻如翼，上下飙忽回旋疾。却因蜂腰争未休，欲破声障竟难越。

叶帅震怒军令急，重制新机争朝夕。机成疾飞如迅电，良机已失长太息。

或许，真如人们说的那样，歼12是陆孝彭终生的遗憾。往事，不忍，亦不堪回首。

这次，陆孝彭无力再抗争，一个强5，已经耗尽了他的精力，透支了他的所有情感。面对歼12，陆孝彭身心疲惫，欲哭无泪。他不知道怎么排解这种情绪，便将自己反锁在屋里，没日没夜地在房间里转悠。不久，人们传说，陆孝彭为歼12愁得有点神经质了！

风声传到了罗瑞卿那里，这个在"文化大革命"期间饱受折磨的老一辈无产阶级革命家，重新站出来，力排众议，他说："我们对歼12要有正确的看法，它的长处很多，不是每一种新机都要列装，像歼12这样的飞机，让它消失似乎欠妥，还是留下来吧，说不定将来用得上。"就这样，歼12作为技术储备机种保留了下来。

罗元帅对陆孝彭知根知底，这个海外归来的爱国知识分子的一片赤诚之心感天动地，他不应该遭受这样的待遇。而陆孝彭对这位元帅则有着知遇之恩，陆孝彭在《忆昔之三十七（罗帅)》中写道：

忆昔罗帅掌军权，夫妻双双探雄鹰。低空疾飞跨声障，尚能山沟创敌军。

文革浩劫谁能免，被迫坠楼举国惊。身残不忘救银燕，战略储备罪责轻。

歼12飞机研制刚好处于"文化大革命"动乱的后期，政治形势发生急剧变化，型号研制这样一个技术性问题，却不得不因前后决策者的更迭而成为政治的牺牲品。事实上，"文化大革命"使洪都这样一个老航空企业的发展进程直接进入了相对倒退的尴尬境地。"文化大革命"之前和期间，上级曾安排洪都研制"歼9"、仿制"运6"、生产"靶6"等多个任务，工厂都按计划积极组织设计施工，有的还做了大量的准备工作，耗资数百万元。但工厂有关研制工作刚一铺开，上级又停止或改变了研制计划。而原本应该随着歼12建立批生产线、充实海防导弹生产线和加强科研设计试验条件的4500万元投资也因歼12项目的停止而错失，从此，洪都丧失了一次大规模技术改造的机遇，这使得以后的几十年里，洪都逐步落后，甚至落后于曾经援建过的航空企业。一个曾经功勋卓著、辉煌无比的军工企业，就此，开始走下坡路，无数洪都人为此懊恼、沮丧……

歼12飞机“作为技术储备”对陆总的打击非常大，但是性格坚韧倔强的他，强忍内心的痛苦并想再做进一步努力，他对当时的助理张道政说：“现在要做好两件事，一是马上下发‘公用笺’，要求全厂各单位、设计所保存好图纸资料，生产的零部件要油封保存不得丢失损坏；同时，做好设计定型的准备。”事后，张道政立即拟文，经陆孝彭批准后发到全厂；随后，又按“航空产品军用飞机定型委员会”新制定的要求，抓紧完成了《歼12飞机设计定型纲要》，上报航定委，得到很好评价。

对陆孝彭个人来说，歼12是他设计生涯中最具悲剧色彩的一型飞机——优点突出，缺点也鲜明；声誉较高，却终未被列装。如今距离歼12“取消研制，作技术储备机种”已经30余年，陆总辞世有10年了，参与歼12设计研制的不少老同志也都去世了。尘埃落定，回首往昔，或许我们能够对这个飞机进行更为客观的剖析和评价。

放眼“文化大革命”时期的中国军工，中国航空工业进入了一个疯狂的年代，从变后掠翼到垂直起降，无所不包，没有足够的技术储备、工艺水平和制造基础，于是，这些于国力要求过高的目标最终都成为劳民伤财的浪费。而这中间，唯一值得自豪的成果，就是歼12超轻型战斗机了。

歼12是我国第一架摆脱苏联米格飞机系列格局后，完全自行研制的新式飞机。歼12飞机从气动布局到结构、系统的设计，再到新结构、新工艺、新材料的应用，大多出自设计人员自己的设计思想。从开始设计到原型机首次上天仅一年多的时间，说明这时，设计人员能比较自如地运用自己的才能。尽管在采用一些新结构、新材料方面从当时国内情况来衡量，步子迈得比较大，但它标志着自行设计队伍已在消化引进产品技术之后，能够独立进行型号的创新设计了。

歼 12 的不足之处是小型战斗机所固有的，但它实现了设计指标，应该视为成功之作。至于能否列入装备，那要受许多非技术性因素的制约，世界上任何一个有影响的飞机设计机构，其研制的所有型号中，若有半数投入使用，就已经值得骄傲了。我国的飞机研制部门，所缺乏的正是广泛实践的机会，而歼 12 是一次很有成效的尝试。

歼 12 发动机用的是歼 6 飞机所用的涡喷 6 乙型，但歼 6 装备了 2 台这种发动机，而歼 12 只装备了 1 台，其推力明显不足，极难达到预想的设计性能，这也是直接导致歼 12 胎死腹中的重要原因。英国著名的罗尔斯·罗伊斯发动机公司的一位专家到中国航空博物馆参观时，对歼 12 相当赞赏。他认为：歼 12 是中国设计得最好的飞机，只要给它换上一台先进的涡轮风扇发动机，油耗就可以降低约一半，航程可以增加近一倍。

一提及发动机，陆孝彭便有太多的纠结和辛酸，当时，要选择合适的、相匹配的发动机是非常困难的，最终装上涡喷 6 乙是不得已而为之。歼 12 不像现在的飞机那么幸运，能够在改革开放的大背景下，跳出国内范围，另选先进的、推力更大的发动机。不然，在加强发动机的基础上继续改进设计，歼 12 的性能是可以得到较大提升的，完全有可能达到新一代飞机的水平。据吴立新后来回忆说：

歼 12 在试飞过程中，速度总是上不去，起初是声障很难突破。后来，通过面积律收蜂腰，速度总算上去了。不过，发动机也是一个制约因素，空军的原则是发动机必须是国产的，从外面买的发动机他们不会接受。当时，就国内而言要选出一型合适的发动机是非常困难的。

一个新型号的确立，要考虑成为一代新机，才能有生命力。然而，新生事物总有缺陷和不完善的，要通过实践发现问题。只要通过改进能达到要求的，就不要轻易放弃。歼 12 当时的情况并不比强 5 刚装备部队时的问题多。强 5 经不断改进，达到满意，获得成功。而歼 12 却功败垂成，中途夭折，是很可惜的。理想总是完美的，现实总是有缺陷的。只有在已得成果的基础上不断改进，才是趋于完善的必由之路，此外别无捷径！

事实上，在这几十年中，支持歼 12 的呼声一直没有断过。直到今天，歼 12 仍然具有它存在的价值。

歼 12 的技术水平出众，凡参加过歼 12 试飞的飞行员都称赞它机动灵活的特点。其出色的机动飞行能力，给人们留下了深刻的印象。不少老飞行员对它有着深厚的留恋之情，希望有朝一日，“空中李向阳”能重返蓝天。

当时，歼 12 的研制周期很短，并没有做更多的气动试验和采取较多的先进气动措施，如最初设计有的机翼前缘开缝襟翼和后缘双开缝襟翼，后来都从简取消，改为只设后缘富勒襟翼。所以，歼 12 在气动外形方面还是大有潜力可挖的。

还有人提出，发挥小型战斗机某一个方面的特长，作为整体作战力量的一个补充，也许会更有生命力。歼 12 如若肯放弃超声速的设计要求，增大它的机翼面积，使之除加速性以外的其他机动性能进一步提高，成为打击武装直升机的机型，或许会受到欢迎。

降低战斗机的体积和重量，就可以降低造价，也有利于提高它的隐身性能和生存能力。在军费预算不变的条件下，这样做就意味着增加了采购战斗机的数量。国外有人预言，21 世纪的空战模式之一，可能是由大的母机（提供预警、加油和电子对抗）带一群小型战斗机来作战。这种预言若能成为现实，类似歼 12 这样小巧的飞机将会重新受到重视。

另外，歼 12 对于机动性能的强调几乎达到了极限，这对于后来战斗机的设计具有一定的指导意义。

在后来的几十年里，陆孝彭一直没有放弃过挽救歼 12 的努力，他对歼 12 有着深深的眷恋之情，歼 12 在空中消失了，但却永远在他的心灵空间里翱翔。

如今歼 12 只能静静地躺在废墟中

20世纪80年代，陆孝彭曾向海军航空兵提出让歼12担当“岛载机”的设想，利用歼12起飞距离短的特点，进行一些适应性的改型后，把它放到国防边疆的岛屿上，承担大陆基地战斗机航程不足而无法担当的国土防空任务，未果。

90年代初，国内论证发展舰载机，针对歼12飞机的轻小、短距起降的特点，陆孝彭又极力推荐歼12改舰载机。

进入“九五”规划后，随着国外出现像F-22、F-35等先进战斗机，陆孝彭提出了以F-22为作战目标的新型空中优势战斗机研究蓝图，以歼12飞机为基本型，取歼12飞机的基本特点，改进机体结构、矢量推力、相控阵雷达、空中加油装置、两余度火控计算机、1553B总线、隐身附加材料和涂料、中距主动雷达制导导弹等，作为第四代重型战斗机的配套与补充。但该设想基于太多尚未成熟的设备，例如，要在歼12机体上安装有足够探测距离的相控阵雷达，这是美俄等国都无法做到的，因此，陆孝彭的设想在当下，并不具有现实意义。或许，歼12要真正重现蓝天，还有待于我国的航空工业在航空材料、动力装置、武器设备和空气动力学等方面取得重大革新吧！

而在此之前，歼12还将一直尘封在航空博物馆内……

第七章　“强5之父”：登上科学的至高殿堂

强6，变后掠翼的初步探索

从新中国第一架喷气式强击机到世界上机体空重最轻的超声速喷气式战斗机再到我国第一种变后掠翼战机，在科学的道路上，陆孝彭似乎从来没有畏惧过。他按着自己的思路去探索，对他来说，“永攀高峰”已经成为一种至高无上的精神追求。从他开始踏上航空这个充满着无穷奥妙和幻想的世界开始，他就注定选择了一个孤独的梦，这个梦里，皑皑雪峰，看不见远处的山顶，亦迷失了来时的脚印，路，只有一条，在前方。

苏联著名飞机设计师雅克夫列夫曾说过这样的话：“一个设计师首先应该厌弃骄傲自满，对于一个设计师，尤其对一个作战技术装备的创造者来说，骄傲就意味着死亡，因为各国军事装备设计师之间的战斗，即使在和平时期，其紧张程度也不亚于战时。”

陆孝彭对这句话深有感触，世界上有永恒的艺术，但没有永恒的技术，他的自催，他的勤勉，他的痴狂，都源于一个设计师的职业责任感和忧国赤子心，这在晚年的陆孝彭身上体现得淋漓尽致。

就在歼12研制的后期，陆孝彭和高镇宁一起开始将注意力集中到强5后继机的研究上来，并采取了三方面措施：一是多次组织设计人员和军代表深入部队调研，听取未来战争对强击机各项战术技术指标的要求，并形成初步意见；

二是组织设计、情报人员翻阅国外相关战机及典型战争案例，分析提出我们对未来强击机的战术技术指标；三是组织设计人员、军代表小组到空军科研部、航空部进行汇报争取。1975 年 3 月—1978 年 3 月，空军科研部多次向洪都飞机设计所谈及对强 5 后继机战术技术要求的初步设想。空军的这种需求是源自于 1974 年对越反击自卫战的实战分析。

1974 年初，西沙海战爆发。战斗中，我海军以 2 艘猎潜艇和 2 艘扫雷艇对抗南越海军的 3 艘驱逐舰和 1 艘护卫舰，以小抗大、以弱击强，并取得了沉伤敌 4 艘舰艇的战果。西沙海战虽然以我军的全胜告终，但暴露出的问题也不容忽视——由于空军和海军航空兵现有装备性能上的限制，我海军在作战中无法得到有效的空中支援。如果在战斗中遭遇敌军的全面空中打击，后果将不堪设想！

当时，在我国空军和海军航空兵装备的各型战机中，歼 5、歼 6、歼 7 等缺乏对地攻击能力；作为攻击机的强 5 航程短，载弹量少，无法适应瞬息万变的高强度现代作战；而作为重型轰炸机的轰 5 和轰 6 速度太慢，且缺乏足够的自卫能力，无法满足水面舰艇编队的火力支援需要。

于是，深感缺乏一种先进支援战机的中国空军和海军航空兵在西沙海战结束后不久就分别向三机部提出各自的新型战机设计指标，要求航空部门研制一种新型的战斗轰炸机来满足部队的作战需要。

以当时中国航空工业的实力，无法同时研制两种分别装备空海军的新型支援战斗机，因此三机部决定采取“一机两型”的办法，根据军方提出的要求，确定新型飞机的技术性能，并决定海、空军使用同一种机型，装备不同种类武器和机载设备来分别满足海、空军的需求。

三机部对这种新型飞机非常重视，很快于 1976 年 6 月召集所属各部设计人员到北京，要求他们在最短的时间内提出设计方案。根据三机部下达的设计要求，601 所和洪都很快提出了自己的方案，洪都提出了强 5 后继机设计方案，601 所则提出了歼轰 8 设计方案，稍后，603 所提出了歼轰 7 设计方案。

起初，三机部是倾向于沈阳 601 所提出的歼轰 8 方案的，歼轰 8 是歼 8 的对地攻击改型，但由于当时歼 8 原型机尚未定型，该方案在实际运作中风险系数过高，因此，歼轰 8 方案被否决。洪都和 603 所则几乎同时开展了新机研制工作。

作为中国唯一具有强击机制造经验的洪都，在陆孝彭的牵头下，根据航空部下达的飞机战术技术要求，经研究决定，发展一种单发单座超声速强击机作为强 5 和歼 6 的共同后续机，并命名为强 6。

1978 年，陆孝彭不辞辛劳，多次走访空海军司令部和基层强击机部队，制订了“强 6 战术技术要求”，并于 1979 年 2 月根据三机部的要求，提出了强 6 总体设计方案。

后来对强 6 变后掠翼一直有着较大的争议，但事实上，当时这个布局是经过方案论证，择优选出来的。

在方案设计时，原本选择了变后掠翼和正常布局两种形式，均采用一台涡扇 6 发动机，腹下进气，以适应飞机大迎角飞行时的进气量问题，外挂 2 吨弹药和 2 个 760 升副油箱，起飞重量分别为：变后掠翼方案 14250 千克，正常方案 13600 千克，变后掠翼方案的性能除爬升率稍逊外，其他都优于正常方案。因此，最终确定了变后掠翼方案。

据张道政回忆：

1978 年，在陆总等的努力下，二机部以“（78）三计字 1535 号”文下达了强 5 后继机的研制任务。当时的背景：一是国家周边形势较严峻，需研制新机加强防御能力；二是当时国家花重金引进“斯贝”发动机和技术（当时 430 厂已派数千人赴英培训，工厂也正在进行技术改造），但是还没有相应的新机种，为此急需研制新机种。接到任务后，陆总立即组织设计所总体气动人员开展紧张的方案论证工作，提出两个方案。

一是常规布局的大边条和腹下进气方案（彭宾秋、蔡志航等），二是变后掠翼（后掠角有 25°、45°、68°）腹下进气方案（张道政、朱杭训、朱晓彪等）。也曾论证强 5 改装，但因发动机属于涡扇，推力 9700 多千克力，直径大，重量中心变化大，而且附件多，外形复杂，管路多变等诸多原因，机身要全部大改，关键的机翼及平面参数也无法保持原有状态了，这样在方案上实现可能性很小。

陆总倾向变后掠翼方案，机身参考 F－16 腹下进气，机翼参照 F－14、F－111 及米格－23，做了许多细致的工作。

1980 年，陆孝彭被任命为变后掠翼技术研究课题第一负责人，也就是课题攻关学术带头人。就这样，陆孝彭开始了我国第一种变后掠翼战机的设计尝试，这也是陆孝彭晚年重要的攻关项目之一。

变后掠翼飞机是指机翼后掠角在飞行中可以改变的飞机，这种技术的产生主要是为了应对采用后掠翼出现的问题。后掠翼使作战飞机的最大速度提高很快，但低速时气动效率低，升力较小。事实上，人们既希望飞机有很高的速度，又希望能有足够低的起降速度，减少起降距离。解决这一问题的办法之一是使机翼的后掠角度可变，这就是变后掠翼。拿鸟来打比方，鸟在不同的飞行姿态时，翅膀都会相应产生变化，或张开或收缩，可变后掠翼就是飞机的机翼能像鸟的翅膀一样，根据飞行的需求来改变机翼的形状。

1951 年 6 月 20 日，美国贝尔公司研制的世界第一架变后掠翼试验机 X－5 进行了首次飞行。试飞表明，采用变后掠翼使航程可增加 35%，起飞着陆速度降低 20%，起降性能大为改善。20 世纪 60 年代美国通用动力公司借鉴了可变后掠翼试验机的技术成果，研制出世界上第一种实用变后掠翼战斗/攻击机 F－111，并于 1964 年 12 月 21 日首次试飞。由于变后掠翼兼有良好的低速和高速性能，在 20 世纪六七十年代，变后掠翼飞机成为了世界飞机设计的新潮流，不少战斗机、轰炸机都采用了变后掠翼，代表机型有美国的 F－111、F－14和苏联的米格－23、苏－24 等。

为了研究这种新型布局，陆孝彭花了大量的精力查阅资料，年过六旬的陆孝彭对新科技的虔诚态度让人感动。对于这种布局，陆孝彭后来在论文中这样评价道：

变后掠翼布局，能兼顾高低速的气动力要求，能短距起落、抗突风能力强，是对地攻击机的最佳布局。新型的中、重轰炸机也采用此布局，例如 F－14、F－111A、米格－23、苏－24、图－160、B－1B 等。

事实上，变后掠翼潮流对中国航空工业影响非常大。在强6方案论证前，我国航空界，尤其是气动界（如绵阳基地安继光教授等）已经对变后掠翼结构进行了研究。随后，部分科研人员建议在吸取米格－23和美制F－111的基础上，发展我国的下一代战斗轰炸机。

米格－23战斗机的变后掠翼

强6是参照F－14、F－111A、米格－23、苏－24等变后掠翼飞机的布局设计的，同样采用了悬臂式上单翼结构的变后掠翼布局，这种结构阻力小，稳定性好，适合飞机的高速突防，并为对地攻击武器提供了一个理想的发射平台。

从外形上看，强6仿佛就是结合米格－23和F－16特点的“混血儿”。它采用上单变后掠翼布局的主翼，垂尾和平尾类似于米格－23，进气方式则采用了与F－16类似的机腹进气方式。

在具体的性能指标上，该机最大武器载荷4500千克，作战半径900千米。除了强大的对地攻击能力外，其空战性能优于米格－23。

在强6的研制过程中，充分体现出了中国航空工业赶超世界先进水平的强烈愿望——除了采用变后掠翼技术之外，另一种在20世纪80年代后兴起的新技术——电传操纵系统也成为我国航空工业科研人员的攻关对象。

以强6为依托，我国科研人员首先向模拟式三余度电传操纵系统发起了冲击。以从国外获得的相关资料和技术为基础，我国科研人员采用反向编译的方式，凭着惊人的毅力，解读了国外该项技术的设计语言，并以此为基础开发出了我国第一代战机电传操纵系统。

我国设计的第一套战机模拟电传操纵系统具有可靠性能好、自动化水平较高等特点。该电传操纵系统主要由信号转换装置、飞行控制计算机、电缆和作动器组成。这种操纵系统能将飞行员发出的操纵信号，经过变换器变成电信号，再通过电缆直接传输到作动器。该系统的优点是结构简单、体积小、重量轻、易于安装、改善了飞机操纵品质、提高了操纵系统的可靠性并减轻了飞行员的工作负担。

发动机是飞机的心脏，发动机选型得当与否，直接决定了战机研制的成败。

强 6 选用了我国第一种真正实用的大推力涡扇发动机——涡扇 6。涡扇 6 的研制工作始于 1964 年，历经 17 年的艰辛努力，于 1981 年达到了实用水平。涡扇 6 最大军用推力为 71 千牛，最大加力推力为 122 千牛，推重比为 5.93，在当时具有相当高的技术水平。

强 6 作为一种对地攻击兼有对空作战能力的多用途战机，其航电设备比前辈强 5 有了革命性的进步。强 6 的机载电子设备基本上选用的都是我国仿制和改进自米格 -23 上的相关设备，主要包括有：改进自“高空云雀”具有多种对地攻击模式的新型雷达、激光测距仪、瞄 -6 型瞄准具、雷达告警系统以及通信电台、无线电高度表、无线电罗盘、近距导航和着陆系统等。

涡扇 6 发动机

其中，具备对地功能的新型雷达和先进瞄准具使强 6 能够充分发挥精确对地打击的强大火力。模拟计算结果表明，装备该火控系统后，强 6 发射空对地火箭弹的有效命中精度比强 5 提高了 3 倍，同时能制导新型空地导弹对目标实现防区外精确打击。

但是，该系统与仿制的其他苏联电子设备一样，大多采用电子管和晶体管混合元件，导致设备体积和重量偏大，相比同期的西方产品显得落后。不过，如果能成功装机，也能够实现功能设计的预期目标。

总体上讲，强 6 的技术水平已经超过了国际通用的第二代喷气战斗机如米格 -21、米格 -23、F -4 等，但和 F -15 等第三代战斗机相比，还有一定的差距，将强 6 定位为一种具备了部分第三代战斗机特征的第二代喷气战斗轰炸机，是比较适宜的。

应用课题研究是创新工程设计的强大后盾，是新机研制必不可少的前奏，新技术、新材料、新结构一经被新机生产所采用，则必然会转化为强大的社会直接生产力，因此，总结强5的研制经历后，在开展强6研制前，陆孝彭非常重视变后掠翼应用课题的研究工作。

变后掠翼课题是为研制强6而开展的一项关键技术预研课题，也是贯彻新机研制科研先行原则的一次尝试。1980年6月，三机部在洪都召开了变后掠翼技术课题论证会，会议正式确定开展变后掠翼技术研究工作，洪都作为牵头单位。会后，洪都飞机设计所对会议提出的各项研究课题内容和协作单位进行了调研，绘制成研究网络图，1981年初报部。变后掠课题研究是总设计师陆孝彭主持的，余松涛任主管设计师。1982年，三机部任命余松涛为变后掠课题主管工程师。

变后掠翼课题开始后，原来强6的主要设计力量转入课题研究之中，因此，设计工作进展缓慢，仅对进气道试验、机身式起落架、轻型装甲等课题进行过研究。在随后的8年时间里，陆孝彭、余松涛等一批人一直致力于这一课题的研究。

当然，从强6到变后掠翼课题的转移，从积极意义来说，这是型号研制必须的预研工作。然而，了解这段历史的人，却能从这种变化之中感受到无奈与艰辛，从而更加理解陆孝彭的痛苦与不甘。曾经经历过这一段历史的张道政向笔者讲述了这其中的经过：

歼轰7战斗轰炸机

1978年底的一天，部里高惠贤（负责洪都科研计划）来电告诉我，部领导意见可能要上歼轰7方案，强6暂停。我立即报告陆总，并一起到行政大楼向冯厂长汇报。当即决定我一人赴京汇报，要求陆总做专程赴京汇报的准备工作。到京后，通过关系获知歼轰7的三面图、总体参数和战术技术指标后，买了张白纸，将强6两个方案和歼轰7画出图表，进行比较，着力说明强6的独到性为歼轰7所不能替代，应成为一个梯队，相互补充。开始部领导推说忙不好安排，后经努力终于专题开会听取汇报，崔光伟、王南寿等领导参加，最后同意陆总带队赴京专程汇报。

这次汇报由于未能改变部领导决定，因此，陆总一时未能挺住而发病（从这次以后，陆总身体就走下坡路了），直到曹副司令出面才转到空军总医院休息调理。经过陆总努力，部领导同意进行前期方案研究，此后，也就集中精力进行变后掠翼方案的课题研究了。这是很有难度的（因为要兼顾高低速要求，设有3个后掠角度，则相当于要进行3个飞机方案，要同时满足气动布局要求，这是以前所未遇到过的），陆总以惊人的魄力做出决策，并作了精心部署：首先引进西北工业大学罗教授"跨声速有限差分法"这一数值计算方法到计算强6压力分布和气动力设计（由我和载荷组承担）；同时，组织低速风洞吹风试验，试验中多次出现力矩"上仰"现象，确实很难同时兼顾3个后掠角方案布局要求，我提出，采用调整前后缘缝隙大小、翼刀等方法，较好解决了低速出现的问题，陆总听了汇报很高兴，给予鼓励。与此同时，陆总还亲自进行外翼转轴研究（位置和材料），还列出45个专业研究课题等。强5后继机的型号虽然部里没有批注，但是在陆总的大力争取下，后来部里同意开展变后掠翼方案系列课题研究了……

后来，六院将变后掠翼课题的研究内容归为4个课题，分别是：变后掠翼飞机气动布局研究、变后掠机翼结构设计及优化、变后掠翼飞机驱动机构研制及试验、变后掠翼飞机飞行控制系统研究及试验，下设14个分课题。据洪都飞机设计所所史记载，截止到1983年底，变后掠翼课题完成高速风洞试验3244次、测压试验1174分钟，气动布局方面的理论计算工作大体已告段落，机翼结构多约束优化程序已完成，驱动机构和飞行控制系统已完成地面模拟试验件和试验台的设计。其中，三维应力分析程序和变后掠飞机扰流板运动规律研究两项成果分别获得航空工业部1983年科技成果三等奖和四等奖。

据变后掠翼分课题组组长吴立新回忆说：

搞强 6 时，我经常看到陆总去模拟实验室，在那儿一泡就是一天。那时候，他已经有严重的糖尿病，有时候，口渴了，他就会跑到我这里来喝水。我是喜欢喝茶的，我的水杯里茶叶较多，估计是渴得难受，他也不顾那么多，一杯水咕咚咕咚就喝光了。

搞变后掠翼课题，我是分课题组长，记得当时总是不停地开会。遇到重大技术问题，就会开会讨论研究。开会时，陆总有个特点，会上讨论问题，大家争得面红耳赤，他却不紧不慢的，也不着急。他把每个人的观点都听进去，记在心里，然后他会综合、归纳、总结。他的发言只说结论和依据，结论是什么，为什么这样，一、二、三条理由，非常简练清晰，没有多余的话。

陆总喜欢独立思考，他思考问题非常投入，甚至有些痴迷。在外人来看，会说他有神经，其实他是在思考问题。

课题进行得非常艰辛，多年后，陆孝彭在《忆昔之八十四（掠翼课题）》中写道：

忆昔掠翼难题多，飞控系统费思考。自动驾驭联数控，复合舵机精度高。

杆力反传亦可免，操纵间隙微米小。王朱周金齐奋力，座舱示波已达标。

（注：王指王良茂，朱指朱俊，周指周云辉，金指金文俊）

经过 8 年的艰辛努力，这一研究课题在设计技术方面取得了重大突破，这一成果成功地解决了可变后掠翼技术的气动布局（转轴位置、翼型、动态响应等）、机翼结构优化（转轴接头、三维应力计算、多约束优化技术等）、驱动机构及飞机控制系统一系列难题，不少技术填补了国内空白。后来，该课题获部级科技进步一等奖。1991 年，该课题获国家科技进步二等奖。

遗憾的是，和这个时期我国研制的一些其他重点型号，如歼 9、运 10 等一样，强 6 最终也没有逃过“夭折”的命运。

导致强 6 计划夭折的因素是多种多样的。如发动机的可靠性迟迟不过关、采用的复合材料攻关时间过长，等等。但真正决定强 6 命运的，还是该机设计的根本——变后掠技术。

首先，我国自行研制的变后掠翼一直存在着结构超重的问题。和米格－23战斗机相比，我国研制的变后掠翼机构要超重12%，不仅减小了战机的载油量和载弹量，还严重影响了作战半径。

其次，虽然已经基本摸透了变后掠翼的结构，但对于它的控制系统我们仍然很难把握。即使成功开发出了国产第一代电传操纵系统，这一问题依然未能得到圆满解决。一方面我们没有经验，另一方面无法从国外直接获得技术，只能一步一步试验，飞机研制计划也因此一拖再拖，致使研制时间大幅滞后，且研制经费困难。

另外，在强6研制期间，其假想敌的武器装备情况也发生了变化。20世纪80年代中期，苏军已经开始装备S－300PMU和9M38“山毛榉”等新一代地空导弹系统。强6尚未出世，便面临着严峻的挑战。

更为主要的是，与强6同时期开始研制的歼轰7的进度已经走在了强6的前面。与强6相比，歼轰7气动布局和机体结构更为简洁、机身内部空间更大、载弹量更多、作战半径更远，并且歼轰7并没有可变后掠翼等当时对于我们来讲很困难的技术，也进一步使其具有竞争优势。到20世纪80年代末期，随着歼轰7成功完成首飞，强6研制计划实际上已经宣告停止。后来，强6的部分研究技术也用到其他型号的研制中。

但最重要的原因是军方装备需求的改变，到了80年代中后期，军方认为变后掠翼布局并不是未来作战飞机的主流，而原本就举步维艰的强6经此一击，也就注定了最终停止的命运。

多年后，“太行”发动机总设计师，也是涡扇6总设计师的张恩和曾经提到过涡扇6因为装配目标飞机项目停止导致其半途而废，指的就是强6。强6和涡扇6项目的停止，使得我们航空工业失去了一次缩短同西方差距的机会。

为了挽救强6，陆孝彭多次到空军请愿，后来，他在《陆孝彭诗抄》中回忆了这一往事：

忆昔抱病到空军，掠翼强六求审评。反复讲解费全晨，书写提纲已三更。

盛宴千金蝎子席，狂风两千乃所欣。岂知痼疾已及身，强六方案竟不行。

1987年，随着“变后掠翼技术研究”课题结束，强6从此再没有被人提及……

关于变后掠翼课题，曾经的课题主管工程师余松涛在接受笔者采访时，表达了他复杂的心情：

搞变后掠翼的时候，我与陆总的接触较多，他是组织者，我是直接负责变后掠翼课题工作的。从陆总的角度，他是想搞一个全新气动布局的强击机强6的。当时，美国出现了变后掠翼飞机。我们在实际工作中也深深感觉到高速飞行时宜选大后掠角，但有了后掠翼呢，低速性能又不太好，因此，变后掠翼能把高低速都兼顾起来，这样，起飞着陆性能比较好，机动性也较好。国外也有这样的飞机，因此就想搞强6这个飞机。

但是强6总是无法立项，上级认为应该先搞一个变后掠翼课题研究，突破关键技术。当时分了好几个课题，比如机构设置、转轴怎么解决、材料怎么弄、变后掠的控制等。这个事情干了8年，我们有一批人的青春全投入在这个事情上面，当然也包括我在内。

回过头来看，从技术角度来说，或许这件事情不应该干。今天，放眼全球航空，变后掠翼飞机已消沉，这是有道理的。当时我们只看到了变后掠翼的优势，但它的机构复杂、重量大、可靠性差，国外研究了一段时间后，发现这并不是一个好的解决问题的方法，就放弃了变后掠翼这条路。他们后来的解决方法就是像现在的边条翼飞机，既有大后掠的边条，又有中等后掠的主翼部分，又能解决大升力的问题。但当时我们这方面的情报了解太少，人家已经丢掉的技术，我们还在孜孜不倦地研究，花了那么多年的精力。当时，一心想，把这个技术弄出来了就可以上强6了。但当我们把这个技术弄出来的时候，一般观点认为变后掠翼已经不可取了。后来，虽然课题也成功了，还得了科技进步奖，但这个技术基本上就尘封了。事实上，变后掠翼课题研究中也是有明白人的，有人曾对我说过变后掠翼存在的问题。但当时我们都没有在意，只是一个劲地坚持，要说为什么，一方面可能因为我们这一代人习惯了按组织、按领导的安排来工作，当然，也有一部分因素是受陆总的影响比较深，认为做事就应该坚持做到底。

陆总是课题的领头人，他积极争取，花了不少精力，这段路很曲折，付出的代价也很大。但人不是万能的，尤其是科学之路，当时，不可能看得很透，科研工作更多的是探索，不可能有永胜不败的科学。通过这个工作，也明白了预研对于型号研制的重要意义。另外，这个事情最现实的意义在于锻炼了队伍，培养了气动力、结构优化等方面的人才，也掌握了一些研究方法，我在这个过程中也得到了技术和管理的锻炼。

今天，我们只能从计算机模拟图上一睹强6的英姿（白玮绘）

对于这段技术上所走过的弯路，或许，经历过这件事情的人们，回忆起这段经历时，内心都是纠结而复杂的。然而，正如余松涛所说的，“科研工作，更多的是探索，不可能有永胜不败的科学。”今天，对于强6和变后掠翼技术，主流看法是技术过时了，可以用现代先进航空技术综合应用加以替代，然而，一个研究和技术积累的过程却是无论如何也替代不了的。尽管强6最终仅存在于图样和人们的想象里，然而，这个技术探索过程的积累是一个航空强国必须具备且应该弘扬的精神品质，或许，这就是陆孝彭、余松涛等人在强6这个型号上最值得人尊重的地方！

当然，变后掠翼课题研究也并非纸上谈兵，从变后掠技术的研究中得到启发，陆孝彭大胆地设计了“空地往返载人系统”。该系统分为两阶段，第一阶段，把航天飞机与科研人员送到2.4万米高空；第二阶段，航天飞机点燃固体火箭进入轨道，与空间站对接。此时可在宇宙间进行水稻、小麦育种等各种科学试验，探寻宇宙奥秘，然后按预定时间返回地面。

陆孝彭在接受采访时介绍：“我运用变后掠技术解决了航天飞机降落难的问题。”“空地往返载人系统”方案得到了国家有关方面的认可。陆孝彭自豪地说，这可以看作是他科研成果的顶峰，也为他的航空人生划上了闪光的句号。虽然现在国家需要花钱的地方太多，经济一时还够不上立项试制，但他相信，随着国家的强盛，下一代一定会使他的科研宏愿开花结果的。在他的《忆昔之一一九（掠翼课题）》中，也印证了这一点：

忆昔掠翼课题艰，驱动机构最关键。循环加载机遥控，寿命试验台新建。
蔡赵刘贾皆俊杰，功成获奖名始显。强六不成虽可惜，空地往返作贡献。
（注：蔡指蔡小斌，赵指赵厚恩，刘指刘殿印，贾指贾铁生）

强5改：再任总设计师

强5装备部队以后，根据空军和海军不同的需要，先后进行了鱼雷攻击、特种武器、加大航程等三种改型飞机的研制和生产，这些改进型号有的与基本型飞机的生产同时并进，有的改型机也互相交叉重叠，使强5逐渐成长为一个强大的家族。

这一时期，陆孝彭主要致力于强5质量整顿和强5后继机的调研等事情，因此，鱼雷攻击机和特种武器机的改进，陆孝彭并未过多参与，但出于对强5介绍的完整性考虑，在此简单加以叙述。

1965年，强5原型机初步设计定型时，鱼雷攻击机的设想便提出了。1966年，3架强5飞机在机翼上各安装2个鱼雷挂架，作为简易鱼雷机提供给部队试用。1968年，中央军委正式批准鱼雷机的研制任务。洪都经过论证，提出了设计方案，并获批准。鱼雷攻击机是在强5基本型的基础上，进行了多项设计更改：取消炸弹舱，扩大原来的主油箱，增加5号软油箱；锥形机头改为略呈下垂的钝圆形机头，加大机头横截面，抬高座舱位置；安装甲－13型雷达、多普勒雷达、自动驾驶仪和45号瞄准具；在机翼上增加鱼雷挂架等。改型后的01架鱼雷攻击机于1970年9月实现首飞，后因甲－13型雷达、多普勒雷达、自动驾驶仪和45号瞄准具4项设备长期无法提供，飞机的战斗性能试飞无法全部进行。因此，5架试验机在缺主要设备的状态下交付部队，1979年，鱼雷攻击机项目不得不停止。

强5鱼雷攻击机略呈下垂的钝圆形机头

1969年，空军党委提出“做好航空兵使用核武器的各项准备工作”的报告，后经毛泽东主席审阅，周恩来总理指示同意。1970年4月，强5飞机改装携带核弹实现甩投的方案被肯定，并称这项任务代号为“119”。5月，洪都便成立了“119”小组，由驻洪都副总军代表、厂生产指挥部领导成员徐玉和任组长，姜国宾、于登根和张金寿分别负责政治、设计和生产工作。小组有设计员13名，调度员和资料员各1名，还抽调了部分工人采取封闭形式现场设计、现场改装，较快完成了特种机的改型研制任务。1970年8月1日，第一架强5特种武器机上天。10月，6架飞机交付部队。1972年1月7日，特种武器机成功进行了甩投，完成了我国第四次原子弹试验。后来，洪都飞机设计所针对特种武器机作战半径小，机载设备陈旧等问题，进行了加大航程的改型，当全部完成改型图样的设计任务时，上级命令，停止强5特种武器机的研制。关于特种武器机，在下一节“惊世之举：罗布泊的核弹甩投”里还将进一步介绍。

在部队服役的10年时间里，强5各项性能指标都非常令人满意，美中不足的是航程较短，作战使用受到限制。当初，强5以米格－19为原准机进行参考设计，由于各方面条件限制，只能最大限度地保持通用性，以确保满足设计条件和研制进度的要求，由于增加了内部武器舱，重新布置了机载设备，留给机内燃油的空间非常有限，导致强5航程较短，作战半径较小。同时，限于当时的技术水平，强5的机载设备较为简陋。

因此，早在1976年，洪都飞机设计所便开始了加大航程机的方案论证和外场调研，尽管歼12项目的停止对陆孝彭的影响很大，但他没有休息，而是一直在考虑如何做好强5的型号发展问题，便组织张道政等人起草了一个强5改进改型文件，参照国外经验，说明强击机的发展前景光明，后来以正式文件上报部里。1977年，由设计所所长高镇宁和室主任雍正球到北京上报改型方案，当时，提出了5个改进项目。三机部批准了改进方案，并要求洪都在当年生产的飞机中改制5架，设计所立即发出改型设计图样，并定代号为强5I型。

不久，三机部指示，在原定5个改进项目的基础上，增加3项，后来其中1项因设备供应问题，无法实现，因此共有7个改进项目，工厂习称“七改”。这7项改进为：将炸弹舱改为油箱舱，加大主油箱的容积，并增设一个软油箱，以加大飞机的航程；调整机身外挂，在机身下部两侧布置了4个外挂点，可以携带4枚小于250千克的炸弹；换装涡喷6甲Ⅲ型发动机，加力推力为3750千克力；更改起落架系统，以满足飞机增重的要求；着陆阻力伞舱上移，以缩短着陆滑跑距离；换装I型火箭弹弹射座椅，加装海上救生设备；加装50瓦短波电台，以适应飞机加大航程后的通信联络。

正当洪都全面进行改进时，空军对强5飞机的加大航程改型又提出了一些新要求，在原来“七改”的基础上，又增加了4项。这4项改进内容是：加装护尾告警器和干扰投放器；换装新型射击轰炸瞄准具；改用压力加油系统；增加外挂火箭和多种炸弹。

1980年5月，航空军工产品定型委员会明确了改型飞机先实现前7个改进项目（“七改”），即可设计定型，其余4个项目（习称“十一改”），作为第二步继续进行，并不再进行整机定型鉴定。于是，洪都再次进行了设计更改，由于具体结构改动较大，因而把“十一改”的飞机定为强5I型。

当时，三机部对强5加大航程改型十分重视，将这一项目确定为三机部更新换代的三个重点机种之一。在这种情况下，1981年10月20日，国务院国防工办任命陆孝彭为强5加大航程改型设计的总设计师，马启禄为主管设计师。

陆孝彭主张，加大航程改要建立在充分试验的基础上，用以指导和验证设计，因此，在他的组织下，洪都进行了风洞试验，先后吹风1800余次；对改装的各项部件进行了静力试验；又将带座椅的前机身在610所火箭滑车上做了抛盖和座椅弹射的联动试验；此外，还进行了电网络、电磁兼容性和前轮摆振试验。这些试验，为改型设计打下了扎实的基础。

1982年3月，三机部在洪都召开了强5加大航程飞机设计预检查会议，洪都详细记录了与会代表对改型飞机的设计、试验和使用维护等方面提出的意见和建议，经过一年多的时间，最大程度地进行改进，为改型机设计定型创造了良好的条件。

事实上，强5加大航程改型并不仅仅解决航程短的问题，对于强5基本机多年遗留下来的一些老问题，也相应作了改进。例如液压系统工作温度过高的问题，机炮射击卡弹、卡链问题，空速管由机翼移到机头后一直存在误差的问题，座舱盖在高原机场开启时的弹跳问题等。强5基本型遗留的质量问题，在加大航程飞机上基本得到了解决。

随着这些问题的解决，一大批新发明、新创造、新成果也随之涌现，并逐步推广应用。如设计员徐克何、丁先银等探索出整体气动补偿空速管，静压误差在0.5%以内，一举达到英美等国同类产品的精度，该项设计获1983年三机部科技成果二等奖；设计员徐君杰、卢锡雄等研制成功隐蔽式短波天线，完全满足加大航程飞机低空400公里通信联络的要求，获1983年三机部科技成果四等奖等。

1983年12月30日，强5加大航程飞机设计定型。空军党委向航空工业部和洪都发了贺信，贺信最后写道：

强 5 飞机是空军的主要攻击力量之一。我们对强 5 加大航程和改善性能寄殷切期望。希望你们在现有基础上，进一步提高质量，降低成本，把强 5 飞机搞得更加完善，为发展下一代强击机，发展我们的航空工业，不断做出新的贡献。

当时，强 6 仍然在空军的研制计划之内，因此，贺信中提到了“发展下一代强击机”的意思。其实，洪都厂史上记载，在强 5 加大航程机改型设计鉴定会上，陆孝彭便发表了慷慨激昂的陈词，表示了研究新机的愿望和决心，并呼吁支持。

加大航程飞机改型成功，使强 5 飞机性能得到较大提高，和基本型相比航程由 1630 千米增至 2032 千米；低空作战半径由 250 千米增至 334 千米；着陆滑跑距离由 1000 米减至 700 米；允许载弹量增加 500 千克，最大可达 2000 千克；而速度、高度、爬升率和操纵性等也都有所提高，同时，在飞机改型时，还采纳了为解决基本机遗留质量问题所取得的各项成果，因而，成为强 5 飞机在性能和质量上的一次重要转折点，也成为强 5 后来生产、改型发展的基础。

今天，强 5 已走过半个多世纪的风风雨雨，成为我国最具生命力的机种之一，书写了一代战机的传奇神话。如此顽强的生命力，与陆孝彭和他的设计团队在 20 世纪 80 年代主持的加大航程改型有着直接的关系。

事实上，强 5 的改进改型一直就没有间断过。关于这一段往事，吴立新曾在《点点滴滴涌心头——散记陆孝彭院士人生》一文中这样写道：

1987 年，“变后掠技术研究”课题结束后，陆老审时度势，认为上强 5 后继机——强6 变后掠翼方案型号可能性不大。他根据国防科工委“用高新技术改造现有机种”的要求，构思了强 5 的小改、中改、大改方案。年底，寒冬腊月，我陪他出差北京，到空军、海军论证中心、航空工业部等单位汇报，征求意见，所到单位都热情接待，并听取了陆老汇报，普遍认为改进方案很好，但是因没有经费而作罢。当时陆老非常困惑，情绪有点异常，我生怕他旧病复发。回到宾馆，他晚饭未吃，静静坐着一声不吭，晚上他把房间窗子关紧，并用沙发和椅子将房门抵住。睡觉前，我说：“陆老，他们都肯定您的改型方案很好，中改才 1000 多万元，国家都出不了，我也想不通，是否有更深层次原因——受歼/强合一研制方向影响?”陆老深思了片刻,站起来说:“搞歼/强合一飞机是方向,目前我国研制这种飞机,无论从技术上还是费用上难度很大。从美国看,有了F-16和F-15,但是并没有放弃强击机,像A-10还保持一定数量。我们设计飞机必须有正确的指导思想,从国情出发,发展具有中国特色的作战飞机,我坚信强击机在未来战争中仍不可缺少;对地攻击,目前的F-16还不如强5好嘛!我们不能崇洋媚外,要独立思考,否则会上当受骗。目前,我国航空界不少人受到这种影响,这是认识问题,强5不足之处有二:一是腿短(航程较短);二是载弹量较小。通过改型,可扬长避短,挖掘潜能,不仅省钱,而且周期短,老吴,不管怎样,回厂后我们认真做好改型方案。届时认识会统一的。你看怎样?”我当即表示:“陆总,我完全同意您的看法和做法。”实战表明陆总的看法是正确的,海湾战争中,美国有120架A-10强击机参战,取得很好的战绩;科索沃战争中,A-10作为撒手锏,携带贫铀弹进行低空轰炸;强5改型方案内容也逐步被军方接受,分期立项,显示了强5的潜能,焕发了青春。

陆总设计强5中改方案时已70多岁,结肠癌开刀不久,体衰多病,尤其是糖尿病,视力下降到0.2。为此,他手拿高倍放大镜,弯着腰,伏在桌子上察看图样,陆总身为总设计师,不惜从计算和画图等烦杂的事做起,改了算、算了改,进行了大量的计算和画图工作,精心论证,直到满足设计要求为止。中改设计长达两年之久,经常加班加点,有时陆老一天干10个小时,废寝忘食。南昌的冬天室内比室外更冷,“三九天”,手冷了,就用电热杯烧些热水暖暖手;脚冷了,走动一会,活动一下,暖暖脚;腰弯酸了,就坐在藤椅上,舒展一会,稍加休息,接着干,没有画图桌,就用图板放在会议桌上画图,克服种种困难。我比陆老小20岁,协助他工作,连续干几小时,有时感到头昏眼花,有次我劝陆老:“累了,您就休息,这样干,您吃得消吗?”陆老放下手中的笔,对我说:“时间不等人呵,时间就是战机,不抓紧,就会错过战机,想想车工一天站8小时干活,我们这样干还算轻松啊!”顿时使我肃然起敬!

1995年2月,强5中改方案设计完成了,陆总编写了“关于强5中改方案的论证报告”,要我复印36本,春节前按他写的名单寄出去。见名单上有军委刘华清、张震副主席，国务院邹家华、宋健副总理，总参张万年总参谋长和空军、海军、国防科工委、航空工业总公司总计 36 位主要领导和专家，我犹豫了一会，陆总见状对我说：“我是强 5 总设计师，先以我个人名义寄给他们，征求一下意见，想当年，我不给党委写‘万言书’吗！这是大事啊！”我经过紧张的工作，大年三十下午全部寄出去。强 5 改型方案是陆老智慧与艰苦奋斗的结晶，也是他爱国、忠于党的人生写照！

惊世之举：罗布泊的核弹甩投

1964 年 10 月 16 日，中国成功爆炸了第一颗原子弹。1965 年 5 月 14 日，中国成功进行了第一次由飞机投掷的原子弹空中爆炸试验，这标志着中国有了可用于实战的核武器。

随后，我国广大科研工作者将眼光瞄准了氢弹这个新的课题。早在 1962 年，周恩来就领导制定出 1963—1972 年科技发展规划，部署了氢弹的研究试验工作。邓稼先等科学家们在完成中国第一颗原子弹的理论总体设计之后，又于 1963 年 9 月转向更高的目标——承担中国第一颗氢弹的理论设计任务。因此，我国第一颗氢弹的代号就叫做“639”。

经过无数科研工作者的努力，1967 年 6 月 17 日，中国首次全当量氢弹空爆试验取得圆满成功，这是中国核武器发展史上的又一个飞跃。

氢弹试验成功后，虽然带来了一定的震慑力，然而，要使氢弹具有实战价值，就必须能运载，能投掷。投掷氢弹的方法、工具很多，究竟用什么工具运载好呢？经过讨论研究，最终确定了用飞机运载投掷的方案，空军也开始选择适合担当重任的飞机。当时，空军装备的轰 5 甲和轰 6 甲可以承担这种特殊任务，但是由于飞行性能方面的原因，非常容易受到敌方战斗机拦截和地面防空系统的攻击，而强 5 低空突防性能和机动性好，改装强 5 用于甩投氢弹最合适。

经过慎重的考虑、调查和研究，党中央决定用我国自己设计制造的强 5 投掷氢弹。

为了满足运载氢弹的要求，洪都任命于登根负责改装设计任务，他带领设计人员进行了几项大的改装：取消了原有弹舱，在机腹部位设计了一个较大的凹进部分，采用半埋的方式挂装氢弹；采用带有推脱装置的挂架，通过甩投方式保证弹机分离；加装了一个时统开关，可以发出信号，告知地面有关部门测试飞行员拉起飞机投掷氢弹的时间，指挥部同时计算出氢弹爆炸时间。此时，还加装了上仰甩投瞄准具、高精度弹伞延时器、专用核弹监测与控制系统、电动锁死弹钩装置等。

经过改装后可挂载氢弹的强 5 飞机

为了最大限度地加大航程，强 5 飞机通过改装，增加燃油携带量，其中，机身内增加到 2155 升，机外增加到 1560 升，这样，强 5 可以在携带氢弹的情况下，确保从试验基地飞到核试验场上空，并及时返回。经过几个月的研究改装和升空试飞，证明强 5 性能良好，特别是起降和低空条件下攻击目标性能更好。

从此，强 5 的历史上又添上了光辉灿烂的一笔。当时，为了提高氢弹在实战中的作用，党中央决定将空投第一颗氢弹的任务交给空军航空兵强击机第五师。1972 年 1 月 7 日，空 5 师 14 团团长杨国祥成功驾机投掷氢弹，并创造了

可由强 5 挂载的氢弹

带着未投下的氢弹着陆这一世界航空史上的奇迹。30 多年过去了，杨国祥依然清晰地记得那辉煌而光荣的一刻。《中国民族报》在采访杨国祥时，记者赵志研详细记录了他的口述内容，并以《杨国祥：我带着氢弹着陆》为标题，刊登在 2008 年 1 月 11 日的报纸上。为了给您揭秘强 5 飞机投掷氢弹最真实的一幕，笔者将文章选摘如下：

受命：担任投掷氢弹试验主飞行员

为了打破帝国主义的核垄断，党中央、毛泽东主席决心自主研制出导弹、原子弹。毛泽东主席很早就指出：“外国人有的，我们要有，外国人没有的，我们也要有。管他什么原子弹、氢弹，我们都要有。”为了研制出“两弹”，无数科研工作者在戈壁滩里奋斗一生，数万名指战员把青春年华奉献给了大沙漠。

1964 年 10 月 16 日，我国成功地爆炸了第一颗原子弹。1967 年 6 月 17 日，我国又成功地爆炸了第一颗氢弹。然而要使氢弹具有实战价值，就必须能运载，能投掷。为成功投掷第一颗氢弹，我在新疆、甘肃等地的大沙漠里生活了 7 个多月，飞行了数百架次。

在我担任强 5 飞机试飞改进领导小组组长的时候，二机部九院氢弹设计所的陈幼玲找到我，要我对投掷氢弹用什么运载工具提出意见。当时，我直率地谈了我的看法：投掷核武器主要采用导弹火箭发射和飞机运载投掷两种办法。用导弹发射易受敌人干扰，准确度差，价格昂贵。用飞机运载，常规是用轰炸机投掷核弹，但在当今先进的电子雷达时代，轰炸机目标大，易被敌人发现，在飞行途中就易被击毁引爆。如果用我国现行装备的战斗机运载核武器，由于航程短，飞机强度不高，载重量不大，况且我国不能生产比较小型的氢弹，所以，这也不是办法。如果用我国设计生产的强 5 飞机作运载工具，倒是很有希望。我进一步表态说：“如果相信我，尽管我已 40 岁了，我还可以为国家的科学事业和国防建设出把力。”

1970 年 4 月中旬，有关方面打来电话指示，要我立即到江西洪都，有重要任务。我赶到江西后，空军工程部张开轶部长向我传达了党中央、国务院批准关于用强 5 飞机投掷氢弹的决定，说：“我们要你来江西，是为了决定改装核武器的投弹设计方案。定了方案，才能改装。因这次试验是一个人驾机进行，任何差错都会带来严重后果，会引起国际国内的强烈反响。因此，空军和国防科工委共同推荐你来担任这项任务。”接受任务后，我没有休息，立即投入了紧张的准备工作。先看了挂弹实施方案，又到飞机上实地查看，在此基础上进行研究。经过两天的讨论比较，我发表了个人意见：我认为挂弹方式宜采用机身下部半埋式，即采用美国 F－4 战斗机投掷核弹用的挂钩形式。根据我国实际情况，挂钩还要进行适当改进。这样，飞机不需要进行大的改装，工作量不大，可以保证在 1970 年 10 月前交给部队几架改进的强 5 飞机。我的意见得到大家赞同，并一致同意把改装的强 5 定名为强 5 甲飞机。1970 年 6 月，党中央、国务院、中央军委正式批准我为强 5 甲飞机进行核试验的主飞行员，后备飞行员也由我们师选派。

训练：历经上百次的投弹试验

系统的飞行投弹训练立即展开了。当时，上级对训练的要求是“准时、投准、安全”。训练开始，有的领导提出用轰炸机在高空投弹的方式进行试飞。试飞 10 多天，安全性倒很好，但强 5 甲飞机没有轰炸机装备的投弹瞄准设备，弹投不准，时间也掌握不准。后来又改用俯冲投弹方法进行试验，投弹准确性倒是提高了，但空中俯冲投弹的方法，不符合实战要求而不能采用。在训练实践中，我一方面学习国外有关投弹的经验，另一方面总结自己多年作战、训练的飞行经验，决心一定要在现有条件基础上，发挥人的能动性，通过严格训练来找到既准确，又安全，并合乎实践要求的投弹方法。最后，我大胆提出用强 5 飞机以低空、高速、上仰甩投的方法试飞。这个方案一提出来，有的领导表示反对，说时间这么紧，任务这么重，用安全保险的方法完成试飞任务就行了，像这样把氢弹甩来甩去的，甩出问题怎

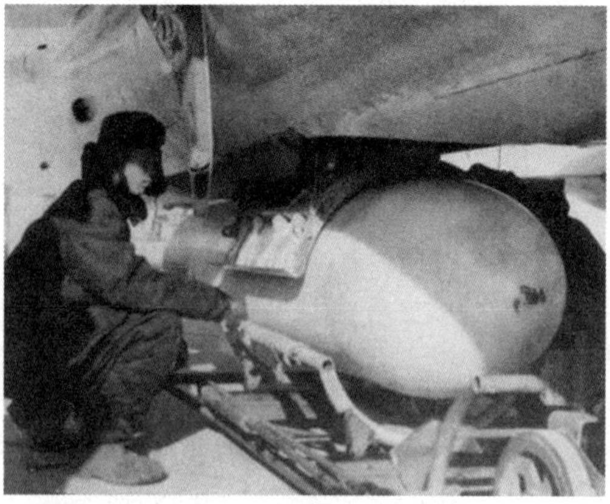

正在给强 5 挂装氢弹

么办？

由于投弹方法意见不一致，争论很激烈，为了解决这个问题，有关方面通知我和后备飞行员、宋占元师长等有关同志到北京开会，研究决定投掷氢弹的方法问题。会议一开始，领导同志说：开一个小会，听一听部队同志对强5飞机参加核试验有关投弹方面的意见。当时，我简要地汇报了3个多月来用各种方法进行投弹的情况，主要讲了低空、高速、上仰的投弹方法，说明用这种方法投弹的理论根据。最后，空军领导肯定了低空、高速、上仰投弹的方法，指出用这样的方法试验有战略眼光。领导同志同时强调，这种方法过去飞得少，没有经验，要我们回去抓紧训练，保证飞行安全。

1970年11月30日，我们转场到试验基地机场，只做了2天的准备工作，就按计划到试验场试飞投弹训练。试验场在罗布泊，距试验基地机场300多公里，需要飞行几十分钟。我每天驾驶飞机进行严格的试投训练，连续投掷了150枚与氢弹重量和大小相同的氢弹模型，最后又投掷了3枚与氢弹相同的遥测氢弹。经过严格的投弹试验，我的投弹技术已达到执行任务的标准，就等氢弹运到，进行投掷试验。

险情：带弹成功返回基地

1971年11月，有关方面命令我们飞行投掷小分队到试验基地集合。国防科委朱光亚副主任和九院两位院长也到了基地。总指挥是兰州军区空军司令员杨焕民，试验场指挥是济南军区空军副司令员王定烈，我们小分队只去了4架飞机，5个飞行员。1971年12月30日，我乘车到机场，走到隐蔽飞机的白色充气橡皮房子里，两次检查了已携带好氢弹的强击机，科技人员再次认真检查了飞机腹部的氢弹，一切都良好。九院的一位领导把打开氢弹保险的钥匙递给我，并说：“请你打开吧！”我没有接，轻轻地对领导说：“还是您亲自打开吧。”他点了一下头，马上蹲到飞机底部，打开了氢弹第一道保险。起飞检查完毕，我跨入飞机座舱，随着命令，飞机被推出橡皮房子，起动，将飞机滑向起飞线。

1972年1月7日用强5投掷的中国第一枚战术核弹“狂飙一号”

根据党中央、国务院和中央军委命令，飞机将在12时20分起飞，氢弹在下午1时整准时爆炸。起飞时间一到，宋占元师长根据指挥部命令，立即下达了起飞命令。随即，一颗绿色信号弹划过长空。我一听到起飞命令，马上加大油门，把2台涡轮喷气发动机加到最大功率，增速、拉起、爬高……当飞机已飞临靶标上空时，我又打开了一个开关，解除了氢弹的第四道保险。飞机离靶标20千米，我校正了各种数据，打开了时统开关。这是一种高频无线电发射装置，起两个作用：一是基地可根据时统装置发出信号，计算零点起爆时间；再就是告诉地面，飞行员已下决心，马上要拉起投弹了。

飞到9千米处拉起点时，我一拉驾驶杆，机头仰起来，飞机向空中冲刺，迎角达到45°时，我马上用力按下了投弹按钮，并迅速转飞回来。但氢弹没有按预先计划的那样掉下去，这意外让我一怔，但不紧张，迅速检查了所有电门开关，证明操作没错，我马上向塔台报告：“天山！天山！2178没有投下，请求应急投！”“同意应急投。”“明白。”我又重新校正航线，距靶标9千米处，拉起……按下应急开关……氢弹仍躺在弹舱里。我又再次用超应急方法投了一次，氢弹还是没有下去。飞机油料不多了，氢弹投不下去，怎么办？我紧张思考这一问题。瞬间，闪过了3个方案：跳伞，个人最安全，但无人操纵的飞机不知会落到什么地方，这不可取；驾机到大沙漠中，人机同归于尽，这可以保证基地和试验场人员的生命安全，但无数科研工作者的心血将毁之一旦，原因找不到，我国这项研究不知又要被推迟多少年，这办法也不可取；这时我想到了把氢弹带回去，这是一个非常危险的方案，带着数万吨级当量的氢弹着陆，能行吗？但排除危险的可能性也存在——把保险卡销卡住，氢弹决不会掉下来，着陆可发挥自己熟练的飞行技术，轻轻落地，减少振动，就可以防止爆炸。我主意已定，决心带氢弹返航着陆。

杨焕民司令员紧急请示北京指挥部转周恩来总理：“2178投不下去！”周恩来总理指示：“告诉飞行员，一定要想办法投下去，实在不行就跳伞！”杨司令员：“飞行员说，跳伞后果不堪设想，不同意跳，他请求带弹着陆。”周恩来总理：“带弹着陆？……我们应该相信飞行员的处置能力。为了以防万一，基地所有的人都要钻地道。”周恩来总理的命令传到我耳中，我立即按规定的航线返航。飞机飞临机场，当时我全神贯注，准确地做着每一个着陆动作。飞机距地面6米，我缓缓地向后拉杆，飞机稍稍仰起头，下沉速度也慢了起来。距地一米，飞机开始平飘。紧接着，飞机又开始下沉……终于，两个主轮在“T”字布旁“哧”地一声接地了。我放出了阻力伞，飞机终于安全地停下了。

氢弹没有爆炸，我深深地舒了一口气。周恩来总理得知后指示：“带氢弹着陆成功，这是一大奇迹，要好好总结经验。”这次带着氢弹着陆，在中国人民空军史上，记下了永不磨灭的一页。事故原因也被我们找到了，是因为推送装置变形造成的。这次投掷失败，在人们心里留下了阴影。那几天，指挥部里不断召开决策会议，讨论要不要按原计划进行试验。1972年1月3日召开的决策会，争论了几个小时，最后还是定不下来，有人便提议听听我的意见。我被叫到指挥部杨司令员办公室，首长问我：“老杨，我们正在研究下一步方案，想听听你的意见！”我回答说：“科学试验总有成功和失败，现投掷系统已进行了改进，我认为完全可以下决心再次试验，我也做好了一切准备，就等党中央毛主席的命令。”

胜利：第一枚实战氢弹爆炸成功

再次试验计划，定于1972年1月7日北京时间13点整进行爆炸。这天中午，气候骤变，雪花飞扬，褐色的云层覆盖在机场上空。我登机之前，司令员再三嘱咐我：“天气复杂，要谨慎小心，实在不行，不要勉强。”登机、滑行、起飞……试验场区天气尚好，我完成了一系列驾驶动作，转弯、俯冲、增速、打开时统开关、拉起机头，上仰到45°时，我用力按下了投弹按钮。顿时，飞机剧烈震动，我明白是氢弹投下去了……天地间迅速升起了一柱滚滚的蘑菇云，

航空博物馆中收藏的曾携带氢弹的强5强击机

我国第一颗实战氢弹爆炸成功了！美苏核垄断的历史，已一去不复返了！我驾机胜利返航，机场的雪越下越大，能见度极差，我沉着地对准导航台，距机场2公里才看见了跑道，安全着陆。等我把飞机滑到安全地带，就被四面八方涌来的人群包围了，人们敲锣打鼓，高呼口号，都争着来看望我。大家都沉浸在核试验成功的喜悦之中，杨焕民司令员对我说："老杨好样的，你为国防建设立了大功。"九院领导抓住我的手说："谢谢你，谢谢你，我们大家谢谢你。"我只是点头，想说，但喉咙哽塞，两眼充满了胜利的泪花。是党指引我创造了人间奇迹，我决不敢把成绩都记在我的头上，在这辉煌成就的背后，屹立着千千万万科学技术人员和指战员。

从原子弹爆炸成功到氢弹爆炸成功，同样的技术，美国用了7年零4个月的时间，苏联用了4年的时间，英国用了4年零7个月的时间，而中国只用了2年零8个月的时间，并赶到了法国前面。

据徐思瑜回忆：

强5带弹甩投成功后，老陆好激动，他回到家里抱着我，又是哭又是笑，嘴里还不停地念叨："这下好了，强5成功了！"

强5是当之无愧的"有功之臣"，强5的出色表现，是所有洪都人的骄傲，是强5飞机全体作战人员的骄傲。尽管陆孝彭并未直接参与这一型飞机的改型设计，但作为总设计师，强 5 飞机任何一个成就都值得陆孝彭骄傲！

巴飞行员：“这是一种理想的强击机！”

中国航空工业大规模出口的局面是在 20 世纪 90 年代形成的，而事实上，强 5 飞机在 80 年代初就实现了对外出口，成为最早实现外销的国产飞机之一，也是我国出口的第一种自行设计的战斗机。

原洪都副厂长贺福康在《笑傲苍穹话强 5》一文中回忆了巴基斯坦空军考察组考察强 5 飞机的一段往事：

强 5 飞机在使用过程中不断地摸索，不断改进飞机的性能，飞机的可靠性、维护性等都得到了很大的提高，强 5 飞机经过了各种使用条件（海洋、高原、低温、高温）考核，又从基本机发展到Ⅰ、Ⅱ、Ⅲ型等，不断地改进改型，使飞机逐渐完善性能。出勤率增加，维护费用降低，强 5 飞机得到了军方的好评。历次训练中也名列前茅，一致公认强 5 是一种优良的对地攻击机。同时，引起了一些国家的重视。

1980 年，巴基斯坦空军第一次来厂考察，主要了解强 5 飞机的战术技术性能，当时提出要求加大航程，为此，我们做了改进。1981 年，巴基斯坦空军第二次来厂考察，主要是对加大航程后的强 5 飞机进行评估飞行。考核强 5 飞机的飞行性能，高度从高到低，速度从低速到高速，对机动性、操控性能全面地进行了考核。在考核飞行中，巴基斯坦飞行员飞得很稳。强 5 飞机转弯半径非常小，特别是超低空 20 米通场，动作非常惊人，也让人捏了一把汗。考核完毕，强 5 飞机安全着陆。

以后巴方又对飞机的技术状态和要求改进的项目进行了逐项研究和讨论，充分满足了巴基斯坦空军的要求。中国自己设计的超声速强击机，首次进入了世界市场。

当时，洪都改型研制的强5加大航程机尚未鉴定，且工厂正在进行一批强5飞机的大修，空军要求，通过大修把这批飞机由基本型改为加大航程型，巴方飞行员试飞的正是这种飞机。飞行员下飞机后，表示："……我们曾飞过美国的F-86、法国的'幻影'、苏联的米格-21、中国的歼6，你们的强5飞机与以上机种相比，低空性能最好，飞机的各项战术性能都能满足我们的要求，改装后是一种比较理想的强击机，我们喜欢这种飞机。"此次试飞，确定了巴方购买强5飞机的决心。

为了满足巴方空军的改装要求，进一步明确改装任务，1980年12月，中国航空技术进出口总公司（中航技）派出由洪都副总工程师何永钧为团长，国防工办生产局局长宋良甫为顾问，三机部飞机局主管工程师高惠贤等共10人的考察团到达巴基斯坦，就改装要求进行具体考察和协商。经过一年多的酝酿，1981年4月3日，中巴签订了合同，国内将改装出口的飞机称为强5Ⅲ，巴方称为"猎鹰"。

当时，何永钧为强5外销机的主管设计师，主要设计者为石屏、丁宝贵、童承祖等，陆孝彭协助何永钧等人的工作。

当时，合同规定的研制周期非常紧，三机部陈少中副部长在合同签订后不久便来到洪都了解外销机情况，他表示，外销机时间短，更改内容多，但意义重大，工作好坏直接涉及到国家信誉，希望洪都用高标准对待这项工作，同时，表达了对工厂同志既担心又鼓励的心情。

这个时候，洪都"厂所合一"的体制再一次发挥了它的优势，在短时间内，洪都将强5外销机的改型设计、风洞试验、地面试验、出样机、抓定型和成批生产等工作高度交叉安排，结合得紧凑合理，各项工作进展非常顺利。

唯独射击轰炸瞄准具的研制供应尚未定点落实。陈少中副部长了解这一情况后，亲自前往相关承制厂，确定了研制的定点供应，解决了这一影响改型成败的关键问题。

根据巴方空军要求，洪都主要升级了机载电子设备，并改善了武器系统的兼容性。全部改装内容32项，主要是增加了带有弹射挂钩的挂架，以适应悬挂巴基斯坦空军使用的炸弹和导弹，换装超高频电台、敌我识别器等较先进的电子设备，以及其他一些改进内容。

洪都在进行了一系列试验后，生产出3架样机，1982年8月开始试飞。1983年1月，强5Ⅲ通过技术鉴定，试制周期仅为1年10个月。

1983年1月，洪都完成了第一批强5外销机的飞机移交。随后，强5Ⅲ带着中国人的智慧先到达新疆和田，再越过白雪皑皑的拉乌山口，经受住高山气流、峡谷风雨和沙漠高原等复杂气候的考验，降落在伊斯兰堡附近的机场。

飞机到达巴基斯坦后不久，中航技便收到巴基斯坦发出的邀请，希望派代表团参加1983年3月23日巴基斯坦国家独立日庆祝活动。时任中航技执行董事的赵光琛为团长、洪都副厂长贺福康、副总工程师何永钧等5人组成代表团赴巴观看了表演和比赛。巴方一直邀请强5的总设计师陆孝彭访巴，但因工作和身体原因，终未能如愿。贺福康、何永钧等人回国后，向陆孝彭描述了在巴基斯坦的所见所闻，陆孝彭非常高兴。

多年后，陆孝彭仍然为强5在巴基斯坦的表现感到自豪，为没能受邀访巴而遗憾，在他的《忆昔之十一（巴帅）》中这样写道：

忆昔盛筵宴巴帅，隔座殷勤话平生。举杯同祝中巴谊，共夸雄鹰有异能。

百米倒飞惊使节，四国争标冠群伦。屡挫印阿息边衅，邀我出访竟未成。

在巴基斯坦国家独立日当天，强5飞机与美国的F－16战斗机、法国的“幻影”5战斗机同台竞技。后来，《航空航天报》记者赵蓝田和杨平采访了当时的亲历者贺福康和何永钧两人，文章中是这样写的：

随着一声令下，3颗红色信号弹带着哨音跃上天空。紧接着排列在起飞线上的几十架来自不同国度的不同型号的飞机顿时轰鸣，如同远天滚滚而来的沉雷。一架架战鹰腾空翱翔。F－16，“幻影”5，都在有着无畏精神和娴熟技术的巴基斯坦飞行员的操纵下，完成了令人喝彩的表演。该到强5出场了。只见2架矫健的战鹰呼啸着如同两把利剑直指蓝天。爬升、横滚、俯冲，熟练的驾驶技术和优良的飞机性能已经揉合成一体，每一个动作变换，都引起看台上、机场上人们一阵阵雷动的欢呼。

忽然，2 架战鹰又从一片彩云中飞了出来。下一个项目将是超低空飞行。战鹰在空中盘旋着降低飞行高度，80 米、70 米、50 米、30 米！飞机还在降低高度，20 米！！强 5Ⅲ超过了其他机种，以 20 米超低空通过机场上空，整个机场都融化在飞机的轰鸣和人们的欢呼声中。军官们和士兵们激动地拽下帽子用力地抛向空中。这时，2 架战鹰又在不远处一个向上翻飞，在 80 米低空倒着向机场飞来。倒飞，就是飞机腹部朝天座舱朝下飞行。低空倒飞，是对飞机低空性能最严峻的考验，它要求飞机必须具备稳定可靠的飞行性能，操作系统准确灵活的精度。目前，世界上也只有几个发达国家才能设计生产这样一流的飞机。

当强 5Ⅲ倒飞通过机场上空时，看台上极度兴奋的将军们把身边的中国代表和中国武官们统统抱起来欢呼，他们以伊斯兰教的坦诚和纯朴的表达方式，向中国代表们呼喊着诚挚的谢意。

这时，编成纵队的集群坦克开进机场前方的土道，实战打地靶比赛开始了。所有机种的飞机全部升空，两两编队向坦克群进行攻击。两两编队是允许第一架飞机打不中时第二架飞机继续攻击并承认其战果。空战中，每个编队的强 5Ⅲ型飞机都是以第一架飞机就命中而凯旋。最后战果，强 5Ⅲ赢得了低空、超低空飞行和打地靶比赛的第一名。巴基斯坦一位将军紧紧握着中国代表的手激动地说："骄傲，骄傲！是我们的骄傲，更是你们的骄傲！"

在这次巴基斯坦国家独立日庆祝活动的前 2 天，中国代表团应邀参加了在拉菲克基地举行的飞机换装仪式。巴基斯坦陆海空三军总司令、参谋长和将军们，在仪式上正式宣布成立装备强 5Ⅲ型飞机的空军第 16 中队，命名为"猎鹰"，并授予军旗。随后，强 5 飞机进行了表演：低、中空的全特技飞行；在不到 100 米高度倒飞通过跑道；约 200 米高度沿跑道急速横滚低空通场和各种武器的对地攻击等。这次"换装仪式"的录像当天晚上在巴基斯坦电视台播放，强 5 飞机的优良性能和飞行员的高超技艺，给巴基斯坦人民留下了深刻的印象。

此后，在巴基斯坦空军组织的各机型比武中，强 5 多次夺魁称雄。强 5 飞机飞出国门，在南亚大陆上开辟了一片崭新的领地，获得了赞赏，赢得了声誉。关于强 5 外销出口，与强 5 打了几十年交道的雍正球在《弘扬强 5 精神　迎接崭新时代》一文中这样写道：

从 1969 年起，强 5 飞机又开始走上了不断改型的路，形成了强 5 系列飞机，不但装备了我空、海军，而且远销巴基斯坦、孟加拉国等国。为了不断用高新技术武装强 5，提高飞机的作战使用性能，设计人员需要不断更新知识，不断研究新课题，特别需要有勇气去迎接新的挑战。比如外销机用户提出要使用北约国家通用的双钩炸弹挂架和弹射挂钩，这与原使用的苏联体制挂钩完全不同，国内没有使用过，也无成品可选。可面对用户的要求，只有千方百计地去满足。我们向用户借来样品，反复研究测绘，经过千万次试验，摸清产品性能和特点，并和成品厂一道试制，成品制成后，又在飞机上反复调试，最终实现配套安装，各项参数符合要求，用户满意，为强 5 拓展外销机创造了条件，也为其他机型安装通用炸弹挂钩提供了经验，随后国内各机型都相继采用。

巴基斯坦空军的强 5 飞机编队

强5实现外销还有一个非常重要的意义。强5的出口，在当时，对于即将实现改革开放的中国来说，这一开创性的举动率先打开了一种思路。对洪都来说，通过强5出口，人们从此不再完全依赖计划经济的“等靠要”，而开始寻求新的发展模式。在强5外销机中担当骨干的石屏院士曾经表示，通过强5外销机的设计与研制，他在技术和对外合作出口等方面积累了大量有用的经验。后来，当他担任K-8总设计师时，遇到了发动机等非常多的困难，但正是受到强5外销机的启发，K-8不再局限于国内，而是跳出去，放眼全球，针对国外用户的需求，设计适合他们的飞机。这种开拓性的创新，使K-8的出口取得了巨大的胜利，书写了我国航空出口的传奇。

随着强5在国内外陆续服役，在作战训练中也逐渐暴露出电子设备落后和载弹量少的缺陷。在宽松的改革开放环境下，为满足作战需要，中航技、洪都和意大利宇航公司电子设备分部在1986年7月签署协议，采用共同投资、共担风险、共享利润的方式，合作研制强5M型飞机。雍正球任强5M的总设计师。

在强5Ⅱ的基础上，强5M的气动布局基本保持不变，但为了安装雷达罩，飞机原来的尖锥形头部改为圆顶形，机身长度相应缩短，机高略有增加，空重增加26千克。此外，对燃油系统和武器悬挂方案进行了精心考虑，使消耗性载荷引起的飞机重心变化范围控制在最小。

强5M的电子导航/攻击系统由原型机的8项设备和意大利提供的17项电子设备组成，主要包括惯性导航装置、平视显示器、雷达测距器、大气数据计算机、中央计算机等。整个系统采用中央计算机和美军标MIL-STD-1553B数据总线技术进行综合，可以完成自主导航、武器瞄准等参数的计算、显示和控制，以及部分武器管理功能，使强5M在导航和瞄准攻击方面的性能、精度上了一个台阶。

强5M在机翼下增加了2个挂架，使挂架数目达到了12个，其中，10个可以同时使用，最大载弹量增加到2.8吨，带副油箱飞行时的正常载弹量为1.8吨。强5M采用导航/攻击系统后，可以进一步扩大适用武器的种类和数量，显著增强了对地攻击和空对空作战能力。

对地攻击时，强 5M 可以携带 11 种炸弹、4 种火箭。炸弹可以进行水平、下滑、俯冲、俯冲拉起、上仰和偏置等方式轰炸，攻击可采用连续计算命中点（CCIP）和连续计算释放点（CCRP）的方法，采用偏置轰炸方式可攻击威胁大的或飞行员看不见的目标。与此同时，对空作战时，左右翼尖挂架可携带 2 枚导弹自卫。

强 5M 加装了一套全向告警雷达，并与被动干扰投放系统交联。座舱内设有空中或地面目标显示器和投放干扰弹/箔条的控制器，飞行员可以根据显示信号和音响信号，选择自动/手动投放干扰箔条或发射红外曳光弹，进一步提高飞机进入目标上空的生存能力。此外，强 5M 还改进了电源系统、照明系统、冷却系统和燃油系统。

强 5M 型飞机

1988 年 8 月 30 日，首架强 5M 样机首飞成功，1991 年 2 月完成了系统飞行试验。试验结果表明，强 5M 不仅保持了原有的飞行性能和操纵稳定性，而且导航/攻击系统的实际结果优于设计指标，作战效能明显提高。在不受气象条件限制下，飞机低空通过并识别目标的概率达到 95% 以上，特别是采用电子对抗系统后，进一步保障了飞机突防概率，对点目标的命中概率在 80% 以上。与原型机相比，强 5M 的作战效能提高了 6 ~ 10 倍。

然而，非常遗憾的是，国际合作研制的强 5M 因一次意外飞行事故，在设计鉴定后没有投入批量生产，失去了一次拓宽国际市场的大好机会。

尽管强 5M 中断了研制，但值得肯定的是，强 5M 是研制人员在国内率先参与国际合作，首次采用中外合资方式研制的飞机，这个过程，不但使科研人员接触了国际先进设备，在技术上获益匪浅，也提高了设计水平，积累了丰富的经验，为强 5 后来的继续改进打下了基础。

进入 20 世纪 90 年代，强 5 飞机继续改进，并最终促成了强 5D 型机的立项。后任强 5 某型机总设计师的李庄生在《强 5 在不断改进改型中前进》一文中回忆了这个型号诞生的前前后后：

1994年12月，中国航空工业总公司（中航总）召开的1995年计划会议上传出信息，1996年将停止强5飞机订货。

洪都人不相信强5飞机的命运就此结束。早在1993年，洪都就召开专题会议，认真地分析了强5飞机现状和发展前景。随着国际、国内形势的变化和科学技术的发展，不可否认，强5飞机还存在作战半径小、载弹量偏少、不能自主导航、导航精度差、火控系统攻击方式少等弱点。我们经反复论证，认为强5飞机是空军需要的一个机种，仍需改进，以延长强5飞机寿命。1993年12月和1994年8月，我们分别上报了强5C型机小改、中改、大改及近期、中期和远期改的计划方案。1995年7月，又提出改进方案，空军科研部的空八所也进行了多方面论证，1996年5月上报了立项申请报告。1996年11月，国防科工委正式批准强5C型飞机改进研制项目立项，要求从实际、实战出发，缩小更改面，减少开支，研制周期为一年。1996年11月25日，总参正式批准列装，命名该机为强5D型飞机。

项目已批准，强5飞机又获得了新生，这对洪都来说是一件大快人心的好事，给工厂带来了希望和可观的效益。但是，要在这一年时间内完成设计、制造、试验、试飞和设计定型，同时当年还要交付2架飞机，谈何容易。当时，中航总军机局局长说，“强5D型飞机在部队内改装也需要两至三年的时间，何况在工厂内部协调关系多，困难是很多的。”但是，为了部队装备的需要，为了公司的效益和发展，我们只有风险投产，精心组织，精心设计，只许成功，不许失败。

在总指挥和总设计师系统的指挥下，1996年12月拉开了改进设计工作的序幕。强5D飞机的设计改进主要是：增装多普勒/GPS组合导航系统，实现自主导航，提高导航精度；增挂1140升副油箱，增加了航程和作战半径以及相应系统改进。在实施以上改进中，碰到了三个难点，一是起落架强度由于飞机最大起飞重量比强5C型机增加了重量，致使起落架系统承受载荷增加；二是飞机挂1140升副油箱飞机重心变化问题；三是组合导航系统交联设备多，协调量大，又要保证精度。对此，我们花了几个月时间，认真研究强度规范，制定切合实际的载荷谱，对系统进行分析、评估和计算校核，考虑到飞机增重对起落架、轮胎、轮毂的疲劳强度和使用寿命的影响，我们对起落架的主要承力件的细节做了改进设计和试验，使起落架满足使用要求。原来预计实现增挂1140升副油箱会引起重心的变化，从而影响操稳特性，我们查阅核算了以前的数据，又进行较为详细的风洞试验、计算和适量配重，在操稳特性试飞中，证明保持了飞机原有特性。导航系统方面，首先进行顶层设计，制定了上层文件，认真进行精度分析，又采用设备与设备之间先联试，然后再进行系统联试，接口控制严格，结果达到预期效果。

方案论证阶段，我们认真研究了关键技术及其解决的途径，对关键技术、影响周期的试验提前进行，整个系统研制过程全面贯穿并行工程设计。在方案论证的同时，就开展了初步设计和详细设计。成件协调会后，详细设计工作全面铺开，组织开展了攻克“97131”高地劳动竞赛。工艺、标准化、质量等部门提前介入。在发图同时，进行了图样标准化及工艺审查，由于设计人员重视标准化和工艺性工作，标准化和工艺人员尊重设计人员的意见，使该型号符合标准化和工艺性的要求。为确保优质研制，型号质量师系统和驻厂军代表在研制过程中对研制工作进行了有效的质量控制和管理。设计人员发扬了不怕苦，不怕累的精神，有的同志中午不休息，有的同志放弃回家探亲的机会，日夜奋战。在试制中，首先碰到的难题是模线线条模糊，采用移形法，克服了种种困难，保证试制顺利进行。1997年5月8日和7月7日，顺利完成2架样机的初、总装改装，并交试飞站。1997年7月17日，在公司召开了强5D型首飞技术评审和放飞评审会，并于7月22日和8月15日完成首飞。2架样机于1997年10月8日转到空军飞行试验训练中心，10月21日进行恢复技术飞行，10月22日至11月17日定型试飞结束，共飞行40架次，39小时48分。完成了基本性能、操稳性能和外挂物投放、多普勒/GPS组合导航系统导航精度、功能检查等设计定型试验。

在“自强不息，求实创新，百折不挠，团结奋进，献身航空，勇攀高峰”

的强5精神鼓舞下，科研试制人员互相支持、奋力拼搏、密切配合，克服了研制周期短、工作量大、技术难点多、经费少等困难，解决了许多技术难关，按要求顺利完成了设计、试制、试验、试飞和设计定型试飞等研制任务，取得了显著成果。现已批量交付部队，为强5飞机后继的改型机，起到了一个承上启下的作用。

强5飞机全套外挂武器展示

最高的荣誉：中国工程院院士

人们称陆孝彭为“强5之父”，一点也不为过。从强5的孕育、诞生、培养到强5的成长和发展，无时无处不倾注着、不蕴涵着陆孝彭的智慧、心血和汗水。从强5飞机主管设计师、总设计师到强5改型机总设计师，陆孝彭呕心沥血、鞠躬尽瘁地干了几十年，为强5列装部队、出口创汇、不断改型改进、获国家科技进步特等奖立下了汗马功劳。陆孝彭慈父一般地呵护着强5，他对强5注入了大海般的深情，蓝天般的博爱。

正是陆孝彭在事业上的杰出成就，他的事迹被收录在1978年出版的《中国大百科全书》“航空航天卷·人物志”之中，这是我国出版的权威性刊物，在国内与世界上都有广泛的影响。

强 5 装备部队成为空军主力机种之一，而且历经几十年仍在服役，具有顽强的生命力，这种生命力来源于飞机性能的优越性，来源于自行设计，来源于自主创新。如今，强 5 已经走过了半个多世纪的风风雨雨，尽管，总有一天，强 5 会退役，总有一天，它会成为历史，总有一天，它会退出天空的舞台，然而，它已了无遗憾——那样的时代，那样的岁月里，强 5 已然是“幸运儿”——有历史、有经历、有辉煌、有沉淀……完成使命，足够了！

然而，强 5 可以退役，陆孝彭却不能，作为飞机设计师，他的勤勉自催告诉他：只要中国一天不成为航空强国，他一天也不能停止，他疾声呼吁：“我们不能停留在现在的水平上，我们要有更大的创造……”

但是，陆孝彭毕竟老了，也越来越力不从心了。长年的风霜、坎坷、拼搏，已经耗尽了他的精力，吞噬了他的身体，疾病如定时炸弹一样埋置于他的体内，随时都有爆发的可能。1983 年夏天，陆孝彭心脏病突发，晕倒在下班途中。经及时抢救，才幸免于难。

病情略微好转一点，陆孝彭便开始在医院里工作了。1983 年，在庐山召开的全国跨声速学术讨论会上，陆孝彭发表的《论激波和极限线的关系以及二元翼剖面表面激波生成的条件》一文的初稿便是在医院的病榻上写出来的，他查阅资料、找人论证设计方案。这篇论文对学术界长期有争议的二元跨声速流中极限线的性质，以及与激波的关系问题作了深入的数学分析，解决了 λ 激波生成的机理，解决了查普雷金特殊解中指数 υ 的数值问题，为应用查普雷金特殊解求解复杂的气动力问题开辟了道路。

对于这样一个事业狂，医生总是警告他：如果他再这样，心肌梗塞可能再度复发，糖尿病也可能再度扩展到 3 + 。

1984 年 10 月 1 日国庆 35 周年阅兵式上，当 32 架强 5 飞机编队飞过天安门广场，接受祖国和人民的检阅时，陆孝彭从电视上看到强 5 雄姿勃发的画面后，非常高兴。

1985 年，大病初愈的陆孝彭来到北京远望楼宾馆，为强 5 飞机进行答辩。

国家科技进步特等奖国防科技专业评委会的评委们——朱光亚、钱学森、聂力、叶正大、王南寿等坐在台前，他们看着陆孝彭。陆孝彭对评委们的提问，泰然自若，沉着应答。最终，评委们一致通过答辩，这一年，强5及其改型机获国家科技进步特等奖，陆孝彭与高镇宁、冯旭、何永钧、雍正球、杨国祥、陈耀祖共同获此奖项。

随后的日子里，强5和陆孝彭都迎来了收获的季节，各种荣誉也纷至沓来。

1982年，强5飞机作为国际上有影响力的战斗机，列入国际航空界享有盛誉的英国《简氏航空年鉴》；在第37届巴黎国际航展上，实物参展的强5被誉为“亚洲明星”，成为国际公认的名机；1999年国庆50周年阅兵，强5编队再次飞过天安门广场上空；强5出口多个国家……

1987年巴黎国际航展上的强5飞机

1986年1月，陆孝彭光荣出席了全国科学大会，作为主席团成员登上主席台戴上了大红花，国家领导人接见航空工业部10名专家和兵器工业部10名专家时，杨尚昆紧紧地握住他的手。中央首长的接见让陆孝彭激动万分，回厂后，他在1986年3月8日的《洪都报》上以《毕生难忘的时刻》为题撰写了回忆文章，描述了接见时的情景：

今年1月24日下午，我和航空工业部、兵器工业部的其他19位专家，荣幸地受到赵紫阳、杨尚昆、胡启立、李鹏和方毅五位中央首长的接见，这是党和人民给予我们的极大荣誉。我是作为强5系列飞机获得国家技术进步特等奖的代表而受到接见的。强5飞机的成功是洪都全体职工多年辛勤劳动的成果，这个荣誉是属于全体职工的。

接见的地点在中南海怀仁堂。这里，虽然曾是慈禧看戏的地方，但除戏台保持原样外，走廊和客厅都经改建，显得朴素大方。启立同志首先把我们的姓名和工作向赵总理作了介绍。他说国防工业战线的许多同志为国家做出了贡献，但因保密原因，得不到公开报道。国防工业的同志有贡献的很多，今天接见的只是一部分代表，希望你们做无名英雄。赵总理等中央首长和蔼可亲的态度和启立同志的话，使我感受到党中央对国防工业战线全体职工的亲切关怀。

航空工业部莫部长、兵器工业部邹部长先后向赵总理汇报了两部保军转民的情况和问题。参加接见的同志也争先恐后地发言，提出在工作中遇到的问题和建议。接见时充满着融洽、和谐而热烈的气氛，充分体现出中央领导同志工作深入和民主的作风，我走进怀仁堂时的拘束心情为之一扫而空。

赵总理对国防工业军品任务少、科技人员不能充分发挥作用的情况很清楚。他说，和平时期军品任务少是正常现象，现在如此，今后也是如此，军品要求少而精，国防科研要打基础、上水平，而不是大批量的订货。国防工业有几百万职工，科技人员是全国的精华，设备也是全国机械行业的精华，不但要为国防现代化服务，也要为整个社会主义现代化服务，为国民经济建设服务。军工企业今后的发展方向是办成军民结合型，扩大企业自主权，加强横向联系，增强企业活力，用军工科技力量的优势来开发高水平的民品，才能使大批科技人员有用武之地，才能保住这支队伍不散，也才能更好地“保军”。赵总理反复、不厌其烦地讲述国防工业的发展方向，不仅解答大家的具体问题，也解决大家的思想问题。

在座谈中，我把我公司有一支1000多人有实战经验的设计队伍，而在“七五”期间没有安排新任务的情况作了汇报，希望领导能把支线客机和教练机的研制任务落实到我公司，还就强击机的发展提了建议。会后莫文祥部长说：有人讲航空工业现在是“山穷水尽疑无路”，而实际上是“柳暗花明又一村”。他的这番话很好地表达了我们的想法。

接见持续了将近3个小时，使我受到了一次深刻的教育，真是毕生难忘的经历。我决心牢记赵总理的话，要进行新的拼搏，为开创航空工业的新局面，做出应有的贡献。

陆孝彭还先后当选为全国人民代表大会第四、第五、第六和第七届代表。1991 年，他又荣获首届航空金奖，这是中国航空界的最高奖项，并享受政府津贴。这一年，他主持的“变后掠技术研究”课题获国家科技进步二等奖。

1992 年，陆孝彭被航空航天工业部授予国家有突出贡献专家称号，并获国防科工委颁发的总设计师荣誉奖状。

陆孝彭现场协助拍摄《天缘》

1994 年，中央电视台播出电视连续剧《天缘》，很有影响力，该片后来荣获中宣部颁发的“五个一”工程奖。作品主人公魂系蓝天，将一生献给祖国的航空事业，事迹感人至深，其生活原型就是陆孝彭。1995 年，陆孝彭成为中国工程院院士，在中国工程界史无前例的京丰宾馆盛会上，他作为“硕学鸿儒”的一员，为祖国现代化工程项目陈言献策。

当时，吴立新负责撰写陆总的申报材料，后来，吴立新回忆说：

就飞机总设计师来说，国内是不少的，但并不是每一个总设计师都能成为工程院院士，关键是你在项目中解决了哪些关键技术？在强 5 的设计过程中，陆孝彭不仅是技术总负责，而且还具体解决了三大关键技术问题，这是很了不起的。

记得 1994 年，我在替陆总写院士材料时，我曾向陆总提出过一个问题，为什么强 5 在对地攻击打靶时，每次都能得第一？您思考过这个问题没有？

当时陆总还没有意识到这个问题。后来，通过分析整理材料，我得出了结论：强 5 的气动弹性设计非常好。尽管当时在设计时，陆总并没有这个意识，但是他的设计思路所采取的措施就是符合气动弹性设计标准的，这也是强 5 对地攻击精准度高的重要原因。

“院士”这两个字，对于每一个科研工作者，这都是至高无上的梦想与追求。这一刻，让陆孝彭永生难忘，他在《参加中国工程院院士大会有感》中写道：

京丰盛会史无前，硕学鸿儒各陈言。水电先成葛洲坝，农业畅想吨粮田。

航天奋搏九万里，海面水翼疾如飞。明日扬威南沙岛，中华院士尽开颜。

同年，他被载入美国工程师协会世界名人录。2000 年 8 月，就在陆孝彭去世的前 2 个月，他成为中国工程院资深院士。

写到这里，似乎有些开始堆砌史料的味道了。陆孝彭在我的笔下，似乎也成为了一个热衷于功名，奔波于不同领奖台的“俗人”。然而，事实并非如此。

“不管设计师具有多大本领和天才，只靠他一个人是啥也干不成的。在我们这个时代，要想设计出飞机、发动机或者涡轮这样一些产品，要求许多人进行集体的创造性劳动。现代科学技术的进步已不可能单凭个人的力量来完成了，不管他有多么伟大的天才。科学和技术的进步是集体的创造过程，是创造性劳动的更高形式。”

没有谁比晚年的陆孝彭更能深刻地理解这句至理名言。在人生的最后十几年里，陆孝彭一边收获着强 5 带给他的荣誉，另一方面，他在科技道路上却走得更加艰难，更加孤独。歼 12 项目停止、强 6 不告而终、强 5 改进方案不被上级认可、第四代战斗机仍然停留在他的脑海里，停留在纸上，每一个型号，陆孝彭都想争取，他相信，只要给他时间，历史总会证明，这些型号都能像强 5 一样取得成功，最终形成战斗力。然而，他没有精力，他也没有权力，他不再是研制强 5 时的那个年富力强的陆孝彭，40 岁的时候，他不屈不挠，他可以自己亲自去跑零件，他可以带领 13 个人“见缝插针”，可以与强 5 的命运抗争，争取强 5 最终的胜利。然而，人生又有几个 40 岁呢！他知道，至死他也割舍不断飞机设计的情怀，这已经成为他生命的全部意义，但他也终于开始明白，后面的路，注定了要他一个人孤独地走下去。从此，他不会再有成功，也不会再有荣耀，他所能做的，就是退去浮华，将一颗赤诚之心沉淀，记录下垂暮之年的最后奉献……

越是这样透彻的觉悟，越让陆孝彭怀念强5研制时那段火红的岁月，怀念那些在最关键时刻给予他帮助与支持的老领导，怀念那些并肩战斗的同事，怀念那些为强5付出心血、甚至献出生命的英雄们……

“对强5要不惜牺牲自己的名誉，不惜牺牲自己的喜怒哀乐，这是最高的政治觉悟，是最高尚的品质……”这铮铮誓言，让陆孝彭感动一生，记忆一生。让陆孝彭记忆一生的还有很多人，很多事，他们时常浮现在他的脑海里，数也数不清。

陆孝彭记得，“见缝插针”时，他所跑过的每一个车间，给予过他帮助的每一个人，他记得那些普通工人牺牲自己仅有的业余时间加入他们的团队，与他们共同奋战，他记得他们朴实而真诚的面孔……

陆孝彭记得，强5设计时，与年轻的设计员们一起挑灯夜战，一起成长的日子，青涩而纯真。

陆孝彭记得，14个人相互依靠，相互支撑，相互信任的日子，纯粹而执著。

陆孝彭记得，强5进入静力试验厂房时，夹道欢迎的人们给予的最热烈的掌声和鼓励。

陆孝彭记得，强5全机静力试验提前破坏，孙志远部长亲自到洪都，在飞机旁听取长达4个小时的汇报。

陆孝彭记得，强5首飞时，曹里怀亲临现场，并坐镇指挥时的坚毅与果敢。

陆孝彭记得，在强5进行空中机炮射击试验时，出现抖动、发动机停车现象。这时，火炮专家刘鼎副部长提出建议：机炮应该安装消烟装置，才能去病根。就这样，通过改进，解决了试飞过程中的四大故障之一。

陆孝彭记得，挚友高镇宁给予自己的支持与帮助。为了使设计一开始就站在较高的起点，强5既参考了苏制米格－19型飞机，又在许多方面超出了米格飞机。然而，在当时，这种超前意识却受到质疑，每走一步都异常艰难。每当出现困难，高镇宁总是主动做那些持不同见解的设计师的工作，让他们信任自己。出了问题，也总是高镇宁替他收拾残局。陆孝彭永远记得，高镇宁对他说的话：“没事，你只管往前冲，出了事，我给你兜着，谁个调皮捣蛋，你也不用怕，该管的大胆管，我给你当支撑!”高镇宁以他出色的组织才华、领导艺术和社会经验，给予陆孝彭很大的帮助，使陆孝彭能够强有力地抓牢强 5 这个设计集体，大刀阔斧地前进。在设计构想上，高镇宁和自己也是惊人的一致，常常不谋而合。其实，许多设计都是两个人共同创作的结晶，然而，当强 5 取得成功，荣誉纷至沓来之时，高镇宁却从不争功，总是虚怀若谷，表现出大度与谦逊，并始终坚持陆孝彭在强 5 设计上的主导地位和关键作用，把荣誉的桂冠戴在陆孝彭的头上。

陆孝彭还记得，强击机师给予的支持。他们说：“强 5 的空中试飞很出色，符合设计要求，无论是飞行性能还是战斗性能都比空军现有的强击机好得多。希望能尽早装备部队!”

陆孝彭记得，试飞员杨国祥和王道中在“文革”里，不抛弃，不放弃，坚持试飞强 5，直到胜利；年仅 30 岁的试飞员康铎，在还来不及看新生女儿一眼的时候，由于飞机故障，跳伞不成功，光荣牺牲，用年轻的生命换来了强 5 飞机的不断改进和发展。老试飞员吴永清已圆满完成强 5“CI”工程首飞及鉴定试飞任务，在进入订货批量生产之际，却在一次飞行表演中血洒机场，为强 5 飞机的发展壮大献出了宝贵的生命。

陆孝彭记得，在强 5 改进改型的路上，一代洪都人付出了艰辛的努力，才使得雄鹰真正成为驰骋边疆的战鹰。

……

还有很多很多……

在陆孝彭的心里，最高的荣誉不是一枚奖章，不是一纸奖状；受奖的，不是一个人，也不是几个人，而是成千上万关心强 5，热爱强 5，为强 5 付出，为强 5 奔走的人们……因为他们的存在，强 5 才几经生死，重获新生；因为强 5 的重生，才成就和圆满了总设计师关于雄鹰的梦想与追求!

一架飞机，凝聚了万千人的集体智慧；一段历史，记载了万千人的共同梦想。

强 5 精神，树立的是一个时代的精神丰碑！陆孝彭只是千千万万之中的一个典型代表!

第八章　老骥伏枥报国心

漫漫三十载入党路

笔者采访的所有人，对陆孝彭都有一个共同的印象，那就是“爱国爱党”。家庭的熏染教育，时代的潜移默化，漂泊海外的种种遭遇，陆孝彭在青少年时代就在心里埋下了一颗爱国的种子。如果说好友虞光裕送上的三本毛泽东著作第一次叩开了陆孝彭对中国共产党的无限向往，那么，回国后的几十年时间里，陆孝彭则将这种信仰渗透到工作和生活的方方面面，始终不渝。

1950 年，陆孝彭回国后被分到华东军区航空处，在同窗好友李扬群的帮助和鼓励下，陆孝彭递交了他的第一份入党申请书。他羡慕李扬群，他希望成为一名忠诚的共产主义战士，成为一名中国共产党员。然而，在当时那种政治气氛异常浓厚的时代，陆孝彭复杂的经历并没有得到组织上的通过。华东军区批回意见：该同志回国时间较短，需要考验，可以先发展加入共青团。年近 30 岁的陆孝彭自然不适合加入共青团了，此事便作罢。历史就这样漫不经心地取消了陆孝彭的第一次入党的机会。经历这次挫折，陆孝彭从此树立了一个目标，同时也领悟出了一个道理：国民党是逼着人集体入党，而共产党是要通过考验才能加入的，真的不一样。

但他并不知道，这一考验，竟然是漫长的 30 多年。在这 30 多年里，陆孝彭不断地经受着政治审查，在北京南苑飞机修理厂，他受到新厂长的质疑，但他并未丧失信心；“文化大革命”期间，在被关押的日子，“审查”更为严格，从头审到脚，从 10 多岁审到 50 岁。他不停地写自传，不停地递交入党申请书，不停地学习，生怕自己落后，生怕思想停滞不前。他在诗抄中这样写道："转眼因循四十年，自惭思想滞未前，务将毛选殷勤读，争取红专志气先。"尽管一直没有批准入党，但他却按照优秀党员的标准来严格要求自己。

陆孝彭是真正意义上的入党积极分子，这一点，曾经在洪都飞机设计所任职的张道政非常清楚，他回忆说：

当时，我由总体组调任飞机设计所任所办副主任（兼任党支部书记）。1981年，所办党支部组织"积极分子学习党章小组"，陆总主动要求参加。事情再忙再多，他都挤出时间并事先做好准备，在每周一次的学习中他都非常认真，联系思想和工作积极发言，写心得笔记；如果确有事不能参加，也一定事先向支部请假。许多同志都感到：陆总这么大年纪，仍然要求上进、追求党组织矢志不移，值得我们年轻人学习。陆总对党组织的追求一直没有停止过。

"没有信仰，则没有名副其实的品行和生命；没有信仰，则没有名副其实的国土。"陆孝彭的信仰是中国共产党，这信仰是经历战与火的考验磨炼而成的。他亲眼目睹共产党救了中国，他看到了老一辈党员干部清正廉洁，无私奉献的精神，所以他信奉中国共产党，相信党员。这种信仰是如此的坚定，不可动摇。这种信仰，与祖国的命运，与个人的灵魂相依相存。

1977年，小儿子陆晓天参军之前一起合影

终于，陆孝彭迎来了阳光明媚的春天。1982年底，由余松涛、雍正球介绍，陆孝彭终于获准加入中国共产党，喜报一出，陆孝彭异常兴奋，他多年的夙愿终于实现了，那一年，他62岁高龄。

陆孝彭加入共产党的时候，小儿子陆晓天已经是党员了。他对父亲入党的事记忆犹新：

我入党比我爸早一年左右。终于入党了，他特别高兴。我休假回家时，他开玩笑地说："我们家终于可以成立支部了，我是新党员。"我觉得爸爸一生追求共产党，对他来说，能够始终保持对党的追求，这是他的一个心愿。

对陆孝彭来说，入党是他人生最大的成就之一。每每回想起入党的情景，陆孝彭都激动不已。晚年，他在《忆昔之五十一（入党)》里写下铮铮誓言，表达了永不叛党的决心：

忆昔应召支部会，入党之日永铭志。镰刀斧头亮我心，共产主义传永世。

金石良言发肺腑，如今好友成同志。对天盟誓不叛党，刀斧加身宁一死。

事实上，在陆孝彭看来，和平年代里，"叛党"的形式是多种多样的。丧失党的原则立场，是叛党；贪污腐败，是叛党；不守党纪，是叛党；玩忽职守，是叛党……陆孝彭誓与它们斗争到底。

陆孝彭对国家、对民族等原则问题特别敏感。他总觉得自己有责任做出反应，他说，强5、第四代战斗机等，他要把它们尽快搞出来，这样才不愧对国家，不愧对党。1997年香港回归，陆孝彭喜不自禁，写下了《祝贺香港回归祖国（二首)》，其中，有一首是这样写的：

欢庆香港回归日，殖民统治已陈迹。一国两制庆统一，港人治港真良策。

经济繁荣创奇迹，爱国热情正洋溢。举国同欢七一节，雄鹰护港永不息。

陆孝彭在洪都工作的几十年时间里，由于工作突出，先后担任了设计室副主任、设计所副所长、设计所所长、洪都副厂长兼设计所所长、科技委主任等。尽管身居高位，他却时刻牢记自己的信仰与原则。

陆孝彭公私分明，这一点，熟悉他的人都深有体会。大女儿陆群回忆说：

小时候，设计所里晒蓝的图样，边角料裁下来后，都烧掉了。母亲觉得很浪费，于是便拿了一些回来，裁成纸条，给我们几个孩子当草稿纸。爸爸知道后，大发脾气，责问妈妈。大家都不理解，觉得这都是要烧掉的东西，不用很可惜。但他说，"只要是工厂的东西，就是不能拿回家，一丁点都不能拿。"

吴立新对陆孝彭公私分明、高风亮节的品质印象非常深刻，他回忆说：

1990年1月，我陪陆老到北京参加部科技委召开的基层科技委主任会议。会议结束那天下午自由活动，午餐时，陆老说："明天就要回厂了，今天下午咱们到王府井买点东西带回家吧!”陆总比较喜欢他的外孙女，要给她买东西。午餐后，我就和会务组联系派好了车，因为，会务组特别交待我，如果陆总要用车就开口。当我回到房间后，就告诉陆老：“下午去王府井的车已经安排好了。”这时陆老很严肃地对我说：“谁叫你要车的，办公事用公车，下午买东西是私事，私事哪能用公车！你把车退了，下午咱们乘公共汽车去。”我的天啊，那个大冬天，下着大雪，天又冷，路面又滑！70岁的人了，万一摔个跤可怎么办啊！我是提心吊胆的。陆老说：“哪会那么凑巧，咱俩一同去，有什么关系!”没办法，他坚持要坐公共汽车，我看他执意不肯，就退了车。

我们在雪地里走了20多分钟才到郊区一个车站，站着等了近1个小时，风吹雪飘，陆老没戴帽子又未系围巾，只穿了呢子大衣，冻得鼻尖通红，清鼻涕直往下流，上车后人多，拥挤不堪。我没办法了，将两只胳膊牢牢把住公交车上的扶手，然后，让陆总站在我怀里，护住他，就这样，一直站到王府井，下车后到东安市场买了一大包东西。大概陆老在车站冷得够呛，特意买了一顶鸭舌帽和一条围巾，出门就戴上、围着，仍乘公交车返回。“私事哪能用公车?”从此铭记我心头。

有一次，我到科技处领“变后掠技术研究”报告编写费，孙道章处长要我代领陆老的编写费300元。当我回到科技委转交给陆老，他迟迟不收，还问我：“这是什么钱，是谁发的，你有没有，还有哪些人有?”我答道：“这是孙道章处长发的‘变后掠技术研究’报告编写费，你300元，我200元，还有一些人，详细情况，我也不知道。”他还拨通了孙处长的电话，电话中孙处长一一回答了陆老的提问，他才收下。当时我有点纳闷，回到办公室就告诉了文书小杨，并问她以往发给陆老钱的情况，小杨说：“情况基本相同，发给他的钱，若他未做工作，不要；若大家没有，只给他，也不要。”这时我完全明白了陆老的高风亮节。

有一次，组织上给陆老安排带家属到井冈山疗养。到了井冈山，大概是当地政协的什么人请陆老一家吃了一顿饭，结果，他非要给人家伙食费。回来时，他又坚持要给司机车费。像他这样的人，确实是太少了！

陆老1982年底光荣入党，1983年他退居二线任科技委主任。为了保持与科技人员联系，他的行政关系转到科技委，党的关系仍留在洪都飞机设计研究所。陆老非常珍惜自己来之不易的共产党员光荣称号，严格按党员条件要求自己，自觉遵守党的纪律，一贯以普通党员身份按时参加组织生活，交纳党费，不搞任何特殊化。有一次，他生病住院叫我去，我一到他病房，他对我说："明天下午组织生活，你代我向程万里书记请个假。"当我问程书记的电话号码时，陆老很认真地说："我是个人对组织，打电话请假不尊重，你得去一趟，找到程书记代我请假，并说明原因。"之后，我多次代他请假、交党费。

陆孝彭对党组织非常尊重，只要是党组织决定的事情，他绝对服从，忠实执行。有时，他生病了，经检查，要他住院治疗。他考虑工作丢不开，执意不住院，这时，只要让党组织出面做他的工作，一做就灵。再比如说，技术骨干要调走，他是非常反对的，不让调。后来只要说，党委已经同意了之类的话，就算他不情愿，他也不会反对。这样的事情太多了，也成为他的一个特别显著的特点。

1996 年 4 月 17 日，为纪念航空工业创建 45 周年，中国邮政首次发行《中国飞机》邮票，以新中国国产飞机为图案设计的，共 4 枚，其中，包括强 5 飞机。邮票出来之后，厂里一次就拿了 1000 份过来，请陆孝彭签名。对于组织安排的事情，76 岁高龄的陆孝彭丝毫不懈怠，很认真地一笔一画地签，晚上加班也要签完，手都签酸了也不停下来。

陆孝彭听党的话，也听党员的话，最为典型的就是陆孝彭特别服高镇宁。对于这一点，陆孝彭的同事雍正球回忆说：

陆总和高镇宁相处得很好，曾经部里还想将他们俩作为一对模范树典型，一个管技术一个管管理，他们俩是优势互补。可以说，正是因为高镇宁领导有方，才使陆总能够充分发挥他技术上的才能。每当遇到重大技术问题，我们都会集中起来进行讨论。技术上的事情，没有绝对的优化，只有相对优化。讨论嘛，大家都会说出自己的想法，也经常会因为意见不同而争得面红耳赤。每到这个时候，都是高镇宁出面。别人这样讲，陆总听不进去，高镇宁这样讲，他就听；而且，就算是最后不采纳他的意见，他也能接受。这一方面，与高镇宁的领导有方有关系，而另一方面，也与陆总的思想观念有关。在他的思维中总是这样认为的，高镇宁是所长，是党的干部，是党员，他相信党，相信党员，也听党的。

陆孝彭仔细欣赏强5飞机邮票，左为洪都原董事长姜亮

那时候，强5几上几下，反反复复，多苦呀，太折腾人了。一般人都承受不了，总会抱怨几句，也有人替陆总鸣不平，可身为总设计师的陆孝彭，却从来没有一句怨言，对党、对上级领导从来没有一句抱怨的话，他就是埋着头干自己的，不停地干，一心一意搞技术。

高镇宁是优秀的技术干部，陆孝彭与高镇宁在一起合作了20年，建立了深厚的感情。让人遗憾的是，1996年，高镇宁因肝癌逝世，享年67岁。在陆孝彭心里，高镇宁是他一生之中最敬重的领导，最难得的知音。他在《悼高镇宁》中这样写道：

人生知己岂易求，廿载战斗识真情。少年功名似唾手，离别顿痛失知音。

云天遍处飞神鹰，渗透高公沥血心。欲向苍天求修寿，钟期已去尚抚琴。

事实上，陆孝彭不仅时刻用党员标准要求自己，他对家人，也同样是这样的要求。子女找工作、上大学，只要是走关系的事情，找他都没用。这种事情，他宁可给别人办，也不会给自己的子女办。说到这里，大女儿陆群至今还对父亲“耿耿于怀”：

1968年“文化大革命”时，我被下放到农村。1970年，正好有一批进厂的名额，当时，负责此事的人问我父亲：“您的女儿还在农村，要不也让她进厂？”但父亲一口回绝了。我知道这件事后，跟父亲发脾气。我说，“人家的父母都是请客吃饭，想把子女调回城里。组织上照顾你，你却不给我这个机会。我到了农村，你从来没去看过我有多辛苦。就因为你一句话，我就要在农村多呆两年。”但他说，“你不能搞特殊，别人都没回来，你怎么能回来呢？”

事实上，女儿并不是真的因父亲不给自己回城指标而生气，或许，她认为父亲在关键时刻表现出的“漠不关心”让她难以接受。而陆孝彭认为，越是关键问题，越不能“搞特殊”！

陆孝彭的弟弟陆孝衡在美国做生意多年，有一次在厦门，兄弟俩重逢，分外亲热。然而，由于生活环境的不同，政见也不同，陆孝彭劝弟弟回来报效祖国，但这个建议终不被接受。后来，陆孝彭在《重游厦门见衡弟》中写道：

重洋远别音书稀，万里来寻手足亲。
独领京厦新创业，行商异国积巨金。
衰翁叮咛儿孙事，慈母遗容赤子心。
何期舌战辩真谛，千万勿忘故国情。

“千万勿忘故国情”，既是陆孝彭对弟弟陆孝衡的劝勉，更是一句朴实的自白，表达了当初他抛下热恋的未婚妻，放弃国外舒适的生活，冒着生命危险回国的坚毅与忠诚。

陆孝彭出席全国人大代表大会，在人民大会堂前留影

20世纪70年代末到80年代初，

这是陆孝彭政治生涯最辉煌的几年。由于出色的表现和在航空界的影响力，陆孝彭曾当选为第四届、第五届、第六届、第七届全国人大代表，对于这样的荣誉，陆孝彭自然是异常的珍惜。1975 年参加第四届全国人民代表大会，首次进入人民大会堂，亲耳聆听了周恩来总理作的政府工作报告。陆孝彭喜不成寐，激动地写下了《浣溪沙》：

玉树银花耀眼明，云端闪闪缀红星。
今宵盛会奋人心，各族岂啻蒙藏汉。
英雄喜看老中青，全心全意为人民。

石屏院士与陆孝彭共事多年，他谈起陆孝彭时，说：“我认为，陆总一生有两点是最值得我们学习的，一是热爱航空，责任心强；另一个就是爱国爱党。”他回忆道：

对他的第一印象是责任心特别强。强 5 设计时，他对气动、强度特别认真。当时没有计算机，现在几分钟的计算量在当时要算几天才能得出结果，但他总是坚持自己计算。强 5 研制时，在那么艰难的情况下，他经常跑车间，他跟工人的关系处得好，他去世后，好多工人都痛哭流涕，在困难时期，他与工人建立了深厚的感情。二是平易近人，他没有架子，跟他共事多年，从来没有敬畏的感觉。他平时不太爱说话，但对人非常真诚。强 5 研制时，当时一天到晚讨论，堆成山的图样要他审查，他有一个习惯，讨论时看图样从来不会坐着看，从来都是站着看的，有时经常一站就是几个小时，这让我特别佩服。第三个印象是爱国，我说一个细节，和他共事这么多年，我从来没见过他穿西装，他总是一身中山装，一双旧皮鞋，似乎从来没换过。就是到了后来，条件好了，也从没见他穿过西装。唯有一次，我还是在一张他出国的照片上见他穿着西装。

石屏院士所说的那张照片是陆孝彭 1980 年去美国考察，在麦克唐纳 · 道格拉斯飞机公司拍的。

1980 年，陆孝彭应邀到美国考察。乘坐飞机，飞越大洋，陆孝彭思绪万千。几十年前，一批怀揣报国梦想的爱国青年经历几个月的海上颠簸，终于到达大西洋彼岸，到达美国麦克唐纳·道格拉斯飞机公司，寻求报国之路，寻求科学真理。然而，现实却是残酷的，这些年青人最终饱尝欺侮和辛酸。事隔多年，陆孝彭做梦也没想到，他还会再次到达这里，而且是以中国航空学会代表团副团长的身份重返这个曾经让他伤心落泪的地方……

大西洋海岸的旖旎风光，高速公路上的风驰电掣，鳞次栉比的摩天大楼，富丽堂皇琳琅满目的商业中心，五光十色的霓虹灯广告……陆孝彭目不暇接。

到了麦克唐纳·道格拉斯飞机公司，陆孝彭已经找不到20世纪40年代他在这里工作时飞机公司的影子，这里的发展令他瞠目结舌。飞机工厂外有一个很大的停车场，工人们大都是开着小轿车上班。在那里，现代科技装备着整个飞机公司，从飞机设计开始，计算机已经广泛应用于每一个领域，大大缩短了研制周期，在飞机装配线上，电脑控制，战斗机、民航机、大型运输机在流水作业线上一架接一架地装配，现代化水平一流。面对眼前的情景，陆孝彭几分惊叹，几分羡慕，但最大的感受就是不安。

1980年出访美国，参观麦克唐纳·道格拉斯飞机公司

陆孝彭很想见见麦克唐纳先生，却得知他已经不在了。在欢迎宴会上，美国航空界的友好人士十分热情，他们在欢迎词中说："女士们，先生们，今天是一个有意思的日子，发生了戏剧性的故事，陆孝彭先生旧地重游，当年，他曾从这里愤然离去，今天，他戴着友好的花环盛情而来……"

人们对他报以热烈的掌声，这掌声有尊重，有鼓励，尽管中国航空工业相对落后，但毕竟有了一定的国际地位，再也不用像30多年前那样，寄人篱下了……

在美国的日子，中国航空学会代表团成为当地媒体的焦点，陆孝彭因与麦克唐纳·道格拉斯飞机公司的历史渊源更是受到媒体的追捧，记者的提问有友好的，也有挑衅的，有期盼的，也有质疑的，陆孝彭谨慎地回答着记者的每一个问题，既不盲目自大，也不妄自菲薄，像一个外交家一样，小心翼翼地维护着祖国的尊严和利益。

在美国国家航空航天局，陆孝彭观看了航天器登月的景观再现，恍惚间，浩淼宇宙，碧海无垠，陆孝彭感慨万端。看着这高科技的世界，想到祖国航空工业遭受"文化大革命"十年摧残所带来的停滞不前，甚至衰退，陆孝彭不免忧心如焚。

这次出访美国，使陆孝彭更加清醒地意识到祖国航空工业与世界先进国家的差距。回国后，陆孝彭加紧了强6和变后掠翼课题的研究。

有一年，陆孝彭参观珠海国际航空航天博览会回来后，他更是像拼命三郎一般。他说："我看见博览会上人家的苏－27飞机大出风头，我心里更不平衡了。这是在我国国土上召开的博览会啊！我们自己还是落后了啊！不快马加鞭怎么行呢！我内心有一种说不出来的恐慌和不安……"

"落后了"，会"恐慌"，会"不安"，朴实的语言，肺腑的表白，这是一个爱国知识分子，是一名科技工作者，是一名优秀共产党员最真实的心声啊！这就是陆孝彭！

那一年，陆孝彭在自己的汇报材料里写下了这样的话语："现在这个艰苦奋斗的精神不够了……"当时，他已经快80岁了。对于这个年龄的人来说，没有人会苛求，可他还做出了这样的自我反省，这种自催自勉的精神让人感动啊！

等闲名利若浮云

有人说，除了设计飞机，陆老一生别无所求，这句话，是对陆孝彭最朴实无华的评价。

1978 年，陆孝彭担任飞机设计所所长，没多久，被提为洪都副厂长。此后，他先后担任过江西省政协副主席、江西省科协副主席、中国航空学会常务理事、航空工业部科技委委员，他还是南昌航空大学（原南昌航空工业学院）的首任院长……1983 年，陆孝彭从岗位上退了下来，开始担任洪都科技委主任，一直到 1995 年。

在担任科技委主任期间，陆孝彭筹建了科技委的工作班子，制定了规章制度和工作计划，组织了重大军、民用新产品可行性方案论证和研制中的技术评审，促进产品结构从单一型向多元化的过渡，以适应社会主义市场经济的需要。陆孝彭积极参与和指导重大项目的技改方案论证，促进技术进步和增强发展后劲。他组织开展了决策方法研究和软科学研究。他身体力行，积极从事航空航天系统华中地区基层科技委活动的组织工作，促进了地区基层科技委活动的进一步开展。

尽管身居高位，但陆孝彭却从不居功自傲，摆架子，总是那样平易近人。洪都工会职工刘大雨清晰记得陆总的一个小故事，他回忆说：

有一年，厂里迎国庆，搞了一个活动，就是花 50 元钱买一张票，可以坐上飞机，到空中转一圈。这种活动比较受欢迎，买票的人很多。结果，我看见陆总带着孙子也在厂里体育馆门前排队买票，排好长的队，我看到了以后，心里很不是滋味。连我这种工作人员都拿到了一张免票，陆总可是我们的飞机总设计师啊，他要上飞机，还得亲自排队，花钱买票。后来，我就打了个电话给当时的副站长邓红喜，我说："我们的飞机总设计师陆总啊，还在那里排队买票啊！"邓红喜马上开了辆车过来，要送陆总到飞机边上去，陆总还再三推辞。陆总这个人，一点架子都没有，真是个好人！

陆孝彭有一个原则，从来不会利用职权之便向组织、向领导提出私人要求，吴立新对陆总的淡泊名利，一尘不染深有体会，他回忆道：

1999 年"两弹一星"表彰大会前，陆老正和我们讨论第四代战斗机有关问题，经理部通知陆老参加"两弹一星"表彰大会，马上进京，陆老听后立即说："我没有参加'两弹一星'研制，受什么奖？""氢弹不是用强 5 带飞空中发射的吗？"陆老："哦，这个当年是于登根副总抓总的，应该他去受奖！"这时我在旁边说："于总已经逝世了。"他才同意参加大会受奖。

1994 年底，我参加部里申报工程院院士材料编写会，回厂后，我向陆总转告科技局同志的反映："陆总的材料比较好，部里评审陆总排在第一位。上次陆总未上，我们都有意见，顾总也说过，'上一批院士我的老师陆孝彭没上，我上了，心里感到不安'……"陆总听后说："第一批院士，那样安排是合理的，各个专业上一个，我要上了，设计专业就有两个了，顾总不仅工作经验丰富，而且理论水平高，他已经是科学院院士，应该上工程院院士。"陆总的思想境界与那些为官位和职位四处活动，争啊、闹啊的成了鲜明对照！

2000 年 8 月 19 日，正值陆总 80 大寿，中国工程院宋健院长给陆老寄来贺信，当我送到江西人民医院，他躺在病床上，叫我念给他听，我念完信，陆老连声说："过奖了，受不了。我哪能称得上'现代中国航空事业的功臣巨擘'呢？"并叫我代笔回信，他签名。

新机方案论证进行 4 年之久，从未发过奖金，连加班费都未发过。1999 年陆老写了报告，经公司领导特批，争取到几千元奖金，分配方案由陆老拟定，分 500 元和 1000 元两个等级，他把主要承担者都定为一等（1000 元），而把他自己定为二等（500 元）。

我在科技委的时候，有一次，人力资源部人事处打算给来厂的研究生一个月 800 元钱的补贴，让我去参加评审会。我去了，但我唱了反调。因为，开会前，我专门找了我们文书，我问她，陆总现在一个月多少钱，文书说1300多元钱。后来，我在会上讲，我说徐晓飞（时任洪都副总经理），他是研究生，他再加800也就1700多块钱，为了留住人才，你给这部分人提高，我是赞成的，问题是，整体水平不提高，只是蜻蜓点水，这不太合适。

这么长时间，说实话，陆总除了航空金奖奖励的10万元，省政协副主席一个月50元的保姆费，加上一点回国津贴，一个月他就领1000多元钱的工资。这相对于他对国家，对航空工业，对洪都的贡献，那是太不相等了。但他从来不计较这些，他觉得，能过成现在这样，他已经很满意了。

大女儿陆群告诉笔者关于陆孝彭的几件小事，她回忆说：

我爸爸到了科技委，结果，科技委的人都讨厌死他了。那个时候，科技委经常会到外面揽点活，让他签字，可他不愿意签。给他奖金，他也不要，结果，他不拿，别人也拿不了。后来，设计所发奖金，都不敢告诉他，都是我们偷偷去领，领回家了给老妈。要是让他知道了，他就会叫："我是拿事业金的，怎么能拿奖金呢！"

那一年，我爸爸在省政协，是人大代表。有一个老工人找到我爸说，他的儿子上大学，分数考得很高，结果没有被志愿录取，分到了共产主义劳动大学，他怀疑是人家开后门，把他儿子给挤掉了。我爸爸一听，想也没想就说，那怎么能行啊！只要一听说开后门的事，他就比较敏感。结果，他老人家也没搞清楚情况，就跑到省高招办，替老工人打抱不平去了。到了省招办，他说，人家老师傅三代都没出过大学生，好不容易出一个大学生，不能搞特殊把人家给弄下来，要让人家上学。结果，高招办的人气得要死，在背后说我爸，肯定得了人家什么好处，不然怎么这么说话啊！

后来，那个小伙子被南昌大学录取了，很高兴，抱了一箱苹果到家里来。结果，我爸说："我一个都不会要的，我要拿了你的，人家还真以为你给了我好处。"小伙子坚持要送，结果我爸就发脾气了，最后小伙子被我爸骂回去了。后来，他心里还气不过，跟我说，"高招办说我得了好处，我跟他们打官司，打到北京去我都不怕。"

1998年的珠海航展，我和父亲一起去的。深圳科技委的徐晓东动员我爸爸去深圳工作。他说，深圳很需要像他这样的院士，因为深圳当时没有院士，很想引进。给出的待遇是，月工资不低于1万元，房子、车子全部配好。但我爸想都不想就拒绝了，他说，那是不可能的。后来，家人都劝他，可他就是不听，他说，我去干什么？离开了洪都，离开了飞机，我什么都干不下去。听爸爸这么说，深圳那边又表示，可以去搞水上飞机。但爸爸还是回绝了，他说，我是搞战斗机的，我是搞能守疆卫土的飞机的，我的事业在洪都。

要知道，那个时代，深圳开出的待遇令多少人眼羡啊；还要知道，那个时候的洪都，境况是远远不如以前，处于非常艰难的困境之中啊！然而，陆总却并不为之所动，对洪都不离不弃，直到最后一息。

陆孝彭只专注事业，在他的头脑里面，钱只是一个概念，他从来不在意，因为这个，陆孝彭也时常闹些笑话。陆群给我们讲了两个关于陆总的故事：

我爸爸身上从来不会留多少钱，摸遍所有的口袋，最多就能找出个百十来块钱，因为他总会被人偷钱包。他总是这样子，皮夹子装在屁股兜里，一半装在里面，一半露在外面，结果自然可想而知了。后来，老妈知道他经常掉钱，也不给他太多，最多不超过一百，经常是只有几十块钱，反正他自己一个人也不会去买什么东西。

有一次，我妹妹买了一个"袋鼠"牌的皮夹子孝敬老爸。结果，他老人家就到外面打个了圈，回来后皮夹子就没了。当然，里面也没多少钱，可我妹妹却心疼死了，直在边上叫："哎哟哟，那个皮夹子很贵哦！"

还有一件事情，也比较有意思。我爸爸已经走了10年了，但直到现在，每次我去洪都那几家卖水果的店买水果，老板都能认出我来。为什么呢？因为我爸爸。老板跟我说，我爸爸买水果从来不还价，老板说多少钱就多少钱。但是，他有一个习惯，他要挑最顺眼的，样子最好看的。他一个劲地挑，买2斤水果要挑上半天。他经常这样，结果，水果店老板都认识他了。

担任江西省政协副主席后，省里问陆孝彭工资关系是留在洪都，还是转到省里去。江西省政协副主席属于副省级，去省里各种待遇都会高很多。征求他的意见时，他不同意转。他说，“我的关系要留在洪都，哪怕不当这个副主席，我也不能失去洪都总设计师的职务。”

在1996年5月11日的《洪都报》上，刊登了一篇题为《陆孝彭自觉申报个人所得税》的消息，从这条消息我们得知，陆孝彭还是洪都交纳个人所得税的第一人：

从1994年起，中国工程院院士、强5飞机总设计师陆孝彭，自觉申报个人所得税，成为公司交纳个人所得税的第一人。

陆孝彭原系省政协副主席，享受副省级待遇，拿公务员工资标准。当他月薪晋升到881元时，遵照中华人民共和国个人所得税法的规定，陆孝彭主动将个人收入超标部分申报交纳个人所得税。

陆孝彭曾经说过这样一句话：“只要让我搞飞机，其他什么都无所谓。”

工作到65岁时，他说，我干到70岁就退休；快到70岁时，他说：“组织上跟我谈了，我可以干到75岁退休。”后来，被评为院士后，他非常高兴，他说：“工资关系没转到省里，这个事情我做对了，评上院士，可以永远不退休，我可以一直搞飞机。”

事实上，陆孝彭并不热衷于行政工作。当初，他当洪都飞机设计所所长，以及后来到厂里当副厂长，因为需要处理一些日常行政事务，再也不能专心致志地搞技术，这让他有一丝烦恼。据石屏院士回忆：

陆总担任所长的时候，我任副所长。他开会比较多，不愿意看文件，尤其是一些与设计不相关的文件，他每次都是分给别人看。后来，大家都知道他这个习惯，有的文件甚至直接就请别人阅批，不必呈报给他。他知道了后，不仅不生气，还很高兴。

后来他提为副厂长，但他一直想留在设计所。在设计所，很多人支持他，最主要的是，他能实实在在搞飞机。到厂里去了后，没有机会，也没有人手，施展不开拳脚。在厂里那段时间，他还搞过航天飞机，画了草图，他经常打电话过来，让总体组的同志帮他计算。

南昌航空工业学院从大专转为本科时，请陆孝彭任第一任院长，他觉得能为航空教育做点事情，便欣然答应。但过了几年，他便主动提出辞职。他说："南昌航空工业学院已经自成体系，走上正轨，我可以退出了。不然，人家工作很不方便，不该占着这个职位了。我洪都的工作很紧张，他们有什么事情总是要过来请示我，来来回回，影响了人家的工作。我是不能离开洪都的，所以我只能退出。"就这样，陆孝彭把院长的位置让了出来。但陆孝彭仍然很关心南昌航空工业学院的发展，每到开学典礼等大型活动，他还会抽空去参加。最多的时候，陆孝彭同时身兼20多个职务，但后来，基本上都以这样的形式退出来了。

南昌航空大学内的陆孝彭塑像

在陆总的一生中，有一些比较经典的语言常常被人们记起："我是拿事业金的，怎么还能拿奖金呢？""办私事怎么能用公车呢？""只要让我搞飞机，其他什么都无所谓。""只要是工厂的东西，就是不能拿回家，一丁点都不能拿。""现在这个艰苦奋斗的精神不够了。"……这样的语言，尽显陆孝彭的人格魅力，也让人们尊敬他，怀念他。

陆孝彭的夫人徐思瑜说："直到今天，我每次去洪都，老工人一边伸出大姆指，一边对我说，'你们家老陆，是这个'！"

事实上，陆孝彭的"等闲名利若浮云"来源于他内心的纯粹，来源于他的透明，来源于他的心胸开阔。陆孝彭的同事雍正球这样评价他：

陆总平常生活中有一些奇怪的习惯。比如说，出差时，大家一起吃饭，别人坐过的地方，他才会坐过去，新的餐位，他不坐；住宿，他总是带着榔头插销和搭子，晚上睡觉前要用搭子和插销把门闩死，把自己反锁在房间里；吃花生米，他喜欢吃那种炒得黑糊糊的……

但是，陆总是一个很纯粹，没有一点坏心思的人，很透明，跟他交往，自己不能太复杂，不要把他往深了想，他不会记仇，也不会使坏，就是这么一个善良的人。

因为陆总不主动和女同志说话，有一次，我们总体气动的几个年轻人一起和陆总到北京出差。坐上公交车后，我们看公交车上卖票的是个女同志，几个人便故意不买票，等着陆总买。看得出来，陆总不想买票，但他年龄最大（40多岁），不好意思不买，便硬着头皮，走到女售票员跟前，大概还有1米远的样子，他就把钱放在手心里，伸向女售票员，他的意思是，钱给售票员，让售票员把票放他手里。他也不说话，头还扭向一边，售票员没明白他是什么意思，正觉得奇怪呢，突然，车开动了，一阵风吹进来，把陆总手上的钱都吹散了，我们几个人在后面偷偷地笑。我们这样跟他开玩笑，他也不放在心上。

因为陆总的经历复杂，"文化大革命"时，他也被关起来了，开始还好，后来越来越严重，还挨批斗，挨打。当时，我和高镇宁关在一起，高镇宁是我们的班长，我们都叫他"牛班长"，"牛鬼蛇神"的"牛"。当时，每天要交一份检查，白天干活，晚上写检查。但我们看不到陆总出来干活，他后来被关到了一招（后来的洪都航空宾馆），和冯安国关在一起，单独关的，他们级别要高，问题要严重，冯安国当时是典型的走资派，他也是"反动特务"什么的，大概吃了不少苦。不过，后来出来后，他从来不说谁打过他，甚至都不说挨过打，他心里面从来不记仇。

对于陆孝彭的这个不记仇的好习惯，吴立新也深有体会，他回忆说：

20世纪80年代初，有一次加工资，按文件规定，"文革"中打过人的同志，不加工资。据了解，设计所有两个人打过陆老，调资小组找陆老调查时，陆老很肯定地说："这两个人打过我，而且打得比较厉害，但是这已成为历史了，现在他们两个工作得很好，不应该影响他们加工资！"当这两位设计人员加了工资后，非常敬佩陆老宽阔胸怀，积极性十分高涨。

我记得在科技委搞课题，没有计算机，工作不太方便。于是，我们打了个报告，想给陆总配一台计算机，结果当时的厂长没批。因为这个事情，我对那个厂长有看法。后来，厂长调走了。有一次谈到这件事，我对陆总说那个领导，连一台电脑都不肯批，真是太小气了。结果，陆总听了我的话，说："哎，人都调走了，不谈这个！"他从来不在背后说人坏话，这个风气很好。

在陆孝彭身边工作多年的张道政也证实了这一点：

说到陆孝彭在"文化大革命"中遭抄家、挨批斗甚至挨打的事，许多老同志都是知道的。但是，陆总从来不在别人面前抱怨，更不会给人"穿小鞋"报复。在周总理亲自关照下，从他走出"牛棚"直至20世纪80年代，由于组织安排我就一直协助他工作。不论是在歼12的研制、强6方案的艰苦奋斗岁月，也不论是他走到设计室、实验室或深入到试飞站、生产车间，凡是遇到参与整他"黑材料"或搞逼供的人，他都一律"归零"不计前嫌。反过来，这些同志很感动，都亲切地称他："老陆真是个大好人，高风亮节！"记得在他"解放"不久，我问过他："陆总，你在'文化大革命'中吃了不少苦头……"他说："打人或是整黑材料的人，他们都是年轻、要求上进的人，也都出自对党对祖国的忠诚与热爱之心，受到'极左'思潮影响，他们已认识到这一点，我不能计较他们。现在最为关键的是，还要依靠他们一起把飞机研制工作做好呢！"好一个"归零"，它凸显了陆总宽大的"宰相"胸怀！好一个"依靠"，张扬了陆总带兵点将的大帅风范！试想，这样的人怎能不创造出辉煌的业绩呢！

不遗余力育新秀

耄耋之年的陆孝彭仍然奔波不息，他不仅要搞设计，搞课题，他还要带一支科研队伍，培育一批航空新秀……

陆孝彭说过，世上大凡有成就，对社会、对祖国有贡献的人，不只需要自己终身奋斗、事业辉煌，而且必须关注年轻人的培养与成长，尤其是需要关注他们在困难挫折、甚至失败中的成长。他非常赞成毛主席对年轻人说的话："世界是你们的，也是我们的，但是归根结底是你们的，你们是早上八九点钟的太阳……”

他是这么说的，也是这么做的。从他主持新机研制，特别是协同高镇宁所长期间，到他转战科技委主持工作，直至生命最后一刻，都在努力实践着……

陆孝彭注重在新机研制中培养一支专业配套、具有坚忍不拔与创新精神的设计技术队伍，努力做到三条：一是设计专业，要有专业带头人。一个设计群体（团队），既有总体气动、结构、系统设计，又有强度、特设以至试飞，因为飞机是个复杂的系统工程，依靠的是集体智慧；二是素质上要善于学习，更精于应用，有创新更需突破；三是做法上结合型号、以老带新、勇于“三结合”实践。比如，通过强5飞机的研制与发展，设计专业得以完善配套，为以后新机研制奠定了基础，并使当年的年轻人（20世纪50年代后期毕业的大/专生）成为专业带头人，如石屏、雍正球、余松涛、彭宾秋、林允水、丁宝贵、郭玉杰、王世昌、马启禄、王宝忠、白佐周、冯允太等，他们后来都成为设计栋梁、型号总师或工程院院士。正是他们的集体智慧，实现了强5两侧进气与独特的飞机低空性能等突破。通过歼12的研制和强6方案及强5改进改型研制，又使一批年轻设计人员（20世纪60年代中期毕业的大/专生）走向成熟：朱杭训、朱晓彪、李庄生、杨振洲、刘殿印等。可以说，每个型号、每个人都有与陆孝彭在工作交往中的难忘的故事趣闻……

讲话中的陆孝彭

陆孝彭注重在新机研制方面整体制造水平的提升和超越。他有一个特点，也是他得以成功的关键要素，就是他不只是看到设计队伍，还注意洪都的整体实力。只要他看准的国外先进技术，或创新的技术、新工艺、新材料等，他就会分别找工厂内部的总工艺师、总冶金师、总特设师们，千方百计地说服他们大胆推广采用；同时，也会通过技术交流等方式向年轻的工艺人员介绍，希望他们学习与应用，如机械加工、钣金、装配、冶金、热表处理、铸锻、非金属、理化、特设、供应等系统，在陆孝彭的心里有一批专业骨干人员名单。许多人对陆孝彭都非常尊敬，有的说："只要陆总说需要上的新工艺、新技术，我们一定努力实现，再大的困难我们都要克服，确保成功。"陆孝彭对他们提出的困难也非常重视，并坚持在现场一起研究，直至成功。陆孝彭给他的助理张道政极留下了为深刻的印象，并影响着他后来的职业生涯。张道政回忆道：

决定歼12由洪都研制并确定由陆总负责设计后（担任总设计师），当时军管下的革委会主任叶松盛、董毅志都非常支持，并明确副主任朱维斌为试制领导小组组长，陆孝彭为副组长。当时，我刚从结构设计室调到分厂办公室任秘书不久，一天，时任8分厂主任的杜学进（军代表、部长）找我谈话，他先说："我注意到你一直坚持学习专业，你对专业技术感兴趣吗?"，又问："你对陆总有何印象，了解他吗?"接着说："考虑到歼12飞机研制任务紧急，陆总身边又无助手，还考虑到你对专业的热爱，经研究决定，由你做陆总的助手。此事，已征得陆总同意，他也很高兴，并早就注意到你了。"说实在的，当时心里既高兴又担心，当即表示："同意，服从组织决定。一定努力做好工作。"陆总也找我谈话，知道我是南航毕业，学飞机设计的，我的老师多是他的学友（高永寿、张阿舟、程宝渠等），又是南京人，所以很高兴，并对我提出了一些要求。从此，我与陆总就结下了这种紧密协作和学习的关系，他也是我工作上的恩师。在那些岁月里，我见证了陆总对新机研制的全部投入，他高度的事业心和忘我创新精神，以及他那超人的智慧与"三结合"的凝聚力，对我如何做人、如何工作、如何致力于事业发展等都产生了许多重大的影响。有人说陆总性格"孤僻"，我感到他其实是一个很乐观活跃的人。每年春节，我们带小孩给他拜年，他都高兴地把我们的小孩抱在腿上，喂她们吃"水铺蛋"。还有一年，他到我们家来，我们给他吃汤圆，他连声说好吃……从中，我感到陆总始终关心我们年轻人……

余松涛跟随陆总进行了强5、强6以及变后掠翼课题的研究工作，尤其是在变后掠翼课题中肩负重任，先后担当主管设计师和主管工程师。多年后，他谈到了他与陆总之间的一段师生情缘：

1958年，我从西北工业大学毕业后，分到了洪都飞机设计室工作。没多久，陆总从沈阳到了南昌。事实上，此前我便认识陆总。1957年，我在沈阳112厂实习，被分配到第一设计室气动组。当时，组长是顾诵芬。陆总当时担任歼教1的主管设计师，也管气动，顾诵芬签字后，还要到陆总那里签字。当时就知道他是从国外回来的专家，大家都很尊敬他。

我帮陆总做的第一件事是替他将收音机从沈阳带到南昌。陆总搬家时，我正好在沈阳出差，便帮陆总搬家。我记得很清楚，陆总家有一台收音机。当时，收音机是很贵重的东西，陆总怕搬家碰坏了，便让我回南昌时，顺便将收音机拎回南昌。火车上，我小心翼翼，一路拎着那个大收音机，回单身宿舍后，我们这帮年青人都很兴奋，还打开收听节目。这个事之所以记忆深刻，是因为后来在政治运动中，有人说陆总是特务，家里有收音机，搞电台啊什么的，当时，我听着很不理解。

陆总在厂里是作为专家来对待的，他主要管技术问题，当时，我只是一个普通的设计员，但只要我们有问题向他请教，他都耐心给我们讲解，没有一点架子。

我在气动组工作，这个专业需要接触很多新技术。当时，我们没什么资料，在陆总的指导下，我们找了一些美国、苏联的资料，但气动力分布、载荷等方面的资料还是很少，我们从美国的技术报告中学习飞机气动计算。当时，没有计算机，都是靠手算的，手摇计算机也不多，只能用计算尺计算。我们就查资料、查曲线解决设计中的关键问题。应该说陆总并不是专门搞气动的，但他在气动、强度、结构等方面对我们年青人都有所指导。他工作严谨、认真、细致、敬业，他的这些工作作风对我们这一批人有很深的影响，我们都觉得搞科研工作就应该向他这样。

跟随了陆孝彭30年的吴立新一提起陆老就异常激动，这位老科技工作者像对自己的父亲一样尊敬和爱戴陆孝彭。回忆起他与陆总结下的这段亲密情缘，直到今天，他仍然很激动：

我原来是在中国气动力研究和发展中心工作的。搞歼12时，洪都打报告向六院借一批人到厂里搞协作，当时，提出来不能空洞搞研究，要深入到型号之中，深入到实际当中！1970年，我和同事们一起被借到洪都。起初，在洪都飞机设计所干了几年，后来，歼12项目停止了，我们也要撤回了。可没想到，这个时候，陆总跟领导说，厂里缺乏这方面的人才，还点名要留下我。后来，我就跟着陆总干了。陆总到了科技委以后，也是他点名，要我调到科技委，继续协助他开展技术工作，事实上，那时候我还很年轻。这期间，也有发展的机会，但我都放弃了，陆总非常信任我，我也敬重他，他不仅技术精湛，而且品德高尚，我从心底里佩服他，也乐意跟着他干活。就这样，我一直在陆总身边，一算也有30多年了。

陆孝彭关心科技队伍发展，吴立新是深有感触，他曾撰文写道：

陆老非常关心科技队伍发展，积极帮助中年知识分子解决后顾之忧，重视青年知识分子培养，充分发挥老年知识分子作用。

20世纪80年代中期，承担“变后掠技术研究”性能计算的中年知识分子朱文程，家在农村，爱人是农村户口，长期来厂探亲，住在自己搭的茅棚里，又无正式工作，生活困难，后顾之忧重重，厂里已给朱文程爱人办了农转非，报到青云谱区公安分局迟迟没批下来。陆老得知后很着急，特地找到局长，介绍了朱文程同志的情况。局长很重视，当即表示：“我们会尽早办好，请陆老放心！”事后，陆老叮嘱我：“你隔两天就去一趟，了解情况，有困难我再找局长。”大约过了一个星期，朱文程同志接到爱人农转非批下来的通知，感激得几乎掉下眼泪。这之后，朱文程同志工作更专心，干劲更大，性能计算工作完成得很出色。

我在陆老手下和身边工作了30多年，他对我非常信任和器重。在陆老指导下，我除了协助他做大量的技术工作外，还完成了静气动弹性和科学决策、预测两个专业技术研究，为洪都填补了两个专业技术空白，取得了良好的效果，较好地完成了歼12、强5、“变后掠技术研究”课题、歼轰7、导弹等型号静弹性任务和高教机、轻型飞机、农5飞机市场开拓、江西地方民航公司、公务机、青云谱机场招商引资改造方案论证和摩托车市场科学预测等软科学研究，所有这些成绩归功于恩师陆老的指导和教育！特别使我感动的，陆老在百忙之中，抽时间，亲自动手帮我论证静弹性结果的精度，他用大量数据说话，证明我提供的静弹性结果是正确的，符合精度要求，力排非议！

为了发挥老年知识分子作用，我退休前几个月，他亲自找姜亮董事长，要求返聘我协助他搞无人攻击机方案论证，姜董事长答应返聘3年。

1998年，科技委章舜如、陈瑞龙、范锦标3位老专家同时退休回家。5月份科技委欢聚一堂，欢送3位光荣退休，席间大家举杯相互祝愿，有的同志即兴表演，热闹非凡。然而，陆老始终沉默不语，若有所思。欢送会结束，我送他回家，沿途他也陷入深思之中，我以为他身体不舒服。第二天一上班，他打电话叫我到他办公室，我一进门，陆老就对我说：“老吴，昨天我一夜睡不着觉，心情不好，科技委只剩下2名专委了，而且又不是搞技术的，往后怎么开展工作呀！今天起床后写了一首诗，帮我复印20张，送给有关领导和专家！”诗文如下：

十年惜别到饭庄，老少咸集各尽觥。怜我老弱茶代酒，喜他高歌兴豪放。

专家退隐科技失，后继乏人费思量。老人残年多重病，感慨生死意忧伤。

诗中充分表达了对科技队伍的关心，对后继乏人的思量和彻夜难眠、忧国忧民的情感。

平时，有很多立志航空的青少年给陆老来信，讨教航空知识和飞机设计技术，陆老在百忙中，甚至病中，都抽时间一一回信。其中，湖南省长沙市一位高中生，设计了一种飞机，草绘了三面图，给陆老来信，讨教性能计算和操稳计算方法及总体布局原则等。陆老阅后很欣赏，立即写了5页纸的长信和有关资料交给我寄出，并再三叮嘱我：“以后这种来信，你帮我写回信，我签名，要注意培养立志航空的苗子！看来，飞机设计师也要从小培养，培养立志航空的兴趣和志向。我从小对航空有浓厚的兴趣，中学时代就立志成为飞机设计师，设计世界上最好的作战飞机，一辈子为之而奋斗！”

陆孝彭入选中国工程院院士后，他积极推荐我国 K－8/教 8 飞机总设计师石屏，并亲手写推荐信。2003 年，石屏被评为中国工程院院士。这样，洪都历史上便出了 2 位院士，这在我国航空企业内也是非常突出的成绩。

陆孝彭总是用自己的行动来给年轻人作表率，他的勤奋，他对科学抱以敬畏崇尚的态度对后人产生了潜移默化的影响。张道政回忆起陆总时这样说道：

陆总在飞机设计各个领域都有所造诣，特别是总体、气动、强度、结构等方面造诣特别深。这都缘于他的勤奋学习、善于学习，他对国外的技术动态掌握很迅速，对情报信息，航空发展新成果非常关注。陆总经常会列出一些课题项目，请人帮他收集国外资料，还会亲自动手抄下来，这使他在飞机设计过程中总会有新的思路，别人不敢想的，觉得风险太大的，陆总就敢干，也敢于尝试。当然，这种尝试并不是盲目的，而是有一定对策和措施的，通过试验来验证，并逐步完善的。

“文化大革命”解放出来以后，他把全部的热情都释放出来了，到了一发不可收拾的状态。歼 12 飞机研制时，我正好跟着陆总，他不喜欢坐在办公室听汇报，他经常让我随他一起跑车间、跑基层。也是受他的影响，后来，我在工作中，不管在哪里，就算是出差在外，我都要到一线去了解情况，获得一手资料。

陆总的工作习惯是做详细的计划，每个星期的工作计划是什么，应该完成哪些任务，涉及到哪些部门，应该怎么做，等等，他的计划做得非常详细。他用他的工作习惯给我们作表率，尽管很忙，但偶尔他会要求我向他汇报我的工作计划，这除了是正常的工作交流外，更是一种指导与督促，让我更快地成长。

陆总对洪都民品的发展也给予极大的关注与支持，这方面，张道政深有感触：

1985 年，厂里军品任务急剧下降，国家提出“抽调精兵强将，保军转民”，整个国防工业都面临这一大的转变。这时候陆总因年龄转战到科技委，任首届科技委主任。他有更多的时间与精力来考虑洪都的发展，尤其是民品的发展。时任洪都厂长的吴铭望也特别尊重他，经常听取他的意见。这方面我也有较为深刻的体会。

正好那一年，我转到民品线上。先负责组建民品设计所，转而负责摩托车与发动机开发/技改，接着主持片梭机（国家“八五”重点工程）工作，同时还有农5（国家“七五”重点工程）研制等，陆总都非常关心支持我们的工作。当我们克服诸多困难并获得第一台摩托车发动机成功发动时，他到了现场祝贺鼓励，并为四所成立科技委题词；当成功研制首台片梭机时，他为填补国内空白而祝贺，并为论文集题词鼓励；当农5——我国首架全过程贯彻适航要求研制的飞机首飞时，他表示祝贺鼓励……当然，更有困难时对民品的关注与支持。

陆孝彭关心洪都民品发展

这方面有一件事，我印象非常深刻。原来，我们片梭机是仿苏联的老机器，后经努力并经朱镕基总理决策引进了瑞士的片梭机技术，列为国家“八五”重中之重项目。起初，陆总是很担心，不太支持这件事情的，我记得有一天，我在行政大楼正好遇到陆总，他对我们搞瑞士片梭机这件事比较担忧。因为当时，陆总是江西省政协副主席，还有一个副主席是设计院的，他对陆总说，这个片梭机难度太大，不适合洪都来做，所以陆总对此比较担忧。后来，随着改革开放，洪都决定走进市场并和浙江湖州合作（提供一台样机）仿制试造。自此，我们开始测绘，厂领导让我来抓这个项目。当时，100 多个关键技术，我们用了一年时间给搞出来了。试制成功后，大家都很高兴。后来航空部和纺织部联合组织了鉴定。回南昌后，我们还组织了一次片梭机鉴定汇报会。当时，我请了洪都老厂长贺福康，还特地请了陆总。在这次会上，陆总的讲话让我很震惊，印象也非常深刻。陆总平常话不多，我跟着他那么多年，第一次听他说这样的话。他向我们表示祝贺，他说，中国是一个纺织大国，片梭机的制造精度要求很高，又是国家急需，又填补了国内空白，也是洪都保军转民的一大希望工程。他说，原先我对这个项目是有看法的，很担心，我认为它不适合洪都来做，现在看来我的这个看法是不对的。陆总在这种正式的会议上，在大庭广众之下，说出这样的话，对当时年轻的我以及全体在场的民品线上的人来说，确实感到深受教益和鼓舞，我很感激他！

陆孝彭的为人师表、身体力行，给认识他的人们留下了深刻的印象。然而，这背后，却与他的科学严谨、勤奋治学有着密切的关系。对于这一点，吴立新这样说道：

陆总的脑袋瓜子好用，记忆力超强。其实，这跟他的勤奋有关系，但很多人都不知道。有一次，我陪着陆总到北京开会，后来我们俩住一个房间。聊天时就聊到记忆力的问题，我问他："陆总，您的记忆力怎么这么好啊？"

这时，我看见陆总从贴身的衣内口袋里面拿出来一个小本子。他很爱惜这个小本子，小心翼翼地翻给我看。我大吃一惊，上面密密麻麻记满了各种型号的数据，国内、国外的都有。他说他经常拿出来看，并记在脑袋里。其实，一般我们搞设计的人，都会记些这样的数据，不记数据，是没办法进行分析综合提炼的。但我们往往只是记录在本子上，用来查阅，但陆总却不，他还记在了心上；而且，他记录的数据特别详细，还有他自己的分析。这让我特别佩服！

在沈阳搞歼教 1 的时候，陆老除了是主管设计师，还具体管了强度。在给陆总写院士申报材料时，我了解到，歼教1的静力试验，载荷正好加到100%时飞机破坏了。一般来说，为了安全起见，飞机强度都会留一点余地，正好在100%载荷破坏，这飞机设计真是绝了！我觉得这里面可能有文章可做，想挖掘一下，我问他："当时您采取的是什么措施啊？"结果，他很认真地对我说了实话，他说："老吴啊，这个你就别问了，我也说不出来，这只是碰巧，运气而已！"当然，我的材料里也就没写这一段。

陆孝彭认为，对于科学问题，一就是一，二就是二，认真看待科学的必然与科学的偶然，这本身就是一种实事求是的态度。

另外，敢于担当责任是陆孝彭一个重要的品质。在技术问题上，他的这个特点尤其明显，就是在他不太关心的行政事务上，也是如此。与陆孝彭一起在科技委共事过的老同志给笔者讲了这么一件事：

在科技委时，对于行政事务，陆总很少做具体工作。一般是年初时，陆总会参与定计划，年末时，他也会来开个总结会。其他时间，他充分放权：我用你，我就相信你；出了纰漏，我给你扛着。

记得有一段时间，科技委搞咨询，弄了一个项目，这个项目做得非常好，为企业创收不少。不过，当时的厂领导认为科技委应该集中精力开展基层科研工作，搞咨询是偏离了方向。后来，陆总便马上停止了咨询项目，这使得企业和科技委损失都很大，大家把矛头都对向他，因为这个事，有人还跟他吵，记得当时闹得很僵。其实，他也只是按照厂领导的意见贯彻，也没有参与具体事情，像这种情况，他完全可以说，"这个事情是别人干的，也没给我汇报。"一句话就可以脱身，但他却把责任给扛过来了。

在采访的过程中，很多老同志都表示，跟陆孝彭在一起工作很顺心，就算是遇到再大的技术难题也不会有畏惧，工作也不会太憋闷。"因为陆总的技术管理能力挺强。任务下来了，他会像抽样调查似的，选几个关键性的问题，围绕这些关键问题，他会做具体工作。等做得差不多了，心里有数了，他才会把工作全面铺开，让大家去做。"

陆孝彭与科技委同事合影

陆孝彭思考问题比较深入，在培养人才，看人方面，他也是经过深思熟虑的。在技术上，他很重视年青人的基础知识，比如空气动力、强度、结构等方面的概念清楚不清楚。此外，他还注重年轻人的创新思维，比如说，人家没有提的，你提出来了，不管想法是不是成熟的，只要把跟别人不一样的想法提出来了，他就比较高兴。另外，他很重视人品，提倡德才兼备。

对于年轻人的培养，陆孝彭倾向于引导鼓励。他不会把自己的意志强加于人。只要想搞，他就会想办法支持你。对于这一点，吴立新给我们讲到，陆孝彭曾经支持过他将强5改为无人机的设想：

那时候，陆总的想法比较多，到了20世纪90年代，陆总还提出过将强5改无人机的设想。当时，我们在资料上看到，美国提出了无人作战飞机的概念，起初是侦察型的，后来改成了对地攻击型。我们觉得这是一个新想法，可以做一做。在陆总的支持下，我将强5改无人作战飞机作为课题进行研究。

强5是个好飞机，改无人机把座舱拿掉后，加大油量，可以保证航程。另外，我提了一个想法，将机翼改成复合材料，以减轻机重。因为飞机的外型不能乱动，否则结构、刚度、强度都会受影响，但可以通过应用新材料来实现飞机的减重。陆总也赞同我的这个想法。

本来是想争取部里投入100万，把这个型号搞出来，结果部里没批。后来，工厂总工程师姚志给拨了10万元钱，但这只是杯水车薪，这个想法也就夭折了。不过，我很感激陆总在这个事情上支持我，对于搞技术的人来说，这种实践的经历是非常宝贵的。

在陆孝彭出任首届科技委主任后，他把更多的精力与智慧都放到洪都的发展上了。一方面建章立制，逐步形成一套制度，为洪都每年技改项目、课题开发、科技革新、各专业论文、争取并上报部级课题以及职称评审等打下基础；一方面组建各个专业组带头人和技术骨干队伍，加强专业活动，有力地推动洪都科技进步；同时，还做好华中片科技委牵头工作，积极参加航空系统间厂所的交流与合作。总之，陆总为科技委工作奠定了良好的基础，在整个行业科技委系统，赢得了良好的声望。

功乎？ 功也！ 过乎？ 非也！

凡事都有两面，有正就有反，有是就有非。同一件事情，站在不同的立场，所得出的结论也是迥异的，有时甚至是截然相反的。写人物传记，这也是一个难以回避的话题。

在采访陆孝彭院士生前好友、同事的过程中，特别是洪都飞机设计所的一些老前辈，都无不赞颂、无不敬佩陆孝彭的为人和事业上的贡献，并称陆孝彭对自己的帮助是终身难忘的；当然，也有一些人提起了两件与陆孝彭相关的事，表示留下了一些遗憾，其中一件，就是强5改“斯贝”发动机的问题。

20世纪七八十年代，正当中国航空工业倾力消化吸收改进涡轮喷气发动机时，国际上更先进、更经济、更稳定的涡轮风扇发动机诞生了，并立即成为航空界的主流。经过反复权衡，中国航空界决定上涡扇发动机。1965年9月，沈阳606所完成了涡扇6方案论证工作，开始技术设计，1966年5月投入试制，直到1968年6月首台试验机才开始台架运转试车。由于涡扇发动机的难度、复杂性远远超过涡喷发动机，加上“文化大革命”影响，因此，涡扇6工程费时费力，进展异常缓慢。

中央军委叶剑英、张爱萍，特别是国务院总理周恩来十分了解这段艰苦卓绝的研制过程，深刻理解航空界为克服困难所做的巨大努力。但迫于现实的无奈，1971年底，周恩来针对航空发动机质量下降、性能落后问题，语重心长地指出：飞机的关键在发动机，发动机是“心脏”，“心脏”不好，问题不解决，何以打仗！

从此，高层决策者痛下决心，准备引进全套发动机技术。叶剑英同国务院副总理李先念主持会议，同专家协商后，决定从英国引进“斯贝”军用发动机。

“斯贝”是英国著名发动机厂家罗尔斯·罗伊斯公司在20世纪60年代研制并生产的系列涡轮风扇发动机。其民用型“斯贝”MK511用于“三叉戟”客机，我国曾批量购买，质量好。从民用型发展的“斯贝”MK202军用型涡扇发动机，曾被用于换装英国购自美国的F-4“鬼怪”式战斗机。因其技术先进可靠，美国又引进英国“斯贝”技术，改型后用于A-7攻击机。

1972年5月，我国航空界开始同英方接触，派出技术小组出国考察，并逐渐进入实质性谈判阶段。1975年12月，我国花重金5亿英镑，购买了40多台“斯贝”发动机，并签订引进合同。

为了建立“斯贝”生产线，经中央批准，国务院拨款1亿英镑用来对430厂和有关的辅机厂进行技术改造，这笔钱按当时的外汇体制折算相当于12亿人民币，这使得430厂和172厂从50年代水平的厂，一跃成为70年代末水平的工厂！

然而，尽管从资金、技术、人员，国家倾全力支持，但“斯贝”发动机的国产化进程依然艰辛。在引进之前，按规划是由410厂负责仿制。不料，因担心“斯贝”冲击已经研制多年的涡扇6，410厂表示不愿意放弃涡扇6的研制。迫于压力，航空主管部门被迫将“斯贝”发动机的仿制任务改派430厂。

此外，“斯贝”引进之后，配装的飞机长期争论不休，举棋不定。当时，新型战斗机不愿意用它，毕竟是60年代的技术水平。关于这一点，顾诵芬院士这样回忆道：

我发现“斯贝”的推重比并不是6，只有5左右，按我们的规矩，把油泵等都加上以后，还要再下降一些。另外一点是发动机推力随速度、高度变化，性能是比较差的。用我们原来设计的歼6后继机的气动数据与它的发动机数据一对，计算以后，飞不到马赫数2.0，只能飞到马赫数1.8。高度更不行，“斯贝”的推力在地面时为9350千克力。到20000米高空、马赫数2以后，只有1000多千克力，推力甚至低于涡喷7。

我当时的念头还是搞高空高速。

由于当时已经没有希望从苏联拿到什么，于是部领导们很想打开这个门。当时段子俊是满怀信心要买这个发动机，我就给他泼冷水，说这个发动机现在或以后拿来做战斗机的发动机是不行的，一个很重要的原因是推力的高空高速性能差。

就这样，40多台发动机长期停放在仓库里，不仅积压了大量资金，还要耗人力物力财力进行维护。国家花重金引进的设备因“嫁不出去”成了一堆废铁，一时之间，“斯贝”发动机成为“烫手的山芋”。

这期间，部里曾建议，让强5装上“斯贝”发动机，那个全新的强6就不要搞了。但陆孝彭一直想搞全新的强6飞机，便没有同意这个事。至于陆孝彭为什么不同意，吴立新曾经就这个问题专门问过他：

我曾经就这个问题专门问过陆总，陆总跟我讲，强5的气动外型跟“斯贝”发动机不匹配，装上这个发动机以后，强5的稳定性和操纵性都会受影响，这里边比较复杂。这就是陆总的观点，他完全是从技术角度来考虑这个问题的。事实上，他应该是认真考虑过给强5换装“斯贝”发动机的事情。当然，强5当时是非常不容易才搞出来的，作为总设计师，从常理来分析，都是不愿意改的，怕改了后原来的设计受影响。但陆总还不是这种思想，他是经过慎重考虑的。“斯贝”发动机你讲推力大，是啊，推力大，速度上去了，气动性、稳定性、操纵性怎么样还不知道。从经济上讲，部里会拨给1个亿，搞一个生产线。如果不负责任的话，完全可以先把钱拿到手再说，上就上，搞得好就好，搞得不好，不也就不了了之了。但他就是比较耿直，说这个不行，就是不行，他总觉得，强5装“斯贝”发动机后，从技术上是难以达到预想目标的，如果是这样，那就对不起国家，对不起党了。

关于这段往事，雍正球回忆道：

当时，国家从英国进口40多台“斯贝”发动机，一直放在库房里，花这么多钱，没办法用，部里面压力很大。当时围绕这个问题，给“斯贝”想了很多条出路，但都没成功。

恰好强5正准备搞后继机，部里建议说，强5不是要搞后继机吗？让强5换装“斯贝”发动机，进行改后继机，并要求厂里面拿出方案来。但这个事情，陆总坚决反对，他当时全心全意搞强6。变后掠翼技术不一定不好，但当时，光要实现机翼掠动，就要付出600千克机体重量的代价，这对于小型飞机来说，得不偿失。加上当时部里有些人反对搞变后掠翼，因此，强6一直不能立项，但陆总始终坚持不肯放弃。当时，大家谁也没往深了想，陆总是强5的总设计师，连他都反对了，还有什么话说呢？于是，大家就写了个报告，罗列了强5不能换装“斯贝”发动机的好多条理由，就这样报到部里面去了。本来部里面是要洪都拿换装“斯贝”发动机方案的，结果却看到了这么个报告，你说，能不生气吗？后来，西安的歼轰7就用了“斯贝”，开始研制了。这个时候，厂里面开始有人觉悟到，这个事情做坏了。你想呀！强5原来2台发动机要换1台“斯贝”发动机，那不就是要大改吗？差不多也就是全新设计了，那就可以把装了“斯贝”发动机的强5叫强6嘛！只不过是个名称的问题，这也是一举两得的事情呀！一下子醒悟过来了，于是，厂里面就赶紧派人到部里找领导汇报，要翻案，要求强5装“斯贝”发动机改后继机。当时，我是被派到北京的人之一，在北京写翻案报告，要罗列强5装了“斯贝”怎么怎么好！自己推翻自己，这个翻案报告难写啊！报告写完了，向部里汇报，结果，部里面不同意了。这样，就错失了一次机遇。后来，部里也确实没有再给洪都型号研制任务，以后研制的K－8和现在的L－15“猎鹰”在部里面都是没有排上队的，都是没有“出生证”的，教8也是在K－8出口比较好的情况下才被国内认可的。

这批“斯贝”发动机在仓库里停放了10多年后，才被歼轰7用上，而歼轰7正是强6的竞争对手。歼轰7批量生产后，“斯贝”发动机库存不够，而此时，国产化还未完成，只好进口，但英国的“斯贝”发动机已经停产，无奈，只得购买退役的发动机回国拼修以应急。

当时，强6的配套发动机是涡扇6，涡扇6是针对高空高速战斗机的技术要求而设计的，在发动机参数和控制计划的选择方面，充分注意了提高发动机推重比和高速性能，因此，发动机重量轻，推重比大。经过10多年的潜心研究，1980年10月，涡扇6性能终于达到设计指标。1982年10月，通过24小时飞行前规定试车，整机试车共334小时。然而，80年代后，国家政策转向经济建设为主，压缩军事投入，由于缺乏进一步投资，加上，与涡扇6配套的强6、歼9型战斗机先后停止，涡扇6失去了适用对象，于1984年停止研制。由于我国一直遵循“以防御为主”方针，重视战斗机，忽视强击机和其他机种的发展，甚至有很多人认为，在未来战争中，歼击机或者歼轰机完全可以取代强击机，强击机不适合我国国情，不需要成为单独机种等论调，这在空军装备、航空工业、理论学术界都有非常严重的争论与分歧；加上洪都的定位是强击机和教练机，还有国家投入财力非常少。因而，不仅迫使歼12下马（其中一条原因，就是洪都定位不搞战斗机）；强5后继机也取消了。由于上层的决策和洪都的特殊地域，致使缺乏后继机的研制任务，也就失去技术改造和国家的投入。与此同时，其他主机厂借助各自国家重点型号的投入得以快速发展，洪都则面临着生存发展的重大抉择。

直到今天，洪都老一辈创业者提及这件事情，对陆孝彭的态度还颇有微词。有人这样说：

在变后掠翼这个事情上，陆总比较固执。当时，上级要求强5换装“斯贝”发动机，替代变后掠翼方案的强6。陆总威望很高，上级把这个事情交给陆总也是很放心的，但陆总不肯干，他一心想搞全新气动布局的变后掠翼飞机。当时，谁能把这批“斯贝”发动机用起来，上级就支持谁的发展，后来，“斯贝”被歼轰7装上了，西安也因此得到快速的发展，洪都也就失去了这个发展机遇。虽然事情不能完全怪陆总，但他在这个事情中扮演着非常重要的角色。

事实上，航空部下达强5后继机研制方案任务后，陆孝彭非常重视。当时他首先考虑强5改，并由此组织总体组等进行论证。结果表明，由于发动机的形式、推力，特别外形尺寸大、附件多难以协调安装，加之机翼也需作较大变化等而搁浅。接着，经过初步论证，提出变后掠翼和正常式布局的两个方案，同时开展方案论证。尽力收集有关情报，提交部里决策。但是基于当时形势、研制经费以及南昌的定位等诸多因素，上级的决策迫使强5改“斯贝”以及强5后继机搁浅。这不仅给陆孝彭带来了重大打击，也使洪都人感到很失望，有些人甚至对陆孝彭产生了一些误会。当然，也有人客观分析过强6未能上，或者说强5改“斯贝”失败的原因：首先陆孝彭是非常想用强5改“斯贝”的，但是总体论证的结果无法实现；而强6方案又遭遇歼轰7的竞争，由于当时经费不足，航空部不可能同时上两个型号，必须只能作一个选择。这不仅在当时，就是现在，任何人都没有这回天之力的。

还有一件事，是与陆孝彭有关的。

陆孝彭对洪都飞机设计所有着深远的影响，可以说，是他带出了一支设计班子。陆孝彭从沈阳来南昌，当时，洪都找不出一个参与过飞机设计的人。所有的专业陆孝彭都要管，所有的问题他都要处理。在技术上，他是洪都的依靠，是设计所的栋梁支柱。在随后的几十年时间里，通过以强5、歼12等研制为依托，不断的改进改型，专业细分了，人员逐渐成长起来了，科研试验条件具备了，从而，使一个修理、仿制设计的飞机设计室过渡到具备自行设计先进喷气式强击机能力的飞机设计所，一直走在中国航空工业的技术前端，成为科研创新能力非常强的飞机设计所之一。那些年，洪都飞机设计所创造了无数个我国航空工业的第一。

据洪都飞机设计所所史记载，除了强5、歼12等飞机的设计外，洪都飞机设计所曾经还进行或参与过歼10、歼13等7个型号的总体方案论证工作。新技术、新材料、新结构等应用课题研究成果显著。在试验方面，建成了我国第一台可供实际使用的起落架落震试验台；设计制造了我国第一个燃油系统模拟试验台，进行了我国第一次全机燃油系统模拟试验；设计制造了我国第一台模拟飞鸟撞击试验用的空气炮，受兄弟单位委托，完成了歼7Ⅱ、歼8Ⅰ、歼教6、运10、歼轰7等7个机种的前风挡玻璃鸟撞试验。其中，歼7Ⅱ、歼教6和运10的前风挡玻璃已鉴定合格……仅1978年至1983年的5年间，飞机设计所共获得全国科学大会科技成果奖7项，航空工业部科技成果奖16项，省级以上科技成果奖5项。复合材料、优化设计、飞机性能计算、疲劳定寿、噪声环境对结构的影响等研究工作在国内享有较高的声誉。

就设计部门与生产部门的关系而言，我国航空工业早期是采用了设计部门从属于大企业的模式，也就是"厂所合一"的体制。然而，后来在聂荣臻主持国防工业时，航空组建了六院，如沈阳601所等，1965年就转归航空部管理了。

当时，洪都飞机设计所同样面临着这样的机遇，但却没有把握好。据老一辈的洪都人说，当全国航空工业进行厂所分离的时候，因航空部推荐洪都采用"厂所合一"的体制，与此同时，洪都有一批颇具影响力的人物如总工程师苏敏、设计所所长高镇宁等也都坚持"厂所合一"，正因为如此，导致洪都飞机设计研究所失去了一次发展的新机遇。当时，在赞成"厂所合一"观点的人之中，陆孝彭算一个。

早些年，苏敏、高镇宁、陆孝彭这些人在洪都是具有很高的权威的。他们认为，"厂所合一"有优势，科研与生产相结合，研制周期短，工作方便，而且，飞机设计所可以一心一意搞技术。如果成为独立的单位，各种行政管理机构都要自行设置，这样，势必会影响整个设计队伍的设计能力。由于当时尚处在计划经济时期，事业单位与企业的区别并不大，任务都是上级下达，因此，并不存在生存与发展的问题。就这样，洪都保留了"厂所合一"的体制。

随着改革开放和国民经济体制的调整，事情开始变得糟糕起来。独立的科研所有研制任务，有单独的事业费和建设费。而厂属所是企业编制，有型号研制时，才有一点型号研制费，至于其他的费用只能由企业自行筹集。由于经费受限制，物质条件比较差，例如，在计算机辅助设计上，洪都飞机设计所就比某些部属所落后。此外，厂属所设计人员待遇低，队伍的保持相当困难，后继无人的问题就更加突出了。另外一个问题也比较突出，受生产进度的大局影响，厂属所往往存在结合生产有余，钻研课题不足；搞具体设计经验丰富，而做分析论证力不从心的现象，这对于航空企业的科技创新有着非常负面的影响。

20 世纪七八十年代，洪都一直没有新型号研制，导致早期积累起来的一支有经验的飞机设计队伍开始荒废，而新生队伍也没有实践学习的机会。就这样，与独立的科研院所相比，洪都飞机设计所逐步陷入了相对落后的境地，这种状况一直持续了 10 多年，直到 20 世纪 90 年代以后才有所好转。

当然，在这里值得提出的是，尽管面临着因为体制所带来的劣势和逆境，然而，洪都飞机设计所的这支设计队伍却继承了“强 5 精神”的精髓，以一种不畏困苦，不甘落后的气魄，以无私付出，牺牲小我的奉献精神，直面挑战，奋起直追。在经历了难以想象的困境之后，他们先后研制出了创造我国航空外贸神话的 K－8 飞机和代表着世界一流水平的高级教练机 L－15“猎鹰”高教机等航空产品，取得了举世瞩目的骄人成绩。尽管他们的待遇不尽人意，尽管他们所面临的困难比一般的科研院所要多得多，但这恰恰是他们无私奉献，英勇无畏，献身航空的真实写照！

在采访过程中，洪都飞机设计所的老一辈对当时坚持“厂所合一”体制的权威人士都颇有微词，有人这样说道：

这件事情应该是 20 世纪 60 年代初，文革以前的样子。当时，所里大部分人都是希望分离出来的。当然，所里要分出来是有很大阻力的，首先就是厂里不同意。

陆总当时并不是所领导，但由于他的特殊身份、威望和影响力，他的话还是比较有分量的。陆总比较倾向于厂所合一。我认为陆总的这个观点与他英美留学的经历有关，因为美英都是采取厂所合一的体制。

当然，也有人持不同的观点：

“厂所合一”的事情，这不是陆总的问题。从出产品、快出产品、出好产品的角度来讲，“厂所合一”是一个好的模式。但是后来为什么其他科研所都从厂分离出去了呢？这关键在于上面决策层。国家不支持，不拨经费，老百姓就吃苦头啊！

我们试想一下，厂领导就这个事情征求陆总意见，陆总当然要谈自己的看法，在当时计划经济时期，“厂所合一”的体制优势的确很明显，当然，后来国家政策变了，那又是一回事了。陆总只是表达了自己的看法，如果把这看成是陆总的问题，是无法让人接受的。

……

事实上，厂所是“合”还是“分”，决定权完全在上级航空部，基层只能执行。举个例子，1968 年，部里先决定在南昌成立第二战斗机研究所（602 所），工厂和设计所立即组织派人参与组建，基建也已动工，可是，不久又被部里取消了，随之602 所代号转给景德镇了。同样的道理，“厂所合一”的事情，决定权并不在陆总手上。

在这件事情中，许多人是寄期望于陆孝彭，希望他能以他的威望去说服上级，给予厂属所更多的独立性和经费上的支持，而这些又都超越了他的权限与所能。因此，要说陆孝彭有“过”，我个人理解为这不过是一部分人对陆总寄予希望转而失望的一种情感诉求。

当然，有一点应该承认，从陆孝彭留下来的文字和思想，很明显，他一直是主张“理论与实践相结合，设计人员和工人相结合”的，他曾经在总结强 5 研制经验时撰文《自力更生自行设计强击机》中写道：

在设计、研制强 5 过程中，我深深感到坚持理论与实践相结合，设计人员和工人相结合，是加速发展我国航空设计事业的一条有效途径。设计人员虽然熟悉新机的设计程序和理论，但对工艺方法和操作方法往往不甚了解。如不和实际相结合，不和工人相结合，往往设计图样不切合实际；即使设计上并无毛病，但如得不到干部和工人的支持，也难于按设计意图把理想变成现实。我的体会是：生产图样发出前，组织工艺人员和工人对图样进行工艺性审查，是设计人员学习工艺方法的好机会。而试制时下到车间跟班生产，和工人师傅同甘共苦，则更是理论结合实际的好方法。记得当因加载钢索断裂而使静力试验失败时，我正懊恼万分，废寝忘食，同志们却鼓励我携手再干，说："天塌下来还有咱工人阶级帮你扛着呢！"一席话说得我心头发暖，眼眶湿润。经过这一段奋斗，大家既增加了实际知识，又学习了工人阶级一心为国家，不计个人得失的高贵品质，真是令人难忘的经历呀！

从这段文字我们不难看出，陆总的确是积极支持理论与实践相结合，设计人员与工人相结合的。今天，笔者并不想在此评判"厂所合一"和"厂所分离"，哪一种体制更优越，这也不是笔者有能力评判的。另外，纠缠于洪都内部体制问题的讨论，更是一件不太明智、且毫无意义的事情。但为什么仍然要把这件事拿出来讲，这完全是因为笔者想通过这种方式一厢情愿地为陆总讨一个感情诉求的机会。在采访过程中，很多老同志说，陆总晚年一直有一个心愿，他希望能促成第四代轻型战斗机立项，希望为洪都争取到100个亿的国家投入，希望为洪都的发展尽最后一份力。想到这里，笔者不禁悲从心生，为陆总的殚精竭虑赤诚心不被理解，更为一股莫名的隔阂与孤寂……

在走访这些人的过程中，笔者一直在思考一个问题。其实，这两件事情，最终的结果都不是因为陆孝彭的个人意志所导致的，这其中，陆孝彭要么只是一个"参政议政"的角色，最多也就是关键人物，但他并不是决定因素。然而，为什么？人们偏偏就对陆孝彭在这两件事情上的态度如此记忆深刻？

或许，正如人们说的那样，只有那些颇具影响力和权威的人，才有能力去决定一个企业、一个设计所的命运，而这样的人，往往容易被人记一辈子，功亦如此，过亦如此。大概，陆孝彭就属于这样一类人！

事实上，所谓的功与过，不过是站在不同的立场而言的。陆孝彭的功，是于祖国，于人民，于航空工业，于洪都的功。而陆孝彭的"过"，只是基于对洪都以及对洪都飞机设计所某个发展阶段而言的。因此，站在国家利益的高度来看待这个问题，所谓的"过"也不过是一家之言了。总之，陆孝彭那个时代所留下的这些问题，是一个航空时代的遗憾。

晚年的陆孝彭一直执著于他的事业，不少人为之感动，但也有很多人不理解，有人笑他痴，有人说他固执，还有人说他功名熏心。他不解释，也不动摇，继续干自己的。其实，垂暮之年的陆孝彭，对功名利禄已看空，大有“塞上长城空自诩，镜中衰发已先斑”之慨。对于别人的评价，他觉得皆是付诸东流之物，任凭人去说好了。“归去来兮，田园将芜胡不归？”不如归去多操纸笔，做点造飞机的实事儿，以免坐失良机，蹉跎岁月！

强 5 精神落地生根

在南昌生活了几十年，在洪都工作了几十年，陆孝彭以他的专业技术和人格魅力征服了这片热土，征服了这个老军工企业。直到今天，我们仍然能感受到洪都、尤其是洪都飞机设计所沉淀着一种与陆孝彭人格魅力相匹配的气质，最具有代表性的就是强 5 精神的落地生根。

“自力更生，艰苦创业；百折不挠，锲而不舍；自强奋进，勇挑重担；团结协作，无私奉献；敢闯新路，争创第一”，这就是强 5 精神，这也是陆孝彭留给洪都最宝贵的精神财富。

以后的几十年里，尽管面临着种种发展逆境，但洪都人仍然奋力寻求突破口，不放过任何一个发展的机会。这就如同强 5 当年的研制一样，尽管走得艰难，但却从未放弃过努力，强 5 精神在洪都的发展过程中体现得淋漓尽致。

20 世纪六七十年代，中国的国际环境极其恶劣，举国上下时刻警惕着“三尼一铁”（尼·谢·赫鲁晓夫、尼赫鲁、尼克松和铁托）的颠覆活动。其中，最让中国不放心的就是西北边的苏联，由于苏联具有压倒性军事装备优势，尤其是苏联空军装备有大批超声速轰炸机，使其具有强大的高速远程战略能力。如何拦截苏军的战略轰炸是令中国空军头痛的问题，此时大量装备的歼 5、歼 6 以及少量的歼7都难以执行这样的任务。空军在此时提出了一系列高性能战斗机的研制计划，如歼9、歼13、强6等，相应地，训练这些高性能战斗机飞行员的新型教练机方案也产生了，定点在洪都研制，当时，称之为L7。但L7因为发动机的原因，研制进度一拖再拖。

1978年，改革开放的春风吹遍了大江南北。在发动机有进口可能的基础上，洪都与中航技合作研制新一代教练机。当时，任洪都飞机设计所所长的陆孝彭把任务交给了石屏，由他组建方案论证组。然而，这之后的几年里，又因为军方未立项，无资金来源，以及其他各种原因，新一代教练机依然困难重重。

直到1983年，中航技积极争取与巴基斯坦的合作思路渐渐清晰。1986年，洪都、中航技以及巴基斯坦最终签订合作协议，共同合作研制新一代教练机，也就是后来声名大振的K－8飞机，以及后来国产化的教8飞机。

从20世纪70年代到80年代，新型教练机几经反复，辗转周折，但洪都人始终没有放弃，最终突破传统的“军方立项，投入资金，研制，装备部队，再出口”的模式，而是寻求国际合作，从而解决了资金短缺的重大问题，研制飞机，先出口再实现国产化。事实证明，这种新的模式使洪都从无国内援助的绝境里走出了一条夹缝中求生存的新路子。尽管这条路异常艰辛，但也恰恰是洪都人“自力更生、艰苦创业；百折不挠，锲而不舍”的真实写照。

K－8和教8研制的那些年，是洪都历史上最为艰难的日子。据说，洪都最艰苦的时候，支柱产品强5的年订货量只有3架，而3架强5飞机，却要养活2万名职工！当时，在洪都广为流传的一句话是：“搞飞机导弹的，不如卖茶叶蛋的。”迫于生计，大批科研人员走的走、散的散，留下来的也是在痛苦的挣扎，还有好大一批人转到民品线上。当时，为了养活职工，洪都改变机制，向民品线寻求生机。对于这一切，陆孝彭在《参加公司工代会有感》一诗中也印证了洪都曾面临的困窘局面：

万人大厂百废兴，老幼岂能忍腹饥。摩托外商谋新路，纺机高精谈何易。

军机出口可补阙，导弹切勿失良期。技术进步志不移，转变机制可转机。

然而，就是在这样的情况下，一代洪都人牺牲自身的利益，以“自强奋进、勇挑重担，团结协作，无私奉献”的气魄，克服了超乎想象的困难，最终成功研制出K－8和教8，并成为洪都的支柱产品。

K－8飞机取得了巨大的商业价值，它开创了我国航空工业成套技术出口的先河，仅出口埃及的K－8E飞机就达到120架，目前，K－8飞机已占全球同类教练机市场70%的份额。而后来实现国产化的教8飞机，也大量装备部队，并促成了我国飞行员训练体制的转型升级。

K－8的成功探索出一种研制新飞机的新模式

“敢闯新路、争创第一”一直就是洪都的传统。20世纪90年代以来，我国先后研制和生产了歼轰7、歼10等高性能战斗机，随着装备数量的不断增加，第三代战斗机飞机员的训练任务日益繁重，研制新一代高级教练机成为迫在眉睫的需要。

洪都经过充分研究和论证后认为，研制一种性能优良、设备先进的新型通用高级教练机具有一定的市场前景。该机不仅可以保持与上一代教练机的合理衔接，同时还能充分满足未来先进战斗机使用要求，使飞行员平稳顺畅地过渡到第三代战斗机，从而有效地提高飞行训练质量、降低训练费用，大大减少飞行员训练时间。正是在这一背景下，我国首款第三代高级教练机L－15“猎鹰”

便应运而生。

“猎鹰”集合了目前国际航空最前沿、最先进的技术，代表着国内教练机的最高水平。优良的气动布局，长寿命、高可靠性的机体结构，综合化的航电系统，三轴四余度数字式电传系统，高效费比等都成为“猎鹰”的突出特点，而这些特点对于我国飞行员的训练将产生革命性的意义。从某种意义上说，“敢闯新路，争创第一”不仅体现了洪都人开拓创新的可贵品质，更是洪都人对祖国航空工业和国防装备事业发展表现出的强烈责任心的体现。

尽管陆孝彭并没有直接参与K－8、教8和L－15“猎鹰”的设计研制，然而，陆孝彭带出来的这支设计队伍，继承了他的强5精神，沿着他的足迹，奋斗不息。

今天，洪都已经不再需要喊“强5精神”的口号了，因为，这种精神品质已经深深地渗透进一代代洪都人的思想，融入他们的骨髓，化成无声的行动，影响着洪都的发展。

“猎鹰”新一代高级教练机

2000年6月5日，洪都举行了隆重的K－8E首飞仪式暨纪念强5首飞35周年大会。中共中央政治局候补委员、国务委员吴仪致信，全国人大副委员长邹家华发来题词予以祝贺。6月23日，《中国航空报》发表特约评论员文章《大力学习和弘扬“强5”精神》，文中总结了强5精神的内涵：

强5精神是在我国经济落后、工业基础和科技力量薄弱条件下发展航空工业的必然选择；是航空工业创业者励精图治，奋发图强，投身祖国航空事业伟大实践的光辉写照；是爱国主义精神、集体主义精神、社会主义精神和科学精神的发扬光大；是“热爱祖国、无私奉献、自力更生、艰苦奋斗、大力协同、勇于登攀”的“两弹一星”精神在航空工业战线的具体体现；是完成时代赋予我们的历史使命、实现振兴航空宏伟事业的巨大精神动力。

2000年6月2日，洪都党委宣传部在企业报《洪都报》上刊登了一篇题目为《回顾强5历程　弘扬强5精神》的文章，以纪念强5飞机首飞35周年，在文章中，以简练的语言对强5精神进行了这样系统的概括和提炼：

“自力更生，艰苦创业”是强5试制中最宝贵的精神。

“百折不挠，锲而不舍”是保证强5试制成功、贯彻试制全过程的力量源泉。

“自强奋进，勇挑重担”是强5试制在最困难时期干部职工最真实的精神写照。

“团结协作，无私奉献”是洪都人发扬团结协作，无私奉献精神，并成功研制强5的集中体现。

“敢闯新路，争创第一”是强5飞机取得成功和有其强大生命力的根源之所在。

直到今天，强5那个年代仍然常常被人们想起，人们怀念那时的纯粹理想，怀念那时的热情执著，怀念那时崇高的精神境界，怀念那时浪漫的革命乐观主义精神。人们纷纷留下文字，抒发对强5以及那个年代的怀念，在此选一篇洪都职工丁建洪的《强5之歌——写在强5首飞35周年纪念之际》作为代表，以飨读者。

就站在这块土地
就在这个日子
就这样沿着强5宽阔的背脊
看那　比雄鹰还矫健的身姿

感觉　力量在充盈
天空在召唤

谁都知道　你命运坎坷
谁都知道　你脊背坚硬——
当一个呱呱坠地的婴儿长大
成长为蓝天上追风逐电的汉子
再去眺望逝去岁月的烟波
那一页页滚心烫肺的画面
就是一部洪都人的史诗
一个大写的中国人

我们底子薄弱怕什么
我们重重受困怕什么
我们有手　自力更生造过320号机
我们有脑　开拓创新敢撒手飞神鹰
航空需要献身　高峰需要攀登
说什么美国脑袋苏联屁股
说什么有心无力痴心妄想
研制者啊　你们静静地做　执着地争
——历史可以创造
洪都人啊　你们热热地飞　顽强地搏
——神话可以打破
强5鹰啊　你破壳的翼待翔的翅上
迎接的注目何等灼热

十四个人打造飞机是奇迹

十四个人背后是万众红心
拎上被褥　现场离不开
优先支援　强5等不及——
我们的设计师亲推板车运送零件
我们的工人列队欢送试验样机
——强5在小小的板车双轮上
在长长的目光跑道上
起飞　起飞
荣耀从战火中炼就
使命在成长中茁壮
自强不息的强5
在无垠的蓝天书写着
中国志气　洪都精神

强5大量装备部队，成为空军部队一支重要的力量

强5从一张白纸上走下来，发展成为国防中坚、国际名机，被世人誉为“亚洲明星”，回顾它的历史，那十万颗铆钉拧起的不光是一只争气雄鹰，更是上万洪都人的热血和志向，连接的是同蓝天一样宽广的胸怀，是中国人战天斗地、献身与攀登的写照。“对强5要不惜牺牲自己的荣誉，不惜自己的喜怒哀乐，这是最高的政治觉悟，是最高尚的品质”。为了这个志向，洪都人不怕牺

牲，不计名利，勇于探索。有了这股热血，创业者们不甘落后，勇于探索，使20世纪50年代研制的强5，80年代飞越喀喇昆仑，远销国外；90年代扬威巴黎，让世人瞩目；新的世纪里，仍然驰骋于祖国的万里疆域之上，缔造中国一代名机的传奇。

第九章　一代航空巨擘最后的岁月

“飞机才是你真正的恋人！”

这是最后一章了，看到这里，对于陆孝彭的感情问题，或许很多人仍心存疑惑：陆孝彭后来见过玛格丽特吗？他到底是爱玛格丽特，还是爱徐思瑜？

答案是肯定的，他两个人都爱；但同时，答案也是否定的，他两个人都不爱。或许，正如徐思瑜所说的那样：飞机才是他真正的恋人。

1978 年，陆孝彭接到三机部的通知，应邀前往欧洲参观考察。得到通知的那一刻，陆孝彭激动、不安，又带着几分急切的期待，他的头脑中闪过沉睡了很久的记忆：英国、格洛斯特、玛格丽特……

30 年了，陆孝彭已经回国 30 年了，离开玛格丽特也已经 30 年了。这 30 年里，他结婚生子，他忙忙碌碌，他几经风雨，那个遥远的国度，那个曾经深爱着的玛格丽特，已经成为珍藏在他心里的秘密，原本，他以为此生难再见。然而，现在，他即将再度踏上那个国度，重返格洛斯特，与玛格丽特重逢，那么，玛格丽特，她还好吗？她还会在格洛斯特吗？她嫁人了吗？她现在会是什么样子？她会见我吗？她会原谅我吗……太多的疑问，陆孝彭心里一阵慌乱。

回到家里，陆孝彭将这个消息告诉了徐思瑜，陆孝彭并不想伤害她，但也不想欺骗她。徐思瑜依然那么平静，她说：“你去吧，也许能找着，去见见她……”

陆孝彭知道，这么多年来，徐思瑜为他，为这个家，付出了太多，挺不容易。但他还是想去见见玛格丽特，不为别的，只为了却纠结在心头多年的一份情结。当初，他抛下玛格丽特回到祖国，原以为可以凭借他的努力让这段跨国恋情修成正果，然而，现实是残酷的，他辜负了她，他没能接她来中国，也没能跟她结婚，而是把她一个人留在了那里，从此杳无音讯。这 30 年来，一种负债感压得他喘不过气来。事实上，回国后很长一段时间，陆孝彭曾经一度为情所累，性格也发生了变化。

然而，“文化大革命”改变了他。我们无法得知“文化大革命”那段时间里，陆孝彭的感情生活经历了什么样的冲击，也不知道他的思想动向如何。现实的结果是，“文化大革命”以后，陆孝彭对徐思瑜的态度确实不一样了，直到这个时候，陆孝彭才真正找到了与自己终老一生的伴侣。或许，我们只能用“患难见真情”来猜测着解释了！

很多记者问过陆孝彭类似的问题：“玛格丽特，至今没有消息吗？你想她吗？假如现在找到了玛格丽特，你会怎么样……”

陆孝彭无法回答这些问题，因为，他错过了这一生唯一一次重返欧洲的机会。正当陆孝彭准备奔赴英国时，医生发现陆孝彭的尿糖达到 4 +，而且有心肌梗塞。医生说，不能遇到让情绪过激的事情，不然，后果不堪设想……欧洲当然不能去了，英国也自然去不了了……

曾经，陆孝彭在他的诗句中描绘了很多与玛格丽特重逢时的情景：“那时白发已满头，依然拥抱喜如痴”、“海誓山盟三生约，何时重见长相随”、“遥知英共添新秀，白头重见梦成真”……

然而，伊人，此生，再不得见，直到生命最后一息，梦，就此沉睡……

金秋十月，一缕缕阳光，透过落地窗，影射到朱红的地板上，影射到徐思瑜花白的头发上，闪着金光。老人坐在沙发上，淋浴在温暖的阳光下，翻着老伴的老照片，回忆着与他的故事，那些或肃杀，或温柔，或暴风骤雨，或和风细雨的陈年旧事，一幕幕呈现，诉说着一代航空先驱的情感心路历程……

他很钻。周末人家都出去玩，他就呆在家里写写画画。我把饭菜烧好，就端给他。

他不会干家务活，在家里也从来不用他做什么家务事，衣服都是我帮他洗。记得有一次，我要出去买东西，来不及给他们父子做饭。我对他们说，你们今天吃面条吧。老陆很积极地说他来做。结果，他拿冷水煮面条。我晚上回来后，儿子指着碗里的面条跟我说，你看爸爸煮的面条，吃不得。

后来，他也学会了做点家务，最让我感动的是，我生最后一个孩子坐月子的时候，他还照顾我，还帮着洗尿布。前面三个孩子出生时，家里请了保姆，那时，都是保姆来照顾小孩，我坐月子也是保姆照顾，每天也不生火，都是吃食堂。我最小的孩子出生时正赶上经济困难，没请保姆了。没办法，只能他照顾我。1959年中秋节那天，人家都在吃月饼、赏月，我痛得难受，生不下来。那天，他整晚都陪着我，很焦急，不断地走来走去，一晚上都没睡觉，第二天一亮就接着上班去了，不容易啊。我躺在床上坐月子，也做不了饭。那个年代家里做饭都是烧煤球，他也不用木头，也不用柴火，就拿报纸生火，结果还真的把煤球给烧起来了，这一直让我很佩服。他天天给我煮稀饭，其他的他都不会做，只会煮稀饭啊，我就吃了一个月的稀饭。孩子满月后，他带着我，一起把孩子送到了南京，我爸爸妈妈帮着带。为了保证小孩子有足够的奶水吃，我爸爸妈妈请了个奶妈。当时日子很难过啊，全家都吃那个烂包菜叶子煮稀饭，仅有的一点米饭都要留给奶妈吃，保证奶妈有奶水啊。小女儿陆晓敏一看到烂包菜叶子煮稀饭，就闭着眼睛，把头扭一边，不吃。我们哄她，说晓敏呀，快看快看，有肉有肉，快吃哦！

老陆太忙了，年轻的时候总不能按时吃饭，经常早一顿晚一顿的。后来就有了胃病，最严重的时候胃出血。我原来是在设计所，“文化大革命”以后就被下放到了铆接车间，铆接车间旁边有个保健站。有一次，保健站打扫卫生，清理出了好多药，都扔到地上，说这些药要淘汰了，不要了。我看看有些药包装都没拆，就把那个治胃病的药给捡回来了。我让老陆吃吃看，他也听我的，天天坚持吃，没想到，竟然把胃病给吃好了。后来再也没有发过胃病，吃什么都行了。

他的爱好很多，打乒乓球、篮球啊，下棋啊，原来家里还有冰刀、网球什么的，他还喜欢拉小提琴。他拉得不好听，呜哇呜哇的，我说不好听，你走你走，到厕所关起门来拉。但他最喜欢的，还是写诗，写了好多诗。

1983 年，他那年心肌梗塞，很难熬啊。好了以后，他说是吃东西吃的，后来，他什么都要消消毒。洗澡的时候，我要把他的衣服、裤子、袜子、鞋都准备好，这些东西他都不知道放在哪儿！衣服穿之前要消消毒，我要拿熨斗给烫一烫，不然，他不穿。他出了那个诗抄本，送给别人之前，也要拿酒精消消毒。他每天要吃的药都带在身上，他要我用针缝在衣服里边的口袋里，吃完药了，再缝起来。年轻的时候，他不这样的，大概年龄大了，病也多了，变得越来越古怪。

老了，我这一天到晚就是围着他转，吃的、喝的、用的、穿的，一样都不能差。他有糖尿病，我很注意他的饮食。他每天都要打胰岛素，我从来没做过护士，根本不会用针。没办法，只有跟着护士学。后来，每天都是我帮他打针，化验血糖也是我帮着做。

后来，他走到哪里，我就要跟到哪里，一天也离不了。他到北京开工程院院士会，到人民大会堂领“两弹一星”的奖，出席人大代表会议，我都跟着去。领“两弹一星”的奖时，我就作为招待员坐在台下看着他。

年纪大了，他也每天坚持上班。上午他会去办公室，在那里写写画画。中午吃完饭，休息一下，下午三四点，我们俩一起出去散散步，练练气功。我一生病不舒服，他就说，你躺着，不要动，我给你发功啊，不要动。

每年他有 20 天的假，他经常带我去庐山、井冈山，江西的山我们都去过了。后来，我们就出省，去黄山玩了一次……

回忆是平静的，没有哀怨，没有叹息。我问老人家，想不想陆总？她没有回答我的话，只说：“年岁大了，有的记忆越来越清晰，有的却越来越模糊，希望能记得，一直记得……”

这位可敬的老人，陪伴着陆孝彭走过了半个世纪的风风雨雨，随他转战南北，从南方到北方，又从北方到南方。在陆孝彭陷入情感困惑的时候，她理解他，帮助他渡过难关。在陆孝彭专注于事业的时候，她独自操持家庭，成为他坚强的后盾。在陆孝彭深受病痛折磨的日子里，她不离不弃，照顾他的生活起居，成为他唯一的依靠。事业上成功的陆孝彭，在生活上甚至是一个不能完全自理的“大孩子”，事无巨细，都需要她来料理。或许，对陆孝彭来说，他的事业是飞机设计，而对徐思瑜来说，她的事业是陆孝彭。

望着眼前这个年愈8旬的老人，我突然想起了陆总离世前不久写下的《赠思瑜》：

转眼结发五十年，恩爱绸缪情无间。早岁加班无虚夕，独操家事无怨言。

老年多病相扶持，儿孙满堂常饮宴。白头偕老不分离，绿发犹在叹红颜。

历经岁月的磨砺，这对患难夫妻最终得到了他们的幸福；陆孝彭也真正获得了情感寄托。或许，这才是最完美的结局吧！

陆孝彭为强5飞机付出了太多太多

陆孝彭不止一次对人表达过这样的意思：飞机这个事业，使他付出了太多太多。这样的感慨太过平常，并不足以引起人的共鸣。然而，他却道出了每一个科研工作者，尤其是优秀的飞机设计师们内心最朴实的情感流露，这是他们对家庭，对亲人愧疚之情的真诚表达。

“我们的事业并不显赫一时，但它却将永远存在，面对我们的骨灰，高尚的人将洒下热泪。”从陆孝彭踏上飞机设计之路开始的那一天，他就明白：科学没有捷径可走，只有付出，时间要付出，精力要付出，身体要付出，爱情、亲情、友情，都要付出。在伟大的事业面前，这一切都显得微不足道。

陆孝彭从来没有忘记，自己为什么要抛下玛格丽特，放弃国外舒适的生活，冒着生命危险回归祖国，他也从来没有忘记过自己曾经的梦想。这几十年，他每天画的是图样，看的是飞机，听的是轰鸣声，这已经成为他不可分割的生活。他依然记得，玛格丽特对他说："你的事业在中国，你一定要好好干……"他也明白，徐思瑜无私的付出，是对他事业的全力支持。

"飞机才是你真正的恋人！"或许，是这两段坎坷的情感经历更加坚定了陆孝彭的事业追求和人生目标吧！

1989 年调入洪都科技委工作的刘平生对与陆孝彭共事的那段岁月印象深刻，接受采访时，他回忆道：

因为陆总有严重的糖尿病，还有前列腺炎，每天要打胰岛素，生活方面比较麻烦。可以说，陆总的生活自理能力非常差。可就是这样一个人，只要一说到飞机，他就显得很兴奋，眉飞色舞，侃侃而谈。

飞机就是陆总的命根子。在我的印象中，除了飞机以外，陆总从来不会对什么大喜大悲。然而，只要一涉及到飞机，即使是一个很小的细节，也能引发他的情绪大波动。

1995 年，陆总被评为中国工程院院士，公司上上下下都很高兴，但他却跟没他什么事似的，平静如水。强 5 以后，陆总一直有一个梦想，要为洪都继续搞一个后续机型，那一年，强 6 方案没有通过评审，这对他的打击特别大，据说，他在房间里不停地来回走动，不停地走，结果，楼下的人不乐意了，找到陆总抗议。陆总便脱了鞋，在床上继续走，他用这种方法排解心中的苦闷。

陆总很瘦小，很单薄，大概也就 80 多斤，他一生的精力都被耗干了。记得他经常在办公室一坐就是一整天，写字总是一笔一画，很认真，边写边思考，我们在边上看着，无形中就会被他的这种劲头给感染，感动。陆总对我们的影响，不像英雄人物似的，轰轰烈烈，而是像涓涓细水一样，潜移默化，时间长了，他的点点滴滴，都会印刻在心头。

在中国航空史上，既能顶层设计，又能具体设计的设计师并不多见，但陆总是难得的一个，比如计算、公式推导等这种具体的工作，陆总都能拿下来，这是非常难能可贵的。

苍松翠柏皆含情

晚年的陆孝彭尽享儿孙满堂的天伦之乐。早年，由于工作繁忙，他无暇顾及家庭，无暇顾及爱人子女；后来，尤其是“文化大革命”以后，陆孝彭越来越懂得珍惜来之不易的幸福。晚年的陆孝彭尽管不再处于事业的巅峰期，但他又活出了人生另外一番别致的光景。

事实上，陆孝彭的家庭观念很强，或许，这与他从小生活的经历和他的家庭环境有关吧！陆孝彭的女儿陆群给我们大致讲述了陆孝彭兄弟几人的命运：

陆孝彭与徐思瑜合影

我大伯是搞水利的。由于家境困难，加上我爷爷去世得早，一直是大伯挑起家庭重担，我姑姑读到高中，实在没钱读书了，只能出来参加工作。我大伯结婚后，他们一家人开始资助我姑姑上学。伯母人很好，后来大伯去世得也早，在20世纪50年代就去世了，伯母带着一儿一女守寡守了几十年。后来，我爸爸兄妹几个人，每家都寄钱给我伯母，年年如此。我爸说，如果我大伯不是走得早，他可能是我们家官职最高、最有出息的，据说是要到中央部委任职的。

我大叔叔大学毕业后，分配到了东

北。当时，听说东北冷，家里没钱做棉袄，后来又听人说往南走比较暖和，后来就到了南方，结果，一走就走到了台湾，从此失去了联系。解放以后，家里人一直以为他在台湾。“文化大革命”的时候，那些造反派审我爸爸时，还让他交待复杂的海外关系，说的就是我大叔叔的事情。1986 年，我爸才跟大叔叔见上一面，当时，我记得，大叔叔下飞机的时候，非常激动，结果摔了一跤，把裤子都给摔破了，两兄弟抱在一起就哭，特别感人。从我爸 1944 年出国后，他们有 40 多年没见面了，这种亲情难以割舍。后来才知道，其实，1950 年我大叔叔就去了美国，根本没在台湾。他在美国是搞土建的。他一直一个人在美国拼搏，40 多岁才结婚，后来，有了小孩也不敢要，怕他们老了，小孩没人照顾，一直到去世都没要小孩。

我小叔叔没读大学，读完高中时，解放军打来了，他就去参军了。后来，部队把他送到解放军军事外语学校学习俄语。20 世纪 50 年代，苏联专家支援中国时，他负责苏军驻旅顺港的翻译工作。后来，去了美国，现在在美国过得很好。

我姑姑是南京航空学院的教授，“文化大革命”时自杀了，其实不关她什么事，但她还是没能挺住。

五兄妹在苦难的岁月里相互依存，相互勉励，建立了深厚的感情，血浓于水，这份亲情，一直是陆孝彭的牵挂，使他建立了强烈的家庭观念。

其实，人心都是肉长的，早年，因为没有时间，没有精力管孩子，不能给他们更多的爱。所以，潜藏在陆孝彭心底的那份与家人团聚，尽享天伦的渴望，其实比一般人更为强烈啊！据陆孝彭的大女儿陆群回忆：

小时候，我爸爸虽然很忙，但每到我们寒暑假，他会要求，我们每天画一张画，还要检查。这时候，不管多忙，他都会检查，每次都会打分。我记得，有一次，我画了一只猴子，他觉得很好，就给打了 5 分，还加了一个五角星。后来，我女儿学画画，我和我爸都是她的启蒙老师。

只要星期天有空，爸爸一定会带我和妹妹去新华书店，买我们喜欢的书。由于没有时间打扫，也没有书架，全部往一个房间里堆，日积月累，结果这书堆了一间屋子，拿塑料布盖上。我们经常带朋友去我家看书，要看了，就把塑料布一掀，到书堆里去挑。比如《军队的女儿》、《林海雪原》、《日出》，等等，我都是在那个时候看的，印象非常深刻。

他一有空就给我们讲故事，跟我们下棋、玩游戏，他下棋的时候，还悔棋。兴致来了，他还给我们拉小提琴，唱歌。记得他喜欢游泳，因为白天没有时间，晚上，等他下班回来的时候，游泳场也已经关门了。后来，我爸爸找到游泳场的人，跟他们商量，能不能晚一点再关门，结果，人家真的就同意了，我们才能去游泳，不过每次都是好晚，人家游完了，我们才去。我小的时候，他喜欢把我放在他腿上，结果，尿了他一裤子也不知道。后来，大了些后，他会让我和妹妹坐在他的腿上，一个人坐一边。搔他耳朵，摸他头啦，很亲切。

我爸爸特别喜欢写诗，还有书法。他一写毛笔字，我女儿也会跟着看，现在，她的毛笔字也写得很好。前段时间，我在清理老房子的时候，突然发现一个长卷的东西，用报纸包着呢，报纸都泛黄了，灰尘厚厚的。打开一看，原来是我爸爸留下来的毛笔字诗抄，全部裱成长轴的那种，卷起来，看得出来，他颇花了些心思的，这上面，光写强5的诗就有20多首。

陆孝彭的大儿子陆晓地也说过这样的话："父亲要求严格，他言语并不多，但他以自己的行动影响着我们。"的确，陆孝彭有一套教育子女的方式，他坚持的原则就是：言传身教。

中国有句古话：百善孝为先。在家里，陆孝彭是公认的孝子。陆孝彭的母亲翁氏早年在南京女儿那里住，后来又辗转到了济南，跟着小儿子住。1974年，陆孝彭把老人家接到南昌来服侍，直至老人去世。对于去济南接母亲的这一段往事，陆孝彭记录在他的《忆昔之三十九（济南）》中：

忆昔济城谒慈亲，幼弟久别不相认。人世沧桑干戈后，千佛畅谈热泪潸。

长侄阿农善鸣琴，温泉守階感我深。廿载斯须东逝水，异乡豪富鸱夷生。

由于翁氏在济南时摔断了腿，因此，在从济南到南昌的路上，都是陆孝彭背着老母亲。那个时候的陆孝彭已经是50多岁的人了。

陆孝彭每天早上起来第一件事就是到母亲房间叫"娘娘"，他们是常州人，叫妈妈都叫“娘娘”，给她倒便盆。下班回来，第一件事就是到母亲房间里报到。上班之前，他一定要到老人家跟前说一声：“我上班去了。”

陆孝彭的孝顺给夫人徐思瑜和子女们的印象非常深刻，他用行动感染着每一个家庭成员。关于婆媳关系，徐思瑜回忆说：

受老陆的影响，我和孩子们都比较尊敬、孝顺我婆婆。我婆婆是知识分子，闲的时候，她就戴上眼镜，看《红楼梦》，看《三国演义》，她还写得一手好字。摔断腿后，她行动不方便，总是拿凳子支着走路，我看着挺可怜的。

我跟婆婆关系处得很好，秋、冬作息时间制时，中午我回家做饭时间比较紧。我婆婆会事先帮我把菜都择好、洗好。她的衣服是我帮着洗，有时候她怕我忙，就把她的脏衣服藏起来。我会把她的衣服找出来，帮她洗了。

婆婆最喜欢吃螃蟹。我经常会给她买点螃蟹，再买点葡萄酒，别看她 80 多岁，牙齿挺好的，她一见了就高兴，指着螃蟹说，这是世界上最好吃的东西。一边吃，一边乐。

有一段时间，老陆住了医院，我一边要照顾老陆，一边还要服侍婆婆。后来，婆婆也住院了，做各种检查，都是我背着婆婆跑上跑下的。她过世前，还跟我说，你累了，去休息下吧！结果，我回了趟单位，再回来，她就过了。

母亲过世后，陆孝彭非常伤心，1995 年，他在诗篇《追忆先母翁氏往事》中写道：

清明野祭思如焚，慈母音容栩如生。十年丧乱颠沛甚，两省隐沦忧患深。

典尽金钗供儿读，市回蔬藿入釜甑。儿孙今日多豪富，欲奉珍馐已不能。

在陆孝彭的影响下，后辈对陆孝彭夫妻都很孝顺。据说，在广州工作的小儿子陆晓天，每天下班后，第一件事就是给远在南昌的母亲打个电话，报声平安，让老母亲放心，天天如此。而徐思瑜也是每天到点就守在电话机旁，等着儿子的电话。

陆孝彭在家里说话是绝对权威，随着年龄的增长，他越来越喜欢孩子，变得更加祥和。关于孩子的教育问题，陆群说，她父亲很有远见，儿孙们真的都像他说的那样发展了。他一般不轻易对孩子发火，但遇上原则性的问题，他就会动气。陆群回忆说：

如果孩子对长辈不敬，他就会很生气。记得有一次，我侄子不知道因为什么原因，跟他妈妈，也就是我弟媳闹脾气，大喊大叫的。本来我爸不想管，后来，我侄子越来越上劲，用脚踢我弟媳。结果，我爸二话没说，上我侄子跟前就是一顿打。当时，大家都不敢出声，我侄子也被我爸吓着了，乖乖认错。因为，家里的孩子从来没挨过他的打。

后来，我弟媳心理还不平衡，说我爸谁也不打，就打她的孩子，我爸对我弟媳说："他们几个都是教孩子要孝敬父母，你把孩子宠成什么样了！"

1993年，江西省政府分配给陆孝彭一套比较好的房子。房子位于南昌市郊青山湖畔，出门便是湖滨，环境优雅，空气清新，风景美丽。这里春天"天水迷蒙浑一色，不见绿波去何方"；夏天"夏潮涨满没湖堤，潋滟湖光入眼迷"；秋天"溶溶淡月上柳梢……水黑波平月影摇"；冬天"小雪已消了无痕……家家暖阁垂罗幕"，陆孝彭喜欢这里，在湖边，他写了大量的诗词。

陆孝彭与外孙女邓航蕾

晚年的陆孝彭依然喜欢写诗，除了早些年保留下来的一些诗篇外，1996—1997年，陆孝彭集中时间用诗文的形式对自己的一生进行了回忆性总结。他的诗作，古典文学的底蕴厚实，平仄用韵严谨，这些诗既是他人生轨迹的回首，又是他60年航空生涯的真实写照。陆孝彭在他的自述里这样写道：

我经常在这里（青山湖畔）读诗写字，以此自娱，十分有利于身心健康和思考，经常回忆和总结自己的人生历程，用诗歌的形式写回忆录，内容包括科技、游历、回忆、思想、人物、气功等方面的内容，有益于陶冶情操和用爱国主义、科教兴国鼓励后代。

将军品格，诗人风采，这是江西一位作家对陆孝彭的评价。晚年，陆孝彭的诗作更加淡泊清新，人情味更浓，尤其是大量关于家庭的诗词。1996 年 2 月，陆孝彭写下了一家人过春节时的情景：

青山绿水壮志酬，高楼灯采照珍馐。虽因老病疏鸡酒，何妨屡酌黄橙酌。

儿女剧兴笑语多，更残博弈最消愁。祖孙联句乐婆娑，来年更上一层楼。

黄橙酌是南昌的特产，浓度很低，陆孝彭很喜欢喝这种米酒。

尽管陆孝彭言语不多，但他的兴趣爱好广泛，早年，他喜欢打篮球、乒乓球、游泳、拉琴、唱歌；晚年，他更爱书法、写诗、散步、练气功。陆孝彭喜欢这样一句话："视其所好，可以知其人焉。"他认为，惟有对外界事物抱有兴趣才能保持精神上的健康；高尚的娱乐，对人生是一种宝贵的恩赐。

陆孝彭每天仍然起得很早，练完气功后，他还在书房里看一会书，或者伏案移动他的笔和尺子。当阳光透过窗帘洒满图样和书桌的时候，徐思瑜就会蹒跚而又轻轻地走到他身旁，把一杯烧好的牛奶放在桌边，顺手把台灯关掉，拉开窗帘……

陆孝彭仍然趴在图样上沉迷，徐思瑜提醒他："该吃早点了，接你上班的车马上就要到了。"

一个小时后，陆孝彭到了工厂办公室，又开始他的工作……

湖上风光美景多，朦胧淡日照银波。三日偷闲成隐逸，半宵憩睡又何愁。

垂老功名空自许，一生毁誉任东流。不如归去操纸笔，坐失良机叹蹉跎。

晚年的陆孝彭心境平和自然，这从他大量的游历诗中可以看出来。1994 年，陆孝彭带着徐思瑜上庐山，写下了这样的诗句：

一上匡庐病骨轻，苍松翠柏皆含情。

林深夕照疑晨日，峡裹平湖爱晚晴。

"苍松翠柏皆含情"，壮志已酬，功名远去，尘埃落定，当一切风景都看透，微笑浮现在饱经风霜的脸庞，人生很美……

与死神“赛跑”的日子

1995年以后，陆孝彭开始致力于我国第四代轻型战斗机的研究，他历经5年的论证，从来没有放弃过，直至辞世。晚年的陆孝彭身患结肠癌、严重的糖尿病、心脏病、角膜炎等，死神一直紧紧追随着他，然而他却不肯低头，他与死神进行了一场马拉松式的“赛跑”。他站在世界航空技术的前沿，追踪和论证最新技术，留下了大量有参考价值的技术储备。

陆孝彭工作照

陆孝彭总是这样说：“癌症并不可怕，最可恨的是，这该死的角膜炎。”由于眼底出血，看不清东西，他画的每一根线、做的每一次计算、进行的每一次测绘都是在放大镜下面完成的。他的记忆力在衰退，时常计算错漏，就贴掉重算，错了又贴，他的手稿粘得越来越厚，越来越硬，谁能想象他编写的40多万字第四代战斗机的论证报告厚度有多厚，份量有多重，内涵有多深，这就是他那颗沉甸甸的滚烫的心啊！

陆孝彭住院的病房，跟办公室差不多，案头的书堆得一摞一摞的，计算器、圆规、放大镜应有尽有，甚至连绘图板也搬进了病房。他的病房也是最热闹的，经常有许多人在他的床前讨论方案，论证计算结果。医生来干涉，他却开玩笑地说：“请你通融通融，我是总设计师，给个面子，让我享受一点特权嘛！”是啊，这就是一位耄耋老人，一位对中国航空事业有突出贡献的总设计师所要求的特权，谁又能忍心剥夺他的这种特权，剥夺他尽最后一份力、发最后一份光和热的权利呢?!

有一阵，小儿子陆晓天将陆孝彭接到广州，和他们住了一段时间，陆晓天对父亲晚年坚持新机论证印象深刻，他曾回忆道：

到广州后，他也带着第四代轻型战斗机的方案，每天都拿着放大镜在家里计算。他总是反锁着门，叫他吃饭，也不出来，一点钟叫，两点钟叫。终于叫出来了，他还嫌烦，他说："我正算到一半，你们叫我，思路全部都打断了。"中午也不睡觉，吃完饭后，一直干到晚上八九点。

他这一生，把所有的才华、能量和智慧都奉献给了航空事业。住院期间，他对我说："年底一定要把这个做完，一定要报给国家。"事实上，他也知道自己身体不好，他说："我不可能亲自完成这个飞机了，但我要把总体方案，总体设计思想做完，然后让其他的同志做下去。"可是，最后还是剩下一点，我觉得挺可惜，挺遗憾的。如果这个飞机能做成，对我父亲也是一种告慰。

石屏院士对陆孝彭晚年执著于飞机设计深有体会，他回忆：

陆总这一生就是一心一意搞飞机。晚年，他一直在研究第四代战斗机方案。事实上，他的身体一直不好。有一次，我看见他坐在办公大楼的台阶上，赶紧上前去扶他。没想到，陆总连忙躲开我，说："不用扶，我很好，我很好。"

每到过年过节，我们都会给陆总送去祝福，但不能对他说祝您身体健康之类的话。陆总对这个非常敏感，很忌讳，他总是会很认真地说，"我身体很好，真的很好……"事实上，他是害怕大家知道他身体不好后，不让他工作。

陆孝彭查阅资料

尽管陆孝彭不愿意承认自己身体有病，但事实上，他心里清楚，剩下的时间不多了！也正因为如此，他才拼命工作，拼命抢时间啊！他废寝忘食，看到他工作过的人，无不为之感动，肃然起敬！2000年8月底，在他去北京治病的前一天，还专程到工厂有关部门，安排他离开南昌期间的工作。

在陆孝彭构想里，第四代轻型战斗机是在歼12飞机基础上发展的一种全新的高性能轻型防空、夺取制空权的战斗机。

为什么要以歼12为基本型呢？从基本性能和作战效能方面来评估，歼12飞机应属第二代，以二代机改进成第四代这条路是很难走的，但陆孝彭是想取歼12飞机的基本特点，使第四代轻型战斗机用作像F－22那样重型战斗机的配套机与补充。而要真正成为第四代主力战斗机的配套机和补充力量是极不容易的，飞机不仅要具备第四代战斗机高性能特点，而且价格还要低廉。陆孝彭认为，这两点，歼12飞机都是有潜力可挖的。这就是陆孝彭的第四代战斗机构想的背景。

第四代轻型战斗机以轻型、低成本为主导思想，以高性能、高生存力、高作战效能为设计目标，要求飞机有大推重比，非加力超声速巡航；具有中国特色的隐身性能；在良好失速性能和矢量力的配合下，飞机具有很高的敏捷性和满意的失速机动性；由于飞机轻、小、推重比大，保证飞机有短距起降性能。这种研制主导思想和设计目标，使陆孝彭所努力开拓的轻型战斗机具有第四代战斗机基本特征。

吴立新在回忆时这样写道：

1995年7月，陆老当选为中国工程院院士时，已75岁，年老体衰，又身患多病，但仍然关心我国国防建设和公司战略发展。他高瞻远瞩，针对美国F－22第四代战斗机和在研的无人攻击机，在歼12基础上进行了我国第四代战斗机方案设计论证。

新机要求隐身性良好，高机动性，高敏捷性，超声速巡航等，技术难度更大，例如敏捷性计算，无现成方法直接运用，国外资料寥寥无几。陆老发扬勇攀高峰的强5精神，根据敏捷性定义和内涵，运用6自由度运动方程，自行推导出纵向、横向、侧向敏捷性计算公式，并用计算器列表手算歼12飞机敏捷性初步结果，然后请科技委刘平生和刘复祥移植到计算机里反复计算，进行数据协调，最终敏捷性计算结果优于F－22。陆老为敏捷性计算写了一首诗，抒发自己的心境：

银燕敏捷费思量，苦思冥索欲断肠。十步九关路修长，书牍盈尺满锦囊。

匆逢佳节笔生光，连夺险关乐央央。何日书成奏明堂，威震海空喜欲狂。

此项论证长达5年之久，洪都科技委和飞机设计所有10多位高工协助他的工作，已编写40多万字论证报告，取得显著的成绩，可惜论证报告即将鉴定上报的关键时刻，陆老永远离开了我们，留下了终生遗憾，是我国航空界重大损失！

5年中，陆老艰苦奋斗，绞尽脑汁，吃了很多苦，他一手拿着高倍放大镜，一手将成千上万个数据一一敲入计算器进行复杂计算；推导公式时昼思夜想，饭吃不香，觉睡不好，身体日渐衰弱。

5年中，陆老多次生病住院，躺在病床上找我们去讨论方案和计算结果。有一次，他打完吊针，做完封闭，私自拄着拐杖偷偷地从医院一拐一瘸地走了1000多米，到我们办公室，和我们一起讨论问题，累得他走路都发抖，身体左右晃动，坐到椅子上都要人扶着缓慢坐下，从椅子上站起来也是这样，在这个过程中陆老咬着牙、咧着嘴、忍着痛，大家看到此情此景无不为之感动，钦佩之情油然而生，纷纷发出感慨，陆老为了实现“定教雄鹰展翅飞”，不仅“拼将白发添双鬓”，而且拼到逝世献终身！

与陆孝彭共事10多年，曾参与第四代轻型战斗机敏捷性计算的刘平生回忆起当时与陆总一起奋斗的日子：

晚年的陆总一直想以歼12为基础，进行我国第四代轻型战斗机的研究。这个工作量非常大，飞机设计所的朱晓彪等人也帮着进行总体方案设计。陆总特别注重飞机的敏捷性能，他说，在某种情况下，飞机的敏捷性能是决定作战成败的关键。他带领我们几个人进行敏捷性计算，几个月的时间，没日没夜地干，很辛苦。由于他不太会使用计算机，因此，他总是特别认真地、一笔一画地在稿纸上写清楚，然后交给我，由我帮他整理；他也会把推导公式给我，让我帮着进行计算和编制程序。

由于陆总患有前列腺炎，这给他的工作带来了很大的不便，比如开会讨论问题，陆总经常是不到半个小时，就要去一趟洗手间，他不胜其烦。后来，总体方案设计快完成了，准备申请项目了，陆总好着急，他说现在这个工作状态不行，太影响工作了。为了尽快把这个事情做完，最后，他下定决心去做前列腺手术。其实，如果陆总不做这个手术，继续进行保守治疗的话，他不会这么快就离开我们。

正是这个可做可不做的手术，夺去了陆孝彭的生命！

公元2000年10月16日18时35分，一颗爱国报国之心，一颗忠于党、忠于党的事业的心、一颗虽历经艰辛而矢志不渝的心，一颗自始至终都牵挂着祖国航空事业的心，停止了跳动，中国航空界著名专家，中国工程院资深院士，洪都公司飞机总设计师，被誉为“强5之父”的陆孝彭同志在北京不幸与世长辞。

就在去世的当天上午，陆孝彭还专门找了原中国航空工业第二集团公司（中航二集团）公司总经理张彦仲，用了两个多小时向张总汇报了新型飞机的研究进展情况，还一再申明，等他出院了，一定会抓紧时间干，争取国家早日立项。

当噩耗传来，震惊洪都，也震惊了中国一航、中航二集团和空军机关。时任洪都董事长的姜亮，第一时间电话通知在京的公司副总经理张道政，委托他代表公司领导会同中航二集团处理相关后事，当时张道政正好在北京参加国际纺织机械展览会，他第一时间赶到现场，为陆总送行。事隔十年，张道政回忆起那一段往事时，表情凝重，声音哽咽：

2000年，北京召开了一届国际纺织机械展览会，10月16号是参展的最后一天。这次展览会上，中国馆最醒目的位置就是洪都的展位，我们的第一台片梭机样机就放在那里，场面非常气派。当天下午，整个展览结束了，我们回到驻京办事处，在附近的一个小饭店，我请大伙吃饭，感谢协助单位的领导。大概7点多的样子吧，突然，饭店的灯灭掉了，顿时一片漆黑。就在灯灭掉的同时，我的手机响了，是公司董事长姜亮打来的电话，他说，道政啊，给你报告一个不好的消息，陆总刚刚过世了，听此噩耗悲痛不已。直到今天，我都一直弄不明白，停电的瞬间接到陆总去世的消息，这到底是机缘巧合，还是冥冥之中的事情，真是个谜。我代表公司第一时间赶到部里，与中航二集团副总经理池耀宗、办公厅李主任等一起到医院，首先看望安慰陆总家属徐思瑜、陆群及小邓等，看了陆总遗体，接着一起见主持医生和院方领导，池总提出明确要求。大家心情非常沉重，又急忙处理相关后事，当夜基本没有休息。与此同时，公司决定党委副书记郭学勤第二天起程，带经理部部长熊敏等人赶赴北京，处理善后事宜。在中航二集团领导的全面组织下，成立了以张彦仲为主任的治丧委员会，并决定由池耀宗副总经理专程陪同护送陆总骨灰回南昌。在乘航班返回南昌的途中，我写下一首诗以表达对陆总的追思与崇敬之心，那时我觉得只有在蓝天之上所写的方能表达我此刻的心情：

八宝山前悼陆总，肃穆庄严人如潮。巨星陨落闪光处，铸就强五一代骄。

毕生致力航空业，沈阳歼教露头角。南昌强五歼十二，更念新机收宝岛。

八十春秋功盖世，浮现脑海忘不了。多少型号有创新，多少日夜灯下熬。

多少课题能攻关，多少心血育新苗。名垂千古继遗志，吾辈扬鞭阳光道。

后来担任洪都党委副书记的熊敏曾撰文《陆老，您一路走好！》，现将全文摘录如下，让人们共同来见证一代航空先驱最后的历程。

一

陆老走了，走得那样突然，那样让大家——领导、亲人、同事、学生都没有一丝一毫的思想准备。

为陆老送行，既是一种责任、更是一种义务。抹去眼角的泪，我们开展了紧张的工作。诺大的北京城，我们连八宝山在哪儿都不知道，预计中我们把困难想得多了一点。然而，实际上，工作出乎我们的意料。这是陆老作为中国航空界的功臣巨擘，一代航空人的宗师楷模所产生的巨大影响所致。中航二集团公司领导张总（张彦仲）、池总（池耀宗）亲自布置有关治丧工作；办公厅从主任、处长到秘书、司机全力以赴。发讣告、收唁电、印生平、定礼厅、写挽联……一切都在按程序进行。中航二集团的第三会议室成了我们的临时专用办公室，总值班室成了我们传真和打电话的机房；下午4点下班的机关同志，一直和我们一起干到八九点钟；中航老干部局的祁处长从开始就成为我们的工作人员。在商定治丧有关工作时，作为中国工程院，会有什么想法？问题一提出，中航二集团总值班室立即提供了一台国家机关专用的红色电话，郭副书记（郭学勤）亲自打电话询问。尽管已经下班两三个小时了，但对方总值班室在十分钟左右就回了电话：中国工程院副院长、党组副书记王淀佐同志参加治丧办公室，国务委员、院长宋健同志送花圈表示悼念，并慰问家属，有关领导将参加告别仪式。

在公司驻京联络处——安内大街新民胡同59号，作为陆老在北京最满意的住所，这里完全是“家”的气氛。但此时却听不到以往的热闹欢笑，人们都把电视的音量压到最低，连服务员姑娘的脚步都变得很轻。人们尊敬的陆老夫人徐思瑜阿姨及其子女所表现出来的悲恸，感天动地；表现出来的理智，令人崇敬。这是陆老作为中国著名知识分子终生的信念：任何事情都要听组织的话。在为陆老送行的全过程中，陆老家人完全按照组织的安排办事。驻京办的3位主任和工作人员作为“家”的管理服务人员，他们为陆老多次在京治病、出差尽心尽责。李鸿文主任告诉我，陆老在一家医院住院时，要从联络处带水到医院去喝，他认为，只有联络处的水才是真正“家”里的放心水。据说，在10月16日天黑之后，联络处的电灯突然熄灭了两次，而那个时间恰恰是陆老仙逝之际。

二

肃穆的八宝山革命公墓礼堂，坐落在一片树林之后。大门前有较广阔的停车场，大门口高高的蓝玻璃顶下，是一个宽大的吊唁队伍休息棚。告别大厅并不大，长方形百多平方米。在这里，人们曾向老一辈无产阶级革命家邓小平、陈云等同志作最后的告别。

10月20日中午，我们顾不上吃中饭，就等候在大礼堂外，布置告别仪式的会场。下午1时45分，陆老的遗体被安放在大厅中央的鲜花丛中，他身上覆盖着中国共产党党旗。他老人家面目慈祥，既像是睡熟了，又像是闭眼沉思“第四代战斗机”……中共中央组织部、全国政协办公厅机关和吴官正、迟浩田、毛致用等领导送的100多个花圈摆满在大厅的两边。专程赶来参加告别仪式的公司姜董事长（姜亮）细心地检查每一幅挽联，接待着前来吊唁的老领导和部队首长。

下午2时整，在低徊的哀乐中，人们依次与这位航空骄子告别。走在第一位的是已经95岁高龄的老部长赵健民；老部长莫文祥来了；陆老原中央大学航空工程系29级的同学来了；然而，前来吊唁的300多人中更多的是陆老的同事、战友、部下和学生。人们三人一排缓缓步入大厅，向陆老鞠躬，向他的亲人们表示慰问。最后诀别的时间到了，我们工作人员陪同姜董事长（姜亮）、郭副书记（郭学勤）等领导肃立凝神望着陆老的灵车远去……当陆老的儿女们捧着陆老的骨灰盒走出火化场时，奇迹出现了。刚刚还有些阴沉的天空，一下子云中透出千万道阳光，4架强5飞机伴随着隆隆的炮声，编队呼啸飞过八宝山上空，好像是在向陆老致哀。原来这是在北京石景山地区举行的军事演习。虽然这并不是刻意安排的，但这种巧合却分明是在为陆老——“强5之父”送行。

三

10月21日上午8时15分，我们离开了北京的“家”，直奔首都机场，护送和陪伴陆老回家。为了确保安全到家，我们提前2天到首都机场国内客运部联系。经理们一听是陆老，马上告知：一切都开绿灯。上午10时50分，我们乘坐的A320飞机从首都机场起飞，大家都在心中说，陆老，我们乘320飞机，回洪都的家。

南昌，昌北机场。天空下着沥沥细雨，像是在呜咽流泪。在南昌殡仪馆千秋堂内，400多个花圈，组成了一个巨大的“奠”字，寄托着江西人民和中国航空界数十万职工对他的无限哀思。江西省委书记舒惠国、省长舒圣佑率省委、省政府领导亲临千秋堂参加陆老的骨灰安放仪式。省政协领导宣读了陆老光辉而不平凡的一生奋斗史；人们再次向这位老人行礼致哀，有的人泪水滂沱，有的人泣不成声。

陆老，您可知道，为您送行的人中有身居高位的首长，也有当年寒窗共读，如今都双鬓花白的老同志；有追随您多年的学生，也有意气风发的青年技术人员。您若英灵有知，请听听他们的哭诉。高永寿、程宝蕖、张阿舟三位老教授在挽文中写道：惊悉孝彭逝世，不胜哀痛之至。忆当年抗日战争爆发，我等同时考中央大学，投身航空事业，以祈报国有期，后负笈海外。冒国民党封锁，在香港起义，返回祖国……今孝彭已先我们而去，呜呼哀哉！李先达从深圳发来唁电：他的逝世使我失去了一位尊敬的老领导、好师长。他的精神，他的音容笑貌将永远活在我心中。南昌航空工业学院领导说，昌航人永远忘不了老院长对昌航所倾注的心血。老院长多次来院，向大学生们言传身教，以“两弹一星”精神鼓励新一代航空学子献身航空，报效祖国，使我们深受鼓舞……

哀乐阵阵，步履缓缓。骨灰安放仪式结束后，雨越下越大，仿佛是天公要留下人们多看陆老一眼。在千秋堂工作的同志告诉我们，这恐怕是千秋堂建成以来，规模最大、规格最高、人数最多的一次仪式。

陆老的骨灰安放在革命烈士陵园骨灰堂内。这里有陆老熟识的省领导、有常在一起议国是的人大代表、政协委员、还有在强 5 飞机试飞中光荣捐躯的优秀飞行员。

陆老，安息吧！我们一定会继承您的遗志，去努力实现您的遗愿，以您为楷模，为振兴洪都，发展航空，保卫祖国做出全部的贡献。

在陆孝彭的骨灰安放仪式上，有组织的职工代表和自发而来的群众远远超出了人们的意料，他们赶了几十公里的路，早早就来到了这里，安放仪式在能容纳千人的千秋堂里，但仍有相当一部分人只能站在门外，他们中有科技工作者，有工人，有干部和部队指战员，还有许多离退休老同志，有的拄着手杖，有的被人搀扶着。他们唯一的愿望就是能够亲自来为陆老送行，亲自来送一送这位人们崇敬的师长、战友和领导……

逝世后，身无长物，除留下一大堆科技书籍、科研论文和《陆孝彭诗抄》外，还有洋洋 40 万字的《第四代轻型战斗机研究报告》。陆孝彭这一生，成功地主持设计了“歼教 1”、“强 5 及其改型机”、“歼 12” 3 种飞机和“变后掠技术研究”、“空天往返载人系统第一级总体方案”等重大课题研究，荣获两项国家科技进步奖，他均是第一受奖人；结合飞机研制和课题研究，他先后发表了10多篇高学术价值的论文和研究报告，这在我国航空史上实属罕见！在陆孝彭的带领下形成的强5精神：“自力更生，艰苦创业；百折不挠，锲而不舍；自强奋进，勇挑重担；团结协作，无私奉献；敢闯新路，争创第一”，强5精神已经成为航空工业的宝贵精神财富。

洪都公司的《洪都报》于2000年10月24日刊发了纪念陆孝彭的专刊，并用通栏对联赞扬他：“科学报国 百折不挠 无愧航空功臣巨擘”、“治学严谨 淡泊名利 堪为世人一代楷模”。

与陆总共同奋战了几十年的人们写下了对他的哀思。洪都原工会主席张良金撰文《迷人的个性》，追思陆孝彭院士，文章情真意切，感人至深，全文如下：

拿破仑·希尔在他风靡全球的《成功学全书》中曾经下过这样一条“黄金定律”：“人生的美丽，在于人情的美好；人情的美好，在于人性的美丽；人性的美丽，在于人的个性，在于人的迷人的个性。”

纵观陆总的成功，我感到一个重要的原因，就是陆总身上具有一种独特的、几乎与生俱来的、确实令人心仪、令人尊敬、令人神往的迷人的个性。

乍一看，陆总并没有什么过于的特别，清瘦的身材，蓄蕴着不竭的“核能”；过早的谢顶，透射出智慧的光芒；冷峻的神态，却锁不住长者的慈祥。可稍一走近，他的坚定，他的专注，他的超凡脱俗的自尊、自律、自催便会扑面而来，使人如临春风，如浴春雨，感佩之情油然而生，心灵深处顿生击撞。

最突出的感受是陆总的坚定。学子时代，他之所以宁弃清华、交大而独选航空，就在于他亲眼目睹了日本帝国主义凭借空中优势对我无辜百姓狂轰滥炸，遂使这位热血青年把满腔的爱国之心、报国之志锁定在“无论如何我们也要用自己制造的飞机去战胜敌人！”正是他具有钻石般坚定的性格，在美、英留学期间他毫不为国外优厚的待遇所动摇，毅然在解放前夕回到了祖国的怀抱。还是由于坚定，他深知“外国人不会把最好的飞机卖给我们”，便下定决心，排除万难去设计、研制中国自己的“争气机”。即使是在黑白颠倒、指鹿为马的“文革”时期，他被关进牛棚，备受凌辱，却坚信“我们国家不能不造飞机”，

“国家再也经不住这种折腾。”当他被周总理亲自点名“解放”之后，更是深感“国家把这副技术担子交给我们，我们无论如何也要把它担当起来。”正是这种执著，这股炽爱，这颗千金难买晶莹剔透的赤子之心支撑着陆总直至永恒。

陆总特别专注。强5研制时期，2万多张A4图样，陆总硬是一张一张审核，一组一组复算，这该是何等的敬业，又该是多么的专注。陆总的专注、认真表现在各个方面。他不止一次向我们谈起，我是个技术工作者，政协的职务、科协的职务，我什么都可以不要，只要让我搞设计比什么都好。他对组织上特别专注。不管遇到什么事，包括对他住院治疗的安排，只要说是组织上定的事，他绝对二话不说一律服从。即使是打球、健身，陆总也是决不马虎。20世纪80年代在公司党校学习，他居然当起了学员篮球队的场外指导，暂停、换人煞有介事，像模像样。晚年健身打拳练功，他几乎“闻鸡起舞”、风雨无阻。当世界杯足球赛如火如荼之时，陆总也和不少球迷一样过上了“球迷的节日”，现场直播场场不落。也许，绿茵场上这瞬息万变的斗智斗勇，运动健儿众志成城的团队精神，恰与陆总心心相印；也许，足球场内球迷如痴如醉呼天喊地的阵阵声浪，双方队员龙腾虎跃不达目的誓不罢休的壮烈情怀，更使陆总情有独钟。

陆总坦荡、脱俗、自律，尤其令人肃然起敬，心驰神往。作为省政协副主席、中国工程院院士、洪都总设计师，享受点生活待遇理所当然。可他却公是公、私是私，硬是一尘不染。连在广州回昌旅行结婚的小儿子新婚夫妇用车，他都要自掏油费；要是哪个部门送点东西，他非要问个清清楚楚，不该要的决不收。一次，他到某地去视察，人家送点土特产品，他坚持自掏腰包非要人家接了钱才算了事。他似乎像个“火星人”，不管社会上流弊如何盛行，他却始终我行我素，决不随波逐流。

他工作起来的那种拼命精神几乎令人难以置信。1983年夏天，我亲自遇到这样一件事。那天我中午下班很晚，走到厂大门口却看到陆总蹲在一棵树下满头大汗，于是赶紧跑过去询问。他却让我赶快回家，说发了点小毛病，没什么关系。这时正好有辆小车路过，我便请司机送陆总回家。哪知一到家里越发厉害，家里赶紧把他送到公司职工医院，职工医院一检查感到问题严重便急送江西省人民医院。省院一检查竟然发现他尿糖指数4+，同时心脏伴有三度房道堵塞。院里医护人员都几乎不敢相信：像陆孝彭这样一位著名的科学家为什么会病得这么厉害？病得这么厉害又为什么还不来看?！这一情况很快惊动了省里、部里的领导，即刻决定组织专家抢救，禁止陆总与外人接触。然而，陆总却异常坚决地要求医院让他交待一下工作。迫于无奈，医院只好让他与他的同事见面。可是陆总一和他的助手、战友接触便把自己的安危忘得一干二净，医护人员再三阻止，他却像做错了事的孩子一样再三恳求“实在对不起，让我再说两句，再说，再说一句……”此情此景简直让人鼻子发酸……

确实，陆总对他的助手，对他的战友，对他终生不渝、苦苦追求、无限热爱的航空事业要说的话实在是太多、太多了！他多么想让新机早日问世，他多么渴望中国的航空伟业勃发振兴，他多么企盼海峡两岸尽早和平统一，他多么期待我们的洪都、我们的祖国、我们的事业、我们的家庭、我们的子子孙孙无限幸福，无限美满，永远、永远，直到永远……

“科学报国，百折不挠，无愧航空功臣巨擘；治学严谨，淡泊名利，堪称世人一代楷模。”

逝者如山啊，世人泪滂沱。

陆总以自己辉煌的一生为洪都、为航空、为国家增添了历史的灿烂。他似巍峨的丰碑，永远耸立在中华大地；他是我们的亲人，时时活在后人的心中。陆总的风采，陆总的音容笑貌仿佛就在我们眼前。崇高的陆总、迷人的陆总啊，我打心眼里为你骄傲、为你自豪，被你折服、被你俘虏，因为从你身上我们倍加深切地感受到人间的温馨、人性的伟大、人性的美好和人生的美丽！

朱俊曾经跟随陆总参与变后掠翼课题研究，他写下了《悼陆总》，以寄哀思：

惊闻陆总乘鹤去，心绪如焚情难抑。年少始立报国志，航空生涯堪歌泣。

变掠共事三生幸，修身敬业多教益。强五精神世代传，英灵有知当笑慰。

感激陆总的人，怀念陆总的人，痛惜陆总的人还有很多很多，听闻噩耗，似乎有很多话要说，但又似乎什么话都说不出来。人们在脑海里搜索着，与陆总之间发生过的点点滴滴，这个老人，这个令人尊敬的老人，似乎谁都与他不相干，而又似乎谁都与他有关，因为他影响着每个人……

总设计师的蓝天梦

在江西南昌南郊，有一个历经60年风雨的神秘的军工企业，参天的林荫大树护着一条主干道，直达飞机起飞的地方。树影婆娑间，一座塑像隐约可见，他深邃的目光注视着前方，深情地凝望着。他消瘦的脸庞显得从容而安详，像是在探寻着什么？又像是在梦想着什么？每天，他注视着从这里来来往往的后辈们，用他炽热而辉煌的目光引领着航空后人的创业之路。当人们伫立在他面前，回顾起这位老前辈所走过的路，一切都是那么的亲切，又是那么遥远，让人无法追忆，然而，人们都知道，这个总设计师，他的一生，都做着同一个梦……

这就是陆孝彭。

总结陆老的一生，他不断地在挑战，不断地在追逐。他的每一次设计都在寻求突破，从强击机到小型飞机歼12，从变后掠翼飞机强6再到第四代轻型战斗机，不断挑战，不断超越，是他的毕生追求。而陆孝彭留给后世的精神财富，远远比这些更重要，意义更深远。陆总走了，他给我们留下了什么呢？

陆总给我们留下了他的光辉形象——这也是洪都决定建造陆孝彭塑像的原因。他那慈祥和蔼、聪明睿智而又目光炯炯、坚忍不拔的形象，鼓舞着一代又一代航空人。或是每年新进公司员工的入职教育，或是单位组织的一些活动，还有来公司参观、协作的兄弟单位人员……每每路过他的塑像，人们都会驻足凝视，似乎能从他那里获取到创新的智慧与力量！

陆总给我们留下了令航空人乃至中国人感到骄傲的经典之作——就如李白、杜甫的诗句，莎士比亚笔下的名著，著名设计师艾菲尔手下的埃菲尔铁塔那样，歼12飞机以中国航空博物馆馆徽的骄姿、并作为一个航空时代的标志傲立在北京昌平；歼12还以独具匠心、众多首创的设计进入南航的教学殿堂！“一代骄子”强5更是光照千秋，不只凌空翱翔在中航工业飞行试验研究院，激励航空人再创辉煌；也矗立于南昌航空大学校园，唤起学子们“航空报国”的志向；2011年初，又传喜讯，根据中国航空工业集团公司决定，一架强5将在中航工业培训中心基地腾空而起，预示着中航工业正面临战略新时期的又一次腾飞！

新进厂大学生给陆总塑像献花

陆总给我们留下更为重要的是他作为“强5之父”所缔造的“强5精神”！正是强5精神的激励，洪都人创造了数个第一，为新中国第一架飞机诞生地书写了时代的新篇章，也在中国航空工业乃自世界航空工业产生着不可小觑的影响！

终有一天，强5也会进入博物馆，成为后人缅怀的一个航空时代标志——这是永恒的法则——无论曾经多么辉煌，都无一例外地会被历史的烟尘所湮没，人类在不断地创造着文明，文明却无法永生。

尽管如此，岁月却无法掩盖陆孝彭和强5的荣光，通过与历史的对话，穿过时空的阻隔，俯瞰历史的风风雨雨。每一架飞机，都是源远流长的航空历史的重要见证，每一架飞机的研制历程，都是维系中华民族团结统一的精神纽带。

在那段艰苦卓绝的岁月里，前赴后继的航空科研人员，为了实现“航空报国”的理想，为了多灾多难的祖国能够早日强大，付出了智慧、辛劳甚至是生命。作为新中国航空工业的创建者和开拓者之一，陆孝彭和千千万万航空工业建设者一样，走过了一条艰苦卓绝的创业之路，可以说，他的经历，几乎是新中国航空工业创建发展历史的见证。

陆孝彭被人们记住了，他是幸运的，然而，在陆孝彭身后，一个披荆斩棘，艰难创业的群体形象的精神丰碑也越来越清晰，这一切不应该被埋没。

历史的辉煌，可以遗忘，却不可否认。

尽管陆孝彭离我们而去了，但他的蓝天之梦仍在飞翔……

这蓝天之梦，就是“丢掉洋拐棍”，自强自立，开创我国新型飞机自主设计研制的先河：

就像我国第一架喷气教练机的问世，呼啸而上，直指蓝天，接受中央领导检阅并装备部队，令国人骄傲那样，揭开了我国首架自行设计飞机的崭新一页，并为培养一批批战斗机飞行员立下了卓越功勋！

就像强5首创两侧进气，超声速、优越低空作战性能的强击机，并服务国防，一次次飞越天安门那样，实现了雄鹰翱翔蓝天之梦！

就像享誉“空中李向阳”的歼12飞机那样，首创世界重量最轻、最具匠心，又打破诸多设计禁区（首次应用碳纤维、大胆采用机身整体油箱/蜂窝夹层壁板、整体式前风挡、高强铝合金起落架等），再次抵京接受国家领导人的检阅，虽未能列装，但是，飞机集聚太多的技术创新让行业，特别是军方的眼睛为之一亮，打破了当时全行业仍处于仿制为主的局面，可谓开创了我国歼击机设计的全新一页！

同样，也像强5后继机方案（强6）预研那样，跨越低中高速度范围，兼顾对空、对地攻击的能力，整合数值计算、风洞、疲劳、液压驱动，特别是先进的机载（如平显、雷达、电传等）武器设备，虽夭折于研制中，但是在变后掠气动布局、液压驱动与操纵等方面取得重大进展和储备……

这些梦，有的已化为呼啸蓝天的战鹰，保卫着祖国的领空；还有一些虽未列装，但通过型号研制凝聚的精神品质已渗透于洪都人的血液之中，并哺育出一支自力更生、勇于创新、坚忍不拔的设计和科研队伍。在随后的时代里，让农5A及农5B、K－8及教8，以至L－15“猎鹰”等一个个自主研制的新机，腾空而起，翱翔蓝天……

我们可以告慰陆总在天之灵，如今，中国的航空工业不再是筚路蓝缕、捉襟见肘的年代了，经过几代航空人的拼搏奋斗，牺牲奉献，从无到有、从弱到强，我们已经积蓄了冲刺世界前沿的力量。21世纪，我们开始关注新的战略制高点和科技前沿，并将逐步建设一支与中国大国地位相称、有利于维护地区稳定和世界和平的空中力量，这既是时代的召唤，也是无法回避的义务和责任，更是老一辈航空人的夙愿。

陆孝彭一生勤奋、执着、奋斗、不息。他的执着令人感慨，却又费解：到底是一种什么样的信念支撑着这位老科学家如此拼搏？究竟心怀怎样的科学情结令他这般沉湎于科研而乐此不疲？

或许，引用前苏联科学家巴甫洛夫的一句话能够解释这一切：

“我愿用我全部的生命从事科学研究，来贡献给生育我、栽培我的祖国和人民。”

飞机设计，寄托着陆孝彭的梦，在他的梦里，有湛蓝的天空，天空下有飞翔的雄鹰，驰骋于万里边疆，保卫着祖国母亲的每一片领空，这里再没有硝烟，再没有苦难！

雄鹰起飞的地方，有一个沧桑的背影，保持着仰望苍穹的身姿，用充满渴望的目光，追随着，穿云破雾……

后　记

写到“后记”，已然于窗下熬过了漫漫长夜，抬头处，乍见晨光，忽闻鸟声。

恍惚间，一个影子依稀隐现：清瘦矍铄却不乏儒雅之态，神情从容淡定，和蔼慈祥，不经意间，掠过一丝忧郁，略带几分疲惫的眼眸中透着智慧与坚韧，他的目光紧紧追随着雄鹰腾飞的地方，追随着湛蓝的天空……这个身影就是著名的飞机设计师，中国工程院资深院士，被人们誉为“强5之父”的陆孝彭。

陆孝彭院士的一生波澜壮阔，他的人生经历与中国近现代史、与中国航空工业史的发展相互交织，既具时代感，又颇富传奇色彩。基于陆院士在中国航空工业史上的影响力和威望，担此重任，心甚惶恐，忐忑不安。毕竟缺乏岁月的沉淀，加之能力和水平有限，或不能完全展现陆院士闪光的人生亮点，唯恐稚嫩的笔触留下深深的遗憾。

传记，作为人的生命的“复制品”，弥足珍贵，但传记直接建立于记忆的基础之上，记忆并非客观实体，亦是一种想象性的重构。因此，传记的真实性是相对的。或许，正如路遥所言：所有人的生命历程在人类历史的长河中都是一个小小的段落，因此，每一代人都有自己的命中注定的遗憾。正因深谙此道理，方知有责任有义务尽心竭力。尽管遗憾不可避免，唯一能自慰的是，笔者曾真诚而充满激情地投入到这份颇具意义的事情当中，尽心竭力地劳动过，并如此热切地期望做到最好；更为重要的是，在寻求陆院士人生足迹的过程中，所受到的人生启迪和思想熏染让我感到精神上的富足。

本书的出版，得益于中航工业洪都、洪都飞机设计研究所、科技委、党委工作部档案馆、科技翻译情报中心等部门提供的热情帮助；得益于《洪都报》原摄影记者康军，陆孝彭夫人徐思瑜、大女儿陆群以及《洪都报》编辑曾萱所提供的资料和照片；得益于熊敏、张弘、李炎、吴立新等领导对稿件提出的许多宝贵意见，特别是洪都公司原副总经理张道政对本书进行了严谨细致的把关，使质量得到较大提升；得益于《航空世界》原副主编白玮老师给予的支持与鼓励；得益于陆孝彭生前的同学、同事、朋友、学生等的积极配合；得益于为此书付出辛勤劳动的编辑和朋友们，在此特致以诚挚的谢意！

本书力求真实、准确、全面、生动地展示陆孝彭院士波澜壮阔的一生，但由于水平有限，加之时间仓促，未能及时精雕细刻，错误、疏漏之处在所难免，望读者不吝指教，并给予热情的支持和鼓励。

谨以此文，缅怀一代航空宗师陆孝彭院士！

许珊

2011 年 2 月于南昌